マタ・ハリ伝
100年目の真実

サムㆍワーヘナー 著
井上篤夫 訳

Mata Hari A BIOGRAPHY

えにし書房

本書は
Sam Waagenaar *Mata Hari*（Appleton Century; First US edition (1965)）
（Copyright ⓒ 1965 by Circle Film Enterprises,Inc.）
の全訳である。

原註は◇訳註は◆で示した。

マタ・ハリ伝　目次

謝辞

本書の調査に当たってご協力いただいた方々には、感謝の念に堪えません。

私がマタ・ハリにかかわるようになったのは三〇年以上前のことで、彼女と懇意にする中での知識を私に教えてくださった非常に多くの方々がすでにお亡くなりになっています。中でも最初にお礼を申し上げたいのは、マタ・ハリのメイドであり友人でもあった、アンナ・リンチェンスです。お話を伺った方々の中でも、一番感謝を申し上げる存在でした。

古くからの友人レオ・ファウストは、新聞社のパリ特派員だった時期にマタ・ハリと会った際の、驚くように鮮明な記憶をもとに伝えてくださった話に心からの感謝の意を表したいと思います。三〇年代前半に仕事を変えて、ピガール通り三六の有名なオランダ料理のレストランの経営と運営に乗り出して以来（彼の名刺には「詩人でスープ職人」と書かれていた）、マタ・ハリが頻繁に店に訪れ、オランダのジンを味わいつつ話を聞かせてくれたそうです。そして、近年にもオランダで数回彼と会い、何度も手紙までいただき、これまで知られていなかった詳細な情報を得ることができました。

マタ・ハリの夫の三番目の妻であるフリッツェ・マクラウド・マイヤー夫人からは心からのおもてなしを（ジンではなく、たくさんのコーヒーとケーキで）いただきました。マタ・ハリの娘との生活でのエピソードは時として苦痛を伴う記憶も含んでいたにもかかわらずお教えいただいたことに感謝します。

レーワルデン・シティ・アーカイブのヴィレム・ドルクと、前任者で現在ハーグ在住のメンソニデスのふたりは当時の正確で充分な情報を与えてくださいました。マタ・ハリに対するジャーナリスティックで歴史的な関心を私と変わらぬくらい抱いていらっしゃる生粋のフリジア人、レーワルデン・クーラントのH・W・ケイクスにも同じようにお世話になりました。マタ・ハリと同じ学校に通っていたイベルチェ・カークホフ・ホーフスラフ夫人とバイスマン・ブロック・ワイブラン夫人は、昨日起こった出来事のように、遠い過去の出来事を克明に語ってくれました。

マタ・ハリの生涯にわたる興行主だった人物の娘、リュシエンヌ・アストリュックは、マタ・ハリのアーティストとしてのキャリアに関する貴重な手紙を見せてくださいました。ハーグのオランダ外務省の主任公文書保管員のルイスとオランダ陸軍省の彼女の同僚にも大いに感謝の言葉を捧げたいと思います。

フランス陸軍省は秘密のファイルに関して一切の情報を閉ざしていますが、提供できる情報に関しては協力を惜しまず探していただけました。ボンとコブレンツにあるドイツ外務省と陸軍省と東ドイツの職員には、第二次世界大戦でのポツダム空襲で多くが焼けて、わずかに残った第一次世界大戦中の公文書を徹底的に調べてくださいました。

中でも一九三二年にオランダでインタビューする機会を得た、画家でマタ・ハリの親友だったピアー・ファン・デル・ヘムは非常に貴重な私信をくれたうえ、彼女に関する思い出を数多く披露してくださいました。ルールフセマ医師、デ・バルビアン・フェルステルと、本書ではK夫人とV夫人とさせていただいた親切なオランダのふたりの御婦人に対しても感謝の言葉を述べさせていただきます。

以上の方々に対し――追悼の意を表するとともに――まだご存命でいらっしゃる、ここに挙げることのできなかった方々に対しても心から感謝の言葉を申し上げます。

序

本書はマタ・ハリの真実の人生を活写した初の作品になる。四十一年間のマタ・ハリの人生はこれまで噂話に基づいて書かれてきた。事実はほんのわずか、もしくは皆無というものばかりだった。流布した話をまるで事実のように積み上げて描いていたのだ。

本書は事実に基づいている。マタ・ハリに関する調査を行う中で、幸いなことに大半は今日まで発表されていない文書を発見できた。

これまで議論の対象となってきた彼女に関するフランスの秘密ファイルは謎に包まれている。外部の人間で読んだことのあるのはふたりしかいない。幸運にもまったくの偶然でファイルの大部分を、といっても大部分は裁判前の聴聞に限られているが、写すことを許されたフランス人ジャーナリストと私。フランス政府はファイルの公開を拒み続けているが、本書にその情報を存分に反映した。

マタ・ハリの起訴に関する詳細はいまだ謎のままで、彼女を死に至らしめた陪審員の名前や、彼らの投票方法も判明しないままだった。フランス陸軍省が使用した裁判進行の議事録も見ることができなかった。しかし、そうした今まで知られることのなかった情報がこの本には記されている。

イギリス軍がマタ・ハリの人生にどんな影響を与えたか語られることはなかった。今日までに出版されていないスコットランドの文書によって、マタ・ハリの人生の知られざる面を詳述した。

マタ・ハリが書いた重要性の高い私的な手紙、中でも第一次世界大戦が始まる前のものや、パリのサンラザール刑務所の独房で書かれたものは、彼女の考えや心の動きに、今までとはまったく異なる光を当てている。そして、未発表だったマタ・ハリと興行主の間の手紙のやりとりをすべて使用することで、これまでのイメージとはまったく異なる一面が明らかになっている。

そして、当然のことながら、私の所有する彼女個人のスクラップブックも登場している。

私がマタ・ハリに関心を持ったのは一九三一年のことだった。その年、ＭＧＭがグレタ・ガルボ主演の映画製作を決めた。マタ・ハリの生涯、特に彼女がスパイ容疑をかけられた時代に絞って描いた作品だ。ＭＧＭのヨーロッパでの宣伝と広告ディレクターの担当者を勤めたことがきっかけで強く関心を持った。自分がマタ・ハリと同じオランダ出身ということも大きな理由のひとつだった。

マタ・ハリは一九一七年にフランスで処刑されている。処刑前、第一次世界大戦中、最もセンセーショナルなスパイ容疑を巡る裁判があった。ダンサーでスパイの女性を描いた大作映画の主役にグレタ・ガルボが選ばれたとき、マタ・ハリの死後十四年しか経過していなかった。私はまだオランダにマタ・ハリの知り合いが数多くいることに気づいた。パリからオランダまで旅をすることで、映画公開の際、宣伝材料として使える情報がいろいろ手に入るのではないかと考えたのだ。

旅は私の予測を超える収穫をもたらしてくれた。最初に考えていたことを優に上回る多くの情報が雪だるま式に増えていった。マタ・ハリの兄弟のひとりに話を聞くことができた。オランダ領東インド諸島で彼女を診察したという医師に、さらには知り合いだった人々や、元夫の三番目の妻にも。さらには長い期間にわたってかかわってきた弁護士、知人、彼女のもとで働いた人々にも話を聞いた。マタ・ハリの肖像画を描いた画家であり友人である人物にも。彼女と深い関係にあった多くの男たちにも――当時生存中の誰よりもマタ・ハリを知っている、ある人物の名前を聞くことができるまで――聞き続けた。

その結果得られた助言に従って、オランダの最南端の地方、リンブルフの集落にたどり着いた。村の外れに程近い小さな家に長年マタ・ハリの世話をしてきた女性が住んでいた。彼女の名はアンナ・リンチェンス。マタ・ハリのメイドであり、友人であり、着つけ係であり、話の聞き役であり、雑役係でもあった。

一九三二年に会ったときには、七〇歳を超えていた。私に対し最初は不審を抱いていたようだが、悪女として知られていた彼女の本当の人間性がわかる情報を得たいと説明するとゆっくりと語り始めた。

マタ・ハリの正当性を認める人間がほとんどいないことをリンチェンスは身に染みてわかっていた。それどころか、ほとんどの作家はマタ・ハリがドイツ軍から報酬をもらって活動したスパイと、当然の事実のように考えていた。フランス軍がマタ・ハリを処刑したのは一点の曇りなく正しいことだと認めていたのだ。

広く知られていたこの事件について、新たに話をしてもらえないか。彼女の元雇用主、マタ・ハリの過去に新たな光を当てる事実が存在しないのか、リンチェンスに尋ねた。

体調が思わしくなく物静かなリンチェンスは、私の話を途中で口をはさむことなく聞いてくれた。しかし、私が話し終わると、こう口を開いた。

「彼女はスパイではありませんでした」

もちろん、マタ・ハリが処刑された後では遅すぎる。だが、誰よりも長きにわたって間近でマタ・ハリを見てきた人物からその発言が出たことで、十五年前の裁判で容疑を否定してきた彼女の無罪をはっきり証言する初めての重要な言葉が登場したのだ。

部屋の雰囲気は明るく、リンチェンスは自分から語り始めた。彼女はマタ・ハリと一九〇五年に出会い、その後、マタ・ハリのために働くようになったそうだ。

話をしながらコーヒーを淹れてくれた彼女は、マタ・ハリを擁護する言葉を口にできて、ようやく、緊張がほぐれたようだった。リンチェンスは一年前の一九三一年から具合が悪いのだと言った。実際、相当悪化し、死も覚悟したそうだが、回復できたことに自分でも驚いたと語る。

人生の終わりをはっきり意識し、マタ・ハリから預かっていた手紙や文書をどうしたらいいか考え始めていたと言った。

私はその言葉に緊張した。ダンサーの過去にまったく新たな光を当てることのできる書類は一体どうなったのか。まだ手元にあるのかと。

彼女は首を横に振った。いいえ、と言った。もう彼女の手元には何もない。病気から回復すると、自分が死んだ後、ふさわしくない人の手に渡るのが怖くなった。少なからぬためらいはあったものの、すべて処分した方がいいと判断した。冬のある日、マタ・ハリが集めていたスクラップブック、手紙や文書を少しずつ、家の薪ストーヴにくべていった――燃やしたのだ。

互いの顔を見つめた。彼女の表情は真剣で、血管の浮き出た両手はきれいなエプロン越しに膝をつかんでいた。その表情から、マタ・ハリの書類、友人や恋人からの手紙をひとつひとつ火にくべ、燃え尽きるまで見つめながら、自分が彼女とかかわってきた長い年月を振り返ったことが見て取れた。

「何も残さずすべてですか?」と私は尋ねた。彼女は私をまっすぐ見つめた。それから、少し辛そうに椅子から立ち上がると、廊下を歩き、玄関の向かい側の部屋に入っていった。しばらく彼女は戻ってこなかった。両手に大きな本を二冊、辛そうに抱えてきた。

「これだけは残しておいたの」と彼女は言った。

私はスクラップブックを受け取った。かなりのページ数があり、金箔でエンボス加工を施した子牛の皮と思しき、美しい装丁を施したスクラップブックだった。背表紙の部分には持ち主の名前が金で印字されていた。MATĂ HARI その文字は――「A」の文字の上に上向きのインド人を思わせるアクセントがついていた。

分厚い方のスクラップブックの表紙をゆっくり捲ると、美しい女性の写真が登場した。リンチェンスはわずかに頷き、先を捲るように促した。

数ページ捲った。さらに多くの写真が貼られている。「一九〇八年五月」と美しい手書きのフランス語でキャプションがつけられ、少し先には「夜公演」とあった。

再び私はリンチェンスを見た。「これは……?」と尋ねた――それ以上は何も言わなかった。彼女は頷き、黙ったまま、腰を下ろした。

私は彼女が話してくれるのをずっと待った。この二冊のスクラップブックを他人の目にさらすことは彼女にとって、身体的な負担だけでなく、かなりの精神的苦痛をもたらすことは容易に想像できた。それ以外の書類をすべて燃やしていたとすると、なぜこの二冊はそうしなかったのか。燃やされた書類と同程度の情報が載っている、ということなのか。

「彼女のスクラップブックです」と少し間があってから答えた。「その二冊はどうしても燃やせませんでした。彼女に関して書かれたあらゆる文章が貼られています。手紙、新聞の切り抜き、彼女を撮ったありとあらゆる写真、電報、メモ——手当たり次第に——すべて彼女自身が註釈を書き込んでいます。その二冊はいつも身近においてありました」

「旅行中も必ず」

「一九一四年にベルリンに行ったときでも」とリンチェンスは答えた。「メトロポール劇場でダンスの公演が行われる予定でしたが、戦争が起こってしまったときです」少し間があった。「そのとき、どこにいたのかわかりません。アムステルダムに着いたという連絡をもらうまで」

私は言葉を失ってしまった。マタ・ハリのプライベートなスクラップブックが、奇跡のように、オランダの村の小さな家にひっそりと残されていたのだ。

「これをどうするおつもりですか?」私は尋ねた。

「わかりません」とリンチェンスは答えた。「本当にどうしたらいいのか。他の書類を燃やした後、ずっと悩んでいます。この二冊には彼女の人生があります。ずっと何を考えてきたか——だから、どうしても燃やせなかったのです。今も、悩んでいます。私が死んだあと、よくない人物の手に渡るのが心配です。昨年病気になってから、その日がそう遠くないと感じています。七十一歳になった人間が、あとどのくらい生きられるか誰にもわかりませんから」

私は何も言えなかった——助言などできないし、そんな差手がましいことをするつもりもなかった。その後、もう少し話をしてから、去ることにした。私はこの女性に対し、これ以上何も強制できなかった。ある日の午後、自分の人生において非常に重要な——おそらくは一番重要なもの——を私に見せてくれたのだ。

私たちは座ったまま沈黙を続けていた。リンチェンスは窓の外を見つめていた。彼女は不意に私の方に振り向いた。

「お持ちください」彼女は言った。「あなたは信頼できる方とお見受けしました。引き取っていただけないなら、燃やすしかありません」

申し出に私はあぜんとした。

「あなたのお話を信用します」とリンチェンスは話を続けた。「この本も安全でしょう。ひとつだけ約束してください。私が生きている間は決して他の人の手に渡らないようにしてください」

私は約束し、握手した。玄関を出ると、リンブルフの夕景が見えた。もう一度振り返ると、リンチェンスはまだ椅子に座ったまま、すぐ近くでじっと腕を組んでいた。彼女とマタ・ハリの最後の形ある結びつきを持ち去ろうとしているのだ。あと何年か、彼女の記憶の中にマタ・ハリは生き続けるだろう。そして、彼女とともに、その思い出も消えていく――そして、マタ・ハリに関して残されるのはこの二冊のスクラップブックだけなのだ。

その晩、アムステルダムのホテルの部屋で、その二冊を読んだ。正真正銘のスクラップブックで、アーティストであり、ダンサーであった彼女の生涯に関する紙がぎっしり貼られていた。ヨーロッパ中に知られている人物からの手紙や名刺。フランスの作曲家、ジュール・マスネやジャコモ・プッチーニからの手紙。パリのギメ美術館で彼女が踊り、本当の名声を得た直後の、一九〇五年の素描や電報から始まり――プロのダンサーとして最後に舞台に立った一九一五年のハーグで撮られた最後の写真に至るまで。

そのスクラップブックは私が所有し続けた。戦争中は国外にいたので、ハリウッドのバンク・オブ・アメリカの金庫の中に保管した。しかし、その間に、世間はグレタ・ガルボ演じるヴァンセンヌ古城でフランスの軍人に射殺されたグラマラスなダンサーをマタ・ハリと考えるようになった。

五〇年代後半、マタ・ハリに関する文章を手当たり次第に読み進めるうち、興味は高まる一方だった。どの記事や本を読んでも混乱するばかりで、最終的に、すでに多くの情報を手に入れている私が徹底的に調査し——神話や空想を排除した——マタ・ハリの生涯に焦点を当てた作品を書くのを義務だと感じるようになった。

半年間、主としてオランダとフランスで、さらにドイツとイギリスを含めて取材を行った。政府や市の公文書、蒸気船会社、ホテル、銀行、スコットランドヤード、会社、九ヵ国の省庁、オランダとフランスの市町村の多くの個人に、合計数百通にのぼる手紙を書いた。取材を進めていくにしたがって、ますますマタ・ハリの真実の、徹底して調べられた話は現在まで書かれていないという確信が強まった。

本書は憶測で判断することを排除し、現地に足を運ぶ努力を惜しまず、苦労を重ねた末に生まれたものだ。彼女の真実の生涯を初めて描いた書物である。完全な内容にするため、先に述べた陸軍省の秘密のパリのファイルの情報も使用し、多くの内容は、これまで出版されてきた事実を謳う文章と全く異にするものになっているはずである。

第1章

マタ・ハリの名を世間に知らしめた時期は二度あった――ダンサーだったときと、スパイ容疑をかけられたとき。十二年七ヵ月の間に起こっている。ダンサーとしての成功を耳にした別居中の夫は「あの偏平足で、どんな踊りができるんだか」と言っただけだった。数年後、三十八歳のマタ・ハリが夫の地元のステージに立った際、劇場に行くか尋ねられたときには不愛想にこう答えた。「嫌になるまで、ずっと一緒にいたんだ。今さら、何をわざわざ」

銃殺隊の前に立ち、死を遂げた際も、こう言い放った。「何をしたのか知らないが、あいつはそんなたいしたことのできるタマじゃない」

ダンサーとしての成功だけで、英語圏でもこれほどの有名人になっていたとは思えないし、「あの女は本物のマタ・ハリだ」という慣用句にまでなったのが、ダンサーでスパイという組み合わせの妙だけによるものとは到底思えない。

とはいえ、オランダ北部のフリースラント州レーワルデンで生を授かった彼女が将来これほど有名になるとは、約二万七千人の住人の誰も思わなかったはずだ。誕生日は一八七六年八月七日。やがてマタ・ハリと呼ばれるようになる女性はマルガレータ・ヘルトロイダという名のオランダ人として、父アダム・ツェレとその妻アンチェ・ファン・デル・ミューレンの間に生まれた。

彼女の人生は生前も死後もずっと謎に包まれてきた。どこで生まれ、両親がどんな人物で、その名を世に知らしめたパリのステージがどんなものだったのか、彼女を取り上げた作家の数だけ、様々な情報が書かれている。中には、ジャワの王子の娘だとか、（当時の）オランダ領東インド諸島でオランダ人士官と現地の娘との間に生まれたという話まで。彼女自身、具体的な地名や人名を口にしていた。新聞記者に取材を受けるたび、受けのいい話を即興で考えるのが得意だった。昔話に尾ひれをつける程度にとどまらず、元になる話すらない完全な作り話を実に具体的に紡ぎ出すのだ。そうやって、彼女の人生はどんどん変わり続け、事実と虚構――多くは後者だが――がひとつになっていった。

その想像力によって生み出された創作が――まだ生きている間から――謎と魅力に満ちた評判を生み、処刑後に書かれた文章にまで、スパイスを与え続けている。彼女を取り上げる文章は年々増えている。想像力の羽を自由に伸ばし、他の作家が勝手に創り上げた彼女や私生活やスパイ活動に関する文を拝借して書いたにすぎないものがほとんどだが。

本人が考えたマタ・ハリの伝説をひとつ取り上げておきたい。マルガレータが若いうちから、事実と虚構をひとつにしていたことがよくわかるエピソードだ。ある日、自分の母は実は男爵夫人だと打ち明けてきたというのだ。そう教えてくれたのは、イベルチェ・カークホフ・ホーフスラフという名のレーワルデンのグラマースクール（中等学校）の同級生だ。当時、マルガレータは学園都市ライデンに住み、幼稚園の先生になるための学校に通っていたが、まったくの思いつきで同郷の同級生に語った話は、彼女が地元に帰った際にイベルチェに伝えていたのだ。

彼女の母が本当に男爵夫人なら、父のアダム・ツェレは男爵ということになる。実際――レーワルデンの気のいい人々から、やや浮世離れした考え方や貪欲に社会的な地位を求める様子を揶揄する意味で――「男爵」と呼ばれていたのは事実だったようだ。

男爵の娘なら、マルガレータは城で生まれたことになる。この話が世間に大きく知られるようになったのは、彼女がすでにマタ・ハリとして有名になった後だ。貴族を気取った幼い頃の生活ぶりはカミングハスターテでも目立っていた。自身の言葉によれば、そこはかつてフリースラント出身者の地所だった住居で、錚々《そうそう》たる先祖から受け継いできた由緒正しいものだという。事実は少々異なっている。カミングハスターテは今も存在する。アーメランドの家と呼ばれるレーワルデンの中心に位置する素晴らしい住居で、ずっと長い間、カミンガ家が所有してきた。幼いマタ・ハリは同じ通りにある別の家に暮らし、寝室から歴史ある、その住居を目にしていた。とはいえ、先祖が男爵で、立派な家や称号を持ち、どう幼年期を過ごしたかが、マタ・ハリ――そしてマルガレータ――の想像力を大きく掻き立てる問題だったのは間違いない。

マルガレータの父は実際裕福だった。一八四〇年生まれの彼は生涯のほとんどをレーワルデンで過ごした。町の大通りのひとつケルダーズの一角に居を構え、帽子屋を営み、地味なウィンドーディスプレイでそれなりに人々の注目を集めていた。アムステルダムの流行りの店を真似、店の商品をいくつか飾り、必ずシルクハットと山高帽とケピと呼ばれる軍帽――当時の定番の三つ――を置くのを忘れなかったという。

商才があり、石油株の投機にも成功した彼は、マルガレータが六歳だった一八八三年一月一日、新しく購入したグローテ・ケルクストラート[◆1]二八番地に引っ越した。貴族がかつて所有していた歴史ある家は今日でも、町で最も素晴らしい建物のひとつだ。

新居に移って使用人を増やすことになり、メイドをひとり雇った。アリ・アンとコルネリース・クーンラントという、双子の弟たちはちょうど一歳で、手のかかる時期だった。三番目の弟、ヨハネス・ヘンデリクスも生まれていた。

しかし、そのずっと前から、アダム・ツェレはレーワルデンでは有名人だった。社会的成功を貪欲に求める、媚びて生きるきらいはあったが、背の高いハンサムな出世第一主義者で一緒につるんでいる仲間や地元の有力者たちから、それなりに認められる存在でもあった。

アダム・ツェレに運が向いてきたのは結婚した一八七三年からだ。その年、ウィリアム王三世がレーワルデンを公式訪問した。地元の有力者たちは近衛騎兵隊を作ることを決め、町のエリートたちがアダムに騎兵隊に入るよう声をかけてくれたのだ。アダムは大喜びだった。嬉しさのあまり、地元の画家A・マルティンに肖像画を描かせた。騎手を務める栄誉ある——黒い顎髭、シルクハット、燕尾服、さらには白のブリーチ（乗馬服）という恰好で馬も一緒に描かれている。今でもフリース博物館に所蔵され、寄贈者としてアダム・ツェレの名が残っている。

オランダのジャーナリスト、アレクサンダー・コーエンはレーワルデン生まれで百歳近くまで長生きした人物だが、アダム・ツェレをよく覚えていた。「いつもシルクハットを被っていたよ。店の入り口の前にもたれかかって、花柄のベストをずっと腕にかけている様子が今も目に浮かぶ」

実際、アダム・ツェレは帽子屋の玄関口で、近所の連中を上から目線で眺めているだけの余裕があった。一八七七年、マルガレータの生まれた一年後の収入は三千五百ギルダー（約二万五千ドル相当）で、当時のレーワルデンではかなり大きな金額を手にしていた。

父が裕福だったことは後にマタ・ハリが贅沢をやめられなかった一因にもなった。アダムは四人の子どもを甘やかし、特に唯一の女の子であるマルガレータを溺愛した。まだ幼い彼女に、立派な角の二頭のヤギが先頭にいる四人乗り馬車を贈っていた。もらったマルガレータは誇らしさと嬉しさで胸がいっぱいだった。まだ六歳というのに誉めそやされたことが、忘れられない経験となって彼女の記憶に強く残った。

ヤギの馬車は一大センセーションを巻き起こした。町中の裕福な子どもをいくら探しても、誰もそんなおもちゃは持っていなかった。バイスマン・ブロック・ワイブランという、現在八〇歳を超える、かつてマルガレータの同級生だった人物に一九六三年に会ったが、彼女もその馬車の記憶は鮮明だった。「とにかく強烈なインパクトで、マルガレータは一気にクラスの特別な存在になったわ」。それは父の狙い通りの出来事だったのだろう。やはり同級生だったカークホフ・ホーフスラフも馬車の記憶がどれほど鮮烈だったか語ってくれた。数年前、当時の同級生に会う機会があり、七〇年以上前のことを思い出させようと、「マルガレータ・ツェレの通っていた学校だったのは覚えているわよね」と言った。相手の女性は三分の二世紀も前の記憶を一瞬で取り戻し、すぐさま、こう叫んだ。「ええ、本物のヤギの馬車に乗っていた子ね」。当時の学校のはっきりした記憶と言えば、それだった――マルガレータ・ツェレと小さな馬車。

レーワルデンは今現在も落ち着いた地域で、毎週金曜には町の中心に車が集まる。フリースラント州の牧場が町の市場に最高の称号を受けた家畜たちを運んでくるのだ。十九世紀の後半、この小さな田舎町には考え方も地味な人々ばかりが暮らしていた。みんな自分たちの身の丈を考え、自分の社会的地位に素直に従順に生きていた。馬にまたがり、男爵のように振る舞う父が、子どもたちに行き過ぎた教育を与えたことで、レーワルデンの市民たちの反感をかっていたのは確かだ。

きれいな顔立ちの少女、マルガレータは裕福な父の力で市役所の先にあるホフプレインのミス・バイスの学校に通い、上流階級の市民の娘たちと一緒に学んでいた。ミス・バイスの教える外国語はフランス語だけだった。当時はフランス語を学ぶのが主流だった。後にマルガレータはグローテ・ハウト通りの女子高で、英語とドイツ語の授業を受けている。

H・W・ケイクスという、地元の新聞『レーワルダー・クーレン』の記者によると、ミス・バイスはとても魅力のある、生徒から愛される教師だったそうだ。小柄な未婚女性で、少し足が悪かったが、礼儀正しく、歩く姿勢も美しく、淑女らしい振る舞いをしていたという。文字をきれいに書かせる指導に力を入れ、マタ・ハリの字の美しさも彼女の教えによるところが大きかった——彼女以外もミス・バイスの教え子すべてに共通する特技だった。

詩を書いたり、アルバムを渡して友人に詩を書いてもらったりして感傷的な気分に浸るのが、当時の女子の流行りだったようだ。カークホフ・ホーフスラフの家を訪れた際、ミス・バイスの学生時代に書いた詩を見せてくれた——さらに、当時十二歳のマルガレータ・ツェレが一八八九年二月十六日に書いた詩も見せてくれた。「親愛なるイベルチェ」に捧げられた詩で、意訳すると、こんな感じだ。

文字を追いかけるあなたの目が
歓びを欲し　ページを繰るうち
この一節に手をとめ
この詩の思いに気づかれんことを

あなたの永きにわたる幸福を願う我が思いに

詩の後には、フルネームのサインに加えて、「マルガレータの思い出と共に」という言葉があった。「マルガレータと呼ばれたがっていたわ。威厳のある名だと思っていたから。私たちは普段、『グリート』と省略していたんだけど。最終的に、お互いの間をとることになったわ。マルガレータは手紙や詩だけフルネームを使うことにして、私たちはエムグレートと呼ぶことにしていた」

カークホフ・ホーフスラフ自身も、ずいぶん詩を書き、エムグレートに捧げる詩も書いていた――長い年月が過ぎたというのに、その詩の冒頭をそらんじてくれた。

千のタンポポの中
一本の蘭の花が美しく佇んでいる

自分はずっと「エムグレートに対し、ひそかに賞賛」を送ってきたと告白するように言い、「黒い髪と少し勝気な瞳が印象的な、細身の少女だった」姿が心に焼きついているとも語ってくれた。「彼女に自分が他の子と違うという自覚があったことに我慢できず、嫉妬している同級生も多かったわ。声がきれいで、すごく目立つ服をあえて着ていた――私たちはそんなことはしなかった。おもいきり嫉妬の対象だったけど、私はずっと味方して、彼女は上に立ちたいわけじゃなく、自分らしく振る舞っているだけだと説明したわ。生まれながらに輝いていたの。ときどき厚かましいと思われるところもあったけれど――私はそれも彼女の個性だと思っていた」

そのずっと後、マタ・ハリがパリのサロンで人気を集めた際、驚かなかったのは本人くらいのものだろう。彼女は一貫して同じ生き方をしてきただけだった。マルガレータ・ツェレはレーワルデンで学生時代だったときから、ドラマチックであろうとしていた。友人を驚かせ、称賛され、当惑させ、贅沢で、見たこともない人間と思われ、噂の的になり、輝きを放つ、特別な存在でありたいと願う——そうやって、彼女の本質は作られていった。

イベルチェの話では、当時、大胆かつ派手な服で学校に通うような生徒は彼女以外いなかったそうだ。ある夏の日には黄色と赤のストライプのドレスで登場し、また別の日には赤いビロードの服で颯爽とやってきて、周りを驚嘆させたという。「そんなドレスで学校にくる子なんて絶対考えられない時代だったのよ」と彼女は説明してくれた。ともあれ、同級生に与えた印象が鮮烈だったのは確かで、七〇年が経過した後でも、はっきり思い出される出来事だったのだ。

ドラマチックでありたいという願望は、数年後の一八九一年にマルガレータの母が亡くなり、十五歳になったときにも、再び目撃されている。葬儀の日の午後、ウィーレムスカーデF三〇のアパートの部屋から、鎮魂曲を弾くピアノの音が流れてきた。数日後、イベルチェが町でエムグレートに会うと、ややためらうように、その音楽について話してきた。

エムグレートは厳かな調子でこう言ったのだ。「弾いていたのは私なの。心に感じた痛みを表現したの」『痛み』という言葉が重々しくゆっくりと口にされ、強調された。音楽に込められていたのは哀しみなのか。本物の痛みだったのか。それとも、エムグレート一流の大げさで度を越したドラマチックな演出が、そうさせただけだったのか。

彼女の父は長く裕福な生活を続けた後、財政状況を突然悪化させ、一八八九年に破産している。その不幸な出来事のために、一家は離散を強いられた。レーワルデンで生活できなくなった父アダム・ツェレは生地を初めて離れ、一八八九年七月十五日にハーグに移った。妻とエムグレートを含めた子どもたちはウィーレムスカーデにある、質素な二階建てのアパートに住むことになった。

アダム・ツェレはレーワルデン時代の財産をハーグで使い果たし、一八九〇年五月三十一日から再び家族と同居している。しかし、状況はすっかり変わり果て、妻との関係は——エムグリートとの関係も含め——悪化して、一八九〇年九月四日に法律上の別居が宣告された。その九ヵ月後の一八九一年五月十日に母は亡くなり——一家は完全にバラバラになる。マルガレータが母の形見としてもらったのが詩のアルバムで、そこには母の信心深さがよく表れた、好きな詩がいくつも書き写されていた。——その中に愛をテーマにした詩がひとつだけあった。エムグレートはマタ・ハリになるまでずっとそれを持ち続け、夫のところに置いていった。

一八九一年三月、妻が亡くなる前に、アダム・ツェレは再びレーワルデンを離れた。行き先はアムステルダムだった。マルガレータは同じ年の十一月までレーワルデンに住み続けた。十一月十二日には双子の弟たちもアムステルダムに行き、エムグレートは名づけ親であるヴィセールの暮らす、レーワルデンからさほど遠くない小さな町スネークに移った。数週間後、三番目の弟、ヨハネス・ヘンデリスクは、母親の親類がいるフラネケルに引っ越した。

スネークで、ヴィセールはマルガレータと今後について話し合う必要があった。当時十五歳の彼女の将来と生計の立て方について考えるためだ。彼女はライデンに送られ、当時、オランダで幼稚園の先生を養成する唯一の学校で訓練を受けることになった。

「最悪の選択だったと思うわ。だって、彼女に全然向いていない仕事だもの」とイベルチェは私に語った。レーワルデンの友人たちもこう言っていたそうだ。「彼女には興味のかけらもないような仕事よ。そういうのは『母親らしさ』にあふれた子の仕事で、エムグレートにあるのは『個性』だったから」

ライデンで、彼女はヴィブランドス・ハーンストラという名の校長と恋に落ちた。彼との関係がなかったら、彼女の未来がどうなっていたかは誰にもわからない。しかし、少なくとも、マタ・ハリは存在していなかったし、マルガレータ・ヘルトロイダ・ツェレはどこかのひなびたオランダの渓谷にある田舎町の幼稚園の先生として、一生を終えていたかもしれない。

《訳註》

◆1　グローテ・ケルクストラート。かつてマタ・ハリが住んでいた住居は現存している。

◆2　フリース博物館。フリージアアンの文化に関する様々な展示がされている。二〇一七年～一八年は「マタ・ハリ特別展」が開催される。

第2章

ライデンでの生活はそこで終止符がうたれ、もうひとりの叔父、タコニスの住むハーグに行くことになった。当時、十七歳だった彼女は、この年頃の女の子なら大抵はそうだが——恋を求めていた。

世紀末が近づいていたその時期のハーグは、多くの将校たちがオランダ領東インドの植民地軍から、休暇を過ごすために訪れる町だった。その上、ハーグはオランダで最も有名なビーチリゾート、スフーフェニンゲンにも近かった。若い男性、特に軍服を着た男たちと数多く出会うチャンスがあった。偶然の成り行きで、マルガレータに最高の状況が与えられ、最初の「軍服」の男性との恋をして——ずっと後の裁判で自ら弁護した際にも強調していたように——忘れられないものとなった。

ある植民地軍の将校が一八九四年八月十四日に二年間の病気療養でオランダに戻っていなければ、その後の出来事もなかったかもしれない。男性の名はルドルフ・マクラウド。身長一八〇センチ弱、がっしりした体格で、顔はやや丸顔、長く垂れ下がった口髭を伸ばして、装飾のサーベルを刺し、十六年以上の植民地任務を続けるうちに髪はすっかり抜け落ちてしまってほとんどなかった。

マクラウドはスコットランドの由緒ある家柄の出身で、先祖が十八世紀初頭にオランダに居を移した。その先祖はオランダがナポレオンに支配されるとイギリスに帰国したが、ナポレオン皇帝の支配力がヨーロッパから消えると、再びオランダに戻り、以降ずっと住み続けた。オランダに移った祖先の半分近くが、彼と同じ軍人だった。

叔父は将軍にまでなりヴィレム三世の副官でもあった人物で、甥であるルドルフがオランダ領東インドから帰国した際、まだ元気だった。将軍の息子――ルドルフの従兄――はオランダの海軍中将で、写真を見ると兄弟かと間違うほどよく似ていた。さらにもうひとり、海軍中将だったスコットランド人のアンガス・マクラウドc・v・o（コマンダー）がいた。

ルドルフの父、ジョン・ヴァン・マクラウドはオランダの退役軍人で歩兵大尉。母はディアナ・ルイザ・スヴェールツ・ファン・ランダス――貴族の末裔だが、貧しい家の出身だった。ルドルフ・マクラウドは一八五六年三月一日生まれ。オランダに帰ったときにはすでに三十八歳になっていた。

軍隊でのキャリアは素晴らしかった。父の足跡をたどり、十六歳の若さで軍に入隊。四年後には軍曹になり、さらに出世を遂げ、一八七七年には少尉、その後すぐに二十一歳で、オランダ領東インドに赴任した。

植民地に行くと決めたことで、貴族の血をひく母方の親戚たちから大きく不評を買った。軍隊に縁がない家だったうえに、一八八〇年代当時、植民地での任務は多くのオランダ人にとって、とても進んで引き受ける仕事ではなかった。自ら志願して、「植民地」オランダ領東インドに赴任する軍人は、基本的にオランダの貧しい家の出身か、雇われ兵になって生計を立てようとする貧しい若者か、裕福な家に生まれた不良息子だった。結果、若きルドルフが母の姉妹にお別れの挨拶に行くと、驚かれ、お金なら何とかするからと思いとどめさせようとした。ルドルフは自分の気持ちを正直に話した。父方の家は軍人の家系で、当時やっと少尉になれたところで今後出世するためには植民地に行くしかないのだと。そう言い残し、植民地に出発した。

そこは、植民地軍の一筋縄ではいかない面々とうまくつき合い、タフであり続けなければ、とても長くいられない場所だった。そんな中、ルドルフは二十一歳のときから、ほぼ十七年間休みなく、典型的な屈強な軍人ばかりを相手にし続けるうち、当然の結果、彼自身も厳格な人物になっていった。いかにも軍隊らしい言葉遣いをするようにもなった。彼の三番目の妻——一九三二年に数時間、さらには一九六三年にも数回インタビューを引き受けてくれた女性——はこう語っていた。彼は「率直で、厳格で、毅然としているが、この上なく率直な軍人で、思いやりのある人物だ」と。

三番目の妻は当然ながら、ジャワ島、スマトラ、ボルネオなどの各地を十七年間回り、帰国してマルガレータ・ツェレと出会ったときの彼を知らない。彼は「アチェ戦争」（一八七三年～一九一二年。アチェ王国へのオランダの侵略戦争）と呼ばれる戦争でも長く任務に就いていた。スマトラ最北端で繰り広げられた壮絶な戦いだったが、八〇年代から九〇年代にわたって十年間従事していた。ルドルフは生涯ずっと将校のメダルとアチェ派遣のメダルを着けていた。植民地軍の最高位の標章で、すべての軍人の目標であるヴィレム勲章は与えられなかった。「やつに与えるな、という連中がいたのさ」と彼は言っていた。

一八九〇年五月に二年間の休暇を命じられたが、自身の希望で二ヵ月後に戻っている。しかし、一八九四年には、オランダへの帰国を強く言い渡された。十七年間休みなく働き続けてきたことで健康状態がかなり悪化していたためだ。さらに長年の糖尿病が原因で、関節のリウマチもずっと悪化し続けていた。深刻な状況に追い込まれ、一八九四年六月二十七日にオランダ領東インドを出た際には、担架に乗せられてS・S・プリンセスマリン号に乗船していた。

アムステルダムで休暇療養中、バリ島の東に位置する東インド諸島ロンボク島で暴動が起きた。オランダに伝わってきた情報は漠然としたものばかりで、大部分に政府の検閲が入っていた。オランダの新聞は現地の情報を求め、アムステルダムの『ニューズ・オブ・ザ・デイ』紙に一八九五年の初めから半年間記事を書いていたジャーナリストのJ・T・Z・デ・バルビアン・フェルステルは、植民地から帰国した将校の名前を可能な限り編集部から聞き出し、接触を図った。その考えが功を奏し、検閲の入っていない優れた情報を得ることができた。ルドルフはそのとき出会った将校のひとりで、ふたりは親しい友人になった。

ある日、アムステルダムのカフェ・アメリカンの静かな佇まいの中、ふたりでコーヒーを飲んでいるとき、フェルステルはルドルフの様子がおかしいのに気づいた。何人かの友人で理由を冗談交じりに考えた結果、彼は寂しいのが悪いんだろうという結論に達した。良い女性を見つけて結婚させてやるという話になった。実際、四〇歳近くになって植民地に戻る将校に、妻を持つことは贅沢な話ではなかった。

将校や民間人が初めて東インド諸島に行く際は結婚していないのが普通だった。若く、学校を卒業して間もない者が多い。民間人なら最初の四年から六年間ほどの契約で植民地に赴任してから帰国し、給料に余裕が出てから慌てて妻を探すことになった。妻に迎えられそうな女性が見つかったところで、婚約後、男性がまた東インド諸島に戻らなければならないというのも当時ありがちな話だった。結婚はその後、代理の夫を使って（オランダ人が言うところの「手袋を使って」）執り行われ、新郎は熱帯地方の太陽の下、じりじりしながら帰国の日を待ち続け、妻は灰色のオランダの空の下の自宅に残っているということもあった。

植民地軍の将校にとっては、状況がさらに厳しくなり、金銭的にもさらに不安定さが増していた。帰国して上官の許可をもらわずに結婚した場合、既婚者の手当てを受けられず、数年後、子どもが何人かできても、公式には「独身男性」扱いで、独身の軍人の安い給料のままでやりくりするしかなかった。オランダで魅力的な相手と出会っても東インド諸島に戻ると金銭的な重荷になりかねなかったのだ。

ルドルフがアムステルダムのカフェでせつない休暇を過ごした後に、フェルステルは相談なく新聞広告を載せた。「当方オランダ領東インドから自宅療養中の将校　気立ての良い若い女性との出会いを求む　結婚を前提」ふざけ半分に広告を掲載すると、多くの人々の話によると、その事実を知ったルドルフは、すべての手紙を開封せず、差出人に戻すようすぐに頼んだということになっている。ところが、三番目の妻の話では、彼自ら手紙を開封したそうだ。かなりの持参金のある女性たちから、相当数の手紙が届き、大臣や牧師の娘も含まれていた。「彼はお金と結婚することができた。でも、そうせずに間違った相手を選んでしまったのよ」と彼女は言った。友人の悪ふざけから、思いがけない大きな展開が生まれたのだ。

広告の二週間後、さらに二通の手紙が届いた。フェルステルはたまたま町におらず、新聞社からの手紙がルドルフ自身に転送された。そのうちの一通がマルガレータから送られていた。ハーグでひとり寂しく、勉強する気もなく、暇を持て余していたところ、一八九五年の寒い時期、新聞の小さな広告をたまたま見つけたのだ。

ルドルフはその手紙に心奪われた。当時とても美しい女性に成長していたマルガレータは、抜かりなく自分の写真を同封していた。ルドルフはしばらく、彼女のことを黙っていた。フェルステルも本人から打ち明けられて初めて知ったくらいで、ルドルフは受け取った手紙に対して遅い返事を出して、「見目麗しい」差出人との文通を始めた。フェルステルから一九三二年に直接聞いた話だ。

ルドルフはその秘密を打ち明けてきただけではなかったそうだ。アドバイスを求めてきた。魅力的な若い女性と文通を重ねた結果、いよいよ直接会うことになったからだ。アムステルダムにいたルドルフは、ハーグにいたマルガレータと、どこで会えばいいか悩んでいた。

フェルステルはアムステルダムの国立ミュージアムを勧めた。しかし、結局、ルドルフのリウマチが再発して、デートはキャンセルになった。ベッドに横になったまま――友人や親戚からはジョンと呼ばれていた――ルドルフは、まだ見ぬ若い女性との文通を続けた。

最初の出会いはふたりにとって、決定的かつ運命的だった。ミュージアムで絵を見るかわりに、お互いを見つめ合って、容姿に好意を持った。ルドルフは、特に軍服を着ているとハンサムに見えたし、マルガレータは――エムグレートと呼ばれるのが嫌だったが、ルドルフは当時から「グリート」としか呼ばなかったそうだ――若く魅力的な上に、陽気で、黒い瞳と黒い髪が実際の年齢より少し大人びて見せていた。好きになった理由はいずれにせよ、話はとんとん拍子に進み、初めて会って六日しか経っていない一八九五年三月三〇日に婚約している。

最初の数ヵ月、マルガレータはハーグの叔父の家に住み続け、アムステルダムの婚約者と会うためにたびたび旅行していた。この間にもう一度リウマチがひどくなり、何度か彼女と会えずに終わっている。頻繁にリウマチが酷くなり、自分で手紙さえ書けなくなり、姉のルイーズに泊まり込みで面倒を看てもらい、代筆まで頼んだ。マルガレータは恋に夢中の十八歳の女の子らしい愛のこもった手紙を書いた。

「愛するジョニーへ」と一八九五年水曜日のある晩、書いている。「あなたのことがとても心配で夜も眠れません。また会えなくて、本当に残念です。急に悪くなったの？　ジョン、あんまり気にしないでね。日曜日にお見舞いに行くから、そのときには痛みがなくなっているよう願っています」

「痛すぎて、自分で手紙を書けないの？　そうなのね――だって、そうじゃなかったら、自分で書くはずだもの。日曜日にはもう歩けるようになりそう？　だといいんだけど、あんまり無理してがんばっちゃ駄目よ。最初は悲しくてどうしていいかわからなかったけど、いいことだけを考えることにします。だって、私がここで落ち込んでいたって、何のあなたの助けにもならないんだから？」

「ルイーズはこう書いてきてくれたの。『数週間後には、ふたり揃って、日差しを浴びてすべてが美しく輝くシティホールにいけるように願っています』って。もちろん、私もよ。あなたはどう、ジョン？　同じ気持ち？　元気に明るくしていないと駄目よ、そうしていれば絶対うまくいくから。あなたの小さな伴侶はいつだって元気よ。じゃなかったら、とてもやっていけなかったと思う。日曜日には会えるかしら？」

「自分で返事が書けるようになったら、元気になったか教えてね。素敵なキスをして、一緒にいるところを想像して。私もそうするから」

「ジョニー、最後に、いとしい妻――グレタ◇1――から熱いキスを」

婚約から結婚までに時間はかからなかった。初めて会ってから三ヵ月半後の一八九五年七月十一日、マルガレータはマクラウド夫人となった。三十九歳の夫に対して、まだ十九歳だった。質素な民事婚を数人の友人の出席のみでアムステルダム・シティホール（市庁舎）で執り行い、ギリギリになって話を聞いたマルガレータの父も出席した。友人の将校ふたりがルドルフの立会人を務め、フェルステルと出版関係の仕事をするＨ・Ｊ・Ｗ・ベフトがマルガレータの立会人になった。

しかし、結婚式まで、そう順調に事態が進んだわけではなかった。花嫁はいろいろと調べられ、式を止める声も一度あがり、幸せいっぱいの軽率な思いつきを中止するか、少なくとも延期するよう強く言われてもいる。

そもそも軍人の多い厳格なルドルフの家は代々、退役軍人の元大将である、叔父の正式な許可が結婚には必要だった。ルドルフ自身、何年も軍人として勤め上げてきたわけだが、一家の伝統に従ってマクラウド家の重鎮たちに若い花嫁候補を連れて恭しく伺いを立て、審査に合格しなければならないことに変わりはなかった。

叔父のノーマンは押し黙ったまま新兵候補を見つめた。二言三言つぶやくと、緊張した空気が流れた。しかし、じっくり観察した結果、老兵は甥の選択を認めざるを得なかった。「若いがきれいな顔立ちだ」彼は繰り返していった。「とんでもなくきれいな顔立ちだ」グリートは審査に合格し、結婚への最初の障害をうまく乗り越えることができた。

マクラウド家からの反対は回避できたが、ツェレ家の、まだ聞いていなかった人物がルドルフを驚かせた。グリートはある日、自分の父について話した。三番目の妻によれば、ルドルフが「親戚関係の話がようやく片がついた」と言ったときだったそうだ。グリートはドラマチックにこう言ったという。「実は、まだ生きているの」

疎遠になっていた父の存在をずっと隠し続け、婚約者には自分が孤児だと話していた。しかし、式が迫ってきたそのときになって、自分の父親が——少なくとも同意を得る——必要だと思い当たった。未成年だったため、結婚には親の許可か死亡証明書が必要だったのだ。実際のところ、父はまだ元気そのもので、二番目の妻とアムステルダムの貧困地区で生活していた。

ルドルフは義理の父と思いもよらない突然の体面を果たした。自分は将校で、家柄もよかった。マルガレータの父は破産したセールスマンで貧困地域に暮らしていた。結婚するのは娘であって、一家とではなく、彼女の親戚にはまったく興味がなかった。

しかし、ルドルフは彼女を愛していたし、きちんと祝福される結婚をしたかった。ずっと植民地生活を送ってきた三十九歳の男は、知り合った女性の大半が現地の女性だった。オランダ領東インドでも、美しく若い妻はひときわ目立ち、見る者の心を奪うはずで、二〇歳という年齢の開きも、少なくとも今のところ、問題ではなかった。

今までに書かれた多くの文章とは意見を異にするが、ルドルフは彼女の妊娠を知って結婚を決めたわけではない。オランダ人作家チャールズ・S・ハイマンスによると、◇[2] マタ・ハリの息子ノーマンは一八九六年一月三〇日生まれで、結婚式のわずか半年後のことだった、ということだ。次々と他の作家も（バウムガーテンとニューマン）が同じ問題を取り上げている。ニューマンの記述では、この結婚は「神聖なものではなく、世俗にまみれた愛によるものだった――すでに結婚式には妊娠していたのだ」とある。◇[3]

何年かの間、私もハイマンスの、いかにもありがちな主張を鵜呑みにしていたが、アムステルダム市の統計局による出生証明書の写しを手に入れたところ、ノーマンは一八九六年ではなく、一八九七年に生まれているとわかった。驚いてアムステルダムに日付の照合を依頼すると、一週間も経たずに返事があった。「ルドルフ・マクラウドと妻マルガレータ・ツェレの息子、ノーマン・ジョンの出生日は一八九七年一月である」

さらに、マルガレータの誕生地レーワルデンの資料館の館長も歴任している、ハーグの公文書保管人にも調査を依頼した。メンソニデス氏にオランダの系図管理局の記録を確認してもらったところ、ノーマンが生まれたのは一八九七年と記録されていた。

「疑いの余地はありませんね」公文書保管人は語ってくれた。「ずっと信じられてきた結婚前に妊娠していたという説は数々の伝説の中のひとつに格下げされました」

それでも、ジョンとマルガレータの手紙からすぐにわかるように、ふたりはすでに深い関係になっていた。「あなたのいとしい妻」といった表現を書いているのも、同じ結論に結びつく。ハイマンスによれば、十八歳のマルガレータは三十九歳の最愛の相手にこう書いたそうだ。「いけないことをしたいかどうか聞きたいわ。一回どころか十回くらいでもしたい！　あなたの望むことをなんでも。あと何週間かすれば、あなたの妻になるんだもの。ふたりとも負けないらい情熱的でよかった。私の体調は心配しないで。定期的にあることだから。何日か前からだから、明日にはあなたの望み通りにしてあげられるわ」

もし、ハイマンスの主張の通り、ルドルフがこんな手紙を他人に自由に読ませていたとすると、三〇年前の婚約者からの手紙を赤の他人に渡す七〇歳を超えた男のデリカシーのなさに驚かされる。どう彼をかばおうとしても、せいぜい三番目の妻が話した通り、「ハイマンスのしつこい願いにうんざりした挙句、文面を忘れたまま、不運にも確認もせず手紙を渡してしまった」としか考えられない。


そのとき、マルガレータはすでに父に結婚への同意を求めていた。まず、父は婚約したふたりに訪問するよう要求した。実際、彼は義理の息子となるかもしれない相手と会ってしかるべき立場ではある。粗末な住まいにふたりが訪れたのは五十五歳の父にとって、勝利の日だった。シンプルな一頭立ての馬車ではなく、大きな四輪馬車で会いにくるよう指示し、狭い道に登場させ、隣人たちを驚嘆させた。それでも、アダム・ツェレが父親然とした祝福の言葉を送ると、その場で翌日の式に出てほしいと依頼を受けた。法律上、父の出席が必要だったためだ。

式の日の朝、家族からはルイーズという名前のオランダ風の発音タンテ・ラヴィと呼ばれていたルドルフの姉フリーダは最後の最後まで、弟が致命的な誤ちを犯すのを思いとどまらせようとした。「ジョニー――考え直して」彼の三番目の妻フリツェから聞いたことと重なる言葉だった。

しかし、ルドルフは姉の言葉を振り切って、美しい花嫁とアパートを出ると、厳粛な誓いの言葉を述べる式に向かった。シティホールでの式はつつがなく執り行われたが、後には羽目を外したお祝いが待っていた――花嫁の父の隣人たちが用水路沿いの舗道に立錐の余地なく集まって、新婚夫婦に熱狂的に祝いの言葉をかけてきたため、逃げるようにふたりは昼食を予約したお気に入りの店、カフェ・アメリカンに急いだ。アダムは出席しなかった。ルドルフが義理の父の乗った馬車を別の場所に行かせたのだという穿った意見を持つ者もいる。

新婚旅行は当時も現在も温泉リゾート地として人気のあるドイツのヴィースバーデンで、マタ・ハリが創り出した幼い頃の思い出にたびたび登場してくる場所だ。しかし、ルドルフにとっては、若く美しすぎる妻と結婚した自分に何が待ち受けているか予感させる場所でもあった。町には横柄な若い将校たちが数多くおり、魅力的な表情のオランダ人少女をあからさまに大きな声で口説いてきた。カッとなったジョンは、ただの若いチンピラ風の相手の前に立ちはだかった。「お兄さん。その女性はわが妻だ」――そう言い残してグリートと腕を組んで立ち去っていった。

オランダに帰ると、彼は結婚後、最初の誤りを犯した。姉の誘いを受け入れ、妻とともにレイツカーデ七九という、カフェ・アメリカンの一角で暮らすようになった。姉はロペルスムという小さな町に住む公証人のヴォルシンクと結婚していたが、すでに未亡人だった。弟とは何年も別々に暮らしていたが、お互いをずっと気にかける仲だった。初めから、彼女とマルガレータはまったく馬が合わなかった。

当然、結婚したての夫婦には、自分で部屋を借りるより、身内と一緒に暮らした方が安上がりだった。しかし、女性ふたりの緊張関係は解消されず、ルドルフの職場復帰がさらに延期になると、引っ越すことになった。

姉と一緒に暮らすことになったのは、ルドルフの収入の少なさが大きな理由のひとつだった。オランダの植民地軍の給与は将校といえどもわずかで、オランダでの生活を維持するだけでも足りなかった。マルガレータと婚約し、さらには結婚式、新婚旅行と出費が続き、現金がさらに消えていく。状況は絶望的とまではいかなかったものの、そうやって出費が続く限りオランダ領東インドで楽しい生活が待っているとは考えられず、実際、その後繰り広げられる不幸な夫婦生活の要因のひとつとなっていった。

マルガレータがオランダで過ごした数ヵ月の結婚生活のハイライトは、オランダ女王ウィルヘルミナの母、摂政エンマに由来するロイヤル・パレスでの披露宴だった。若い花嫁はロングの黄色いウエディングドレスを身にまとい、その綺麗な顔立ちと浅黒い肌と黒い髪はパーティーでも際立ち、夫のプライドを大いに満足させた。

マクラウド家の親しい友人たちには、結婚直後の段階で幸せな結婚生活に入った亀裂が見えていたようだ。医者の妻であるV夫人は一八九四年に植民地から帰ってきたルドルフと会い、同じくオランダ領東インドに配属されている息子からの紹介で挨拶を交わしていた。V夫人には彼がかなり粗野な人間に感じられたし、後に婚約直後のマルガレータに会ったときも、うまくいくかどうか疑問を感じていた。

夫人の目からは、マルガレータが「元気そうに見せているが、夫の粗野な態度と気遣いのなさに深く傷つき、新婚旅行から帰って来て一週間も経っていないうちから、つらい目にあっている」ように見えた。

夫人の第一印象は正しかったようだ。ルドルフは、後のフリツェとの結婚時代にはかなり人間的に丸くなったものの、九〇年代後半はまだ厳しい植民地に配属された将校だった。初めての結婚ですぐに態度を変えることができず、他の女性への浮気心も抑えられなかった。フェルステルがその推測を正しいと裏づける話を聞かせてくれた。

結婚式のわずか数週間後、ルドルフがその晩、妻と一緒にいてやってくれないかと頼んできた。自分はふたりの女性とデートがあって、帰りが遅くなるから、ということだった。フェルステルが家に行くと、彼女の弾くピアノの音が聞こえてきた。その晩遅くに帰宅したルドルフはすっかり上機嫌な口調で遅くなったことを謝り――「拘留されていた」から遅くなったと言い放った。

一八九六年三月、さらに九月とジョンの勤務復帰は半年ずつ延期になった。最初は健康上の理由だったが、二度目は本当に妻が妊娠したからだ。一八九七年一月三〇日マルガレータの息子が誕生。父方の祖父ジョンと退役将軍の大叔父のノーマンに因んで、ノーマン・ジョンと名づけられた。

数ヵ月後の五月一日、マクラウド家はS・S・プリンセス・アマリア号に乗船し、勤務地オランダ領東インドに戻った。マルガレータは冒険気分で高揚していた。未知の国に赴くこと、未知の人と出会うこと、熱帯地方への憧れに胸膨らませていた。まだ二〇歳で、当時、夫は四十一歳――大きな年の差がある夫婦が、白人女性のほとんどいない、ましてや美しい白人女性を見ることなどゼロに近い国に向かったのだ。

到着後の短い間、一家はジャワの中心地、スマランの南に位置する村、アンバラワに住んでいた。その後、ジョンは大きな島の東に位置するマランに近いトゥンプンに移った。その転属で環境は大きく改善された。マランはヨーロッパ人が多く、さらに重要なことにヨーロッパ人好みの娯楽もあった。

一家はそこに一年間滞在し、その間の一八九八年五月二日に第二子が生まれ、ジョンの姉の名に因んでユアナ・ルイザと名づけられた。一家はすぐに彼女を「ノン」と呼ぶようになったが（亡くなるまでずっとそう呼ばれていた）、幼い女の子という意味のマレー語、「ノナ」の短縮形で、よく使われる言葉だったそうだ。[◇4]

しかし、その間の生活は楽しいとはいえないものだった。夫婦間の問題はオランダでも早々に起こっていたが、暑い熱帯地方の日差しの下で、さらに深刻さが増していった。一八九八年十二月二十一日に夫がマラッカ海峡沿いのマラヤの向かいに位置する、スマトラの東海岸沿いのメダンに転属されるという知らせを受け取ると、妻はかなり安堵した。離れて暮らすことで——夫はすぐに現地に行き、家族は少し遅れて追いかけることになった——言い争いの絶えない、不快な状況から、ようやく一息つくことができるからだ。

夫は過去の例にもれずぞんざいに、自分がいない間の妻と子どもの行き先を決めた。ある朝、政府の会計監査役ファン・レーデの家を馬車で訪ね、（夫人から聞いた話によると）馬車から降りもせず、小さなオランダの植民地にすぐ行くことになったと説明した。

「妻と子どもたちを何時間かしたら連れてくるから預かってほしい。しばらくしたら、メダンに連れて行く。よろしく頼む」

オランダ領東インドではお互いが助け合い、転属も多かったため、そうした形の協力を誰もが惜しまなかった。結局、夫妻は頼みを受け入れ、マルガレータたちは寛大さに甘えることになった。マルガレータたちが遅れて出発する理由には家具の問題もあった。政府は家財の処分費用を出してくれず、競売にかけて処分した方が輸送費をかけて運ぶより安上がりだった。植民地で転勤を繰り返してきたルドルフにはこうした費用が悩みの種だった。マルガレータたちが間借りしてしばらくたっても――夫人の話によれば――夫からは何の連絡もなく、ジャワからスマトラへの旅行費用も送ってこなかった。夫人によると、「どうしたらいいかとても困った」状況だったそうだ。後になって、夫人のその発言には一部間違いがあることがわかった。しばらくお金を送らなかったのは事実だが、妻に手紙は出していたのだ。実際、彼はかなり筆まめで、出した手紙はどんな長さのものでもすべて手書きの写しまで作って保存していた。

　三月二十八日、ジョンはマルガレータに手紙を出し、メダンの様子や地元で行われた出来事をくわしく知らせている。彼には事実を正確に伝える文才があり、その能力を活かし何度も新聞に長い原稿を書いて、安い給料を補っている。このときも、妻に対し、来るべき街の印象を数枚の紙を費やし書き連ねている。

「高い建物が数多く並び、道が整備された街並みを見ると不思議な感慨にかられる。バタヴィアよりも電気が整備され、きれいな店が建ち並び、馬も馬車も上等だ。狂犬病にかかった七百三十九頭の犬が二日間で殺処分されたが、（一家が飼っていた）ブラッキーは家の中に入れていたから心配はいらない。では、元気で、グリート！　レーデによろしく――ジョンより」

　一ヵ月経ってもマルガレータからの返事が届かないと、夫は何千マイルにもわたって点在する島通しで連絡を取り合う煩雑さを妻に伝えている。「『二通続けて手紙を書いたら、メダンで返事を待っていて』なんて書いていたけど」グリート、今頃、なんて馬鹿なことを書いたと思って自分を笑っているんじゃないか。

「メダンからの返事を待つ――ところが、手紙が届くには十六日もかかるんだから、その間、ずっと何も書かないことになってしまう。まったくもってきみらしい話だがね！」

（当時、植民地の他のオランダ人女性にならって、スカートとブラウスを着ていた）マルガレータがファン・レーデの家に間借りしていたとき、夫人は彼女と仲良くなっている。後のマタ・ハリのかわいらしく知的な魅力を実感させる話だ。「分別に欠けるところは多少あったかもしれないけれど、その年頃の若い女性だったら、ごく普通だったわ」と夫人は語っている。

この時期ずっと夫の最大の関心事はお金で、生活費の問題が常に頭にあった。一八九九年四月二十四日に出した手紙の中で、返事がこないと非難した上で、こう書いている。「腹に据えかねるのは、生活できなくなるほど困っていないとはいえ、お金が足りないせいで、つまらないことにいちいち時間をとられることだ」

ルドルフは同じ手紙の中で気になっている別の話題に変えている。妻の手紙に書かれていたことに関して。「きみが書いていた海軍中尉とは誰なんだい？　たまたまトウンプンにきて、子どもたちの写真を撮ってくれたと書いていただろ。きみはそういう説明をちゃんとしてくれないところがある。ぼくがそう考えるのには納得できるだろう。『おい、また誰のことだよ、どうやってそいつはトウンプンまできたんだ』って。おかしなことに――急に子どもたちのセーラー服やその愛らしさを書いていると思ったら、いつの間にか話は中尉に飛んで、その後、いっさいその中尉の話は出てこないんだ！……それで、ノーマン（長男）はノン（妹）が大好きなのかい？　ノーマンはずっときみにキスされてるんだろうな！」

話題は夫婦の間に大きな軋轢を生んでいる問題に移る。「いろいろ口うるさいのは子どもたちを思ってのことだと理解してくれ。お互いの性格が全然違うということをわかってもらわないと」

彼が妻に嫉妬と疑いの念をずっと抱き続けていたのは、中尉を気にしている様子からも明らかだ。嫉妬と疑いは増していくばかりだったが、夫が妻の父親と変わらない年齢の夫婦ではそう珍しいことではない。マルガレータはまだ年々魅力を増していく年頃なのだ。毎週土曜には地元のクラブに行き──たくさんの若い独身将校や入植者にいつも囲まれ、大いにみんなの注目を浴びる存在だった。東西両国で慌ただしく開かれた結婚式に参列した既婚者でさえ、美しいマルガレータと遊ぶのにやぶさかではなかった。

ようやく妻と子どもたちのメダンまでくる交通費が用意できると、夫は五月十四日に旅行に関する最後の注意書きを送り、旅行の際の心づもりを伝えた。

「今朝、子どもたちの病気について書いてある四月二十五日付の手紙を読ませてもらったところだ。ここでは、やってもらいたい仕事がたくさんある。ずっと清潔にしていないと生活も危険になる。まめに掃き掃除をして、植木鉢を移動して、敷地内にタールを塗っておかないと、虫がどんどんわいてくる。昨夜、生まれて初めて見るような大きなサソリがいてびっくりした。あんな大きな害虫に刺されたら、命にかかわるとまではいかなくても高熱が出て、小さい子どもには危険だよ。だから、家の中に常に気を配って、子どものベッドや植木鉢周りをきちんと片づけておいてほしい。子どもたちに対する責任感と愛情の深さが強く感じられる手紙で、本当に安心したよ」

メダンでのルドルフは駐屯部隊の司令官に昇進し、オランダ人コミュニティの中でも重要なポストに就くことができ、折に触れてオランダ軍将軍の長として、公式なレセプションのホスト役を勤めなければならなくなった。もちろん、マルガレータにとって、そうした役目は望むところで、軍司令官の妻として輝いていた。三番目の夫人によると、夫は苦労していたそうだ。わざわざアムステルダムに妻の服を注文したこともあったという。同じく三番目の夫人によれば、マルガレータは女王気分で振る舞っていたそうだ。自分より年上の将軍の妻たちが近づいてきても、夫の傍を離れようとせず、自分は動かず、そのまま話し続けたそうだ。自分は軍司令官の妻であり、訪問客の方から近寄ってしかるべき――年齢は関係ないというのが彼女の考え方だった。些細なことでも嫉妬が渦巻く、小さな熱帯の駐屯地では、マルガレータの態度はすぐに波紋を広げ、潜在的に上官に嫌われる原因になった。

しかしながら、メダンでのマクラウド家の結婚生活はそうした出来事を考えるまでもなく、かなり悪化していた。そんなとき、突然、少なくとも当面、一緒に暮らすようになった夫婦に悲劇が襲った。一八九九年六月二十七日、生後二年六ヵ月で長男ノーマンが亡くなったのだ。子どもたちふたりが毒を口にしたためだが、娘だけは現地のオランダ人医師の懸命な治療によってなんとか命を取り留めた。

メダンで広まっていた事件に関する噂がふたつあった。ひとつは現地の兵士に罰を与えたところ、その男と子どもの面倒を看ている乳母がつきあっていて、逆恨みされて子どもたちに復讐されたという説。もうひとつはマクラウド家の結婚生活に立ち入ったもので、信憑性は薄い。ジョンが乳母と関係を持つようになったため、同じ現地の兵士が復讐したというものだ。

原因は何にせよ、しばらくはふたりの関係は長男の死で改善されたように見えた。しかし、変化は長続きしなかった。長男を溺愛していた夫は、ひどいショックに打ちひしがれた。しかし、すぐに短気な性格が再び顔を出すようになった。ふたりの関係はこれまでにないひどいものになった。夫が息子のことで妻を咎めると、ルドルフがジャワ島に転属になった。彼はそれを上官の独断によるものだと考えた。そんなとき、自分が昇進しないのも、その上官のせいだと考えていたのだ。

一家がバニュビルという村に引っ越すと、正式に別居する状態にまで追い込まれていた。しかし、島にいる限りはその手続きがとれないし、島の生活にはお金もさほど必要なかった。その上、一九〇〇年三月中旬にマルガレータが腸チフスにかかってしまった。回復するまで彼女が島を離れている間に、ルドルフはハーグに住むいとこに四十八枚にわたる手紙を書いている。その全文の写しが残っている。オランダ領東インドの政治や軍事に関する状況の他、ルドルフ自身の様々な問題についても書き連ねられ、妻と残った子どもについても数枚にわたって書いている。

「二ヵ月半前、グリートは腸チフスになり、具合が悪化した」と五月三十一日に記している。「子どもの世話は私ひとりに委ねられ、状況は悪くなる一方だ。十日前、グリートはようやく島を出られる状態になり、今は健康を回復するためにウリンギアに近いクローワークのコーヒー農園にいる。わかってもらえるだろうが、療養にはお金がかかり、毎日一本三〇セントの牛乳を五本も飲まなければならない……そして移動の旅費もかかる。私はここで娘の面倒をみている。可愛いけれど、なくなった長男のことがずっと頭から離れないんだ」

「可愛い長男を失い、ずっと心に傷を負っている。あの子は軍隊行進曲、特にモンテカルロ行進曲が好きだった。あの曲の演奏を聴く度、目と胸が痛くなる」

バニュビルは天国のような島ではなく、近くのヴィレム一世軍事施設を取り囲むカンポン（現地で村を指す表現）は、現地妻や愛人を持つ下士官が多く、健全とはいいがたい状態だった。いとこにその状況をうまく説明している。「山以外見るべきものはなく、夜は信じられないほど静まり返り、十字路にはかろうじて点いているランタンのぼんやりした明かりがほのかに見えるだけ。近くのカンポンの様子を情景描写すると、エミール・ゾラがかつて書いていたのとは、全く別の『獣人』がもう一作できる。今夜はまたしても蝶の襲撃を受けて、アリやらシロアリやら無数の小さな虫にも襲われたところだ」

美しい光景ではないし、若い妻の幸せを満たしてくれる雰囲気もまるでない。ルドルフによれば、上官のひとりは「このひどく単調な生活を二年続けたら一気に老け込んだ」そうだし、「カレンダーがないと、曜日や日付もわからなくなる」という。そして、島への批判はこう締めくくられている。「ここは日曜日が特に悲惨で、自殺願望のある人間が来たら、すぐに行動に移すこと請け合いだ」

ルドルフ本人が軍隊生活にウンザリして、オランダに帰りたくなっていても不思議はない。一年半前、出発前のマルガレータにメダンからの手紙で伝えていたように。「母国に帰りたい、懐かしくて仕方ない。いや、ここじゃなければどこでもいい。どうせ上官に昇進できないんだから」

一九〇〇年十月二日、一八九七年に少佐になり、まだ四十四歳だったジョンは軍をやめることを決意し、自分を消耗させる、長く辛い植民地生活にピリオドを打った。二十八年間の軍人生活を続けたことで、満額の年金二千八百ギルダーを受けとることができた。不仲の夫婦は、バウテンゾルグ（現在のボゴール）とバンドンの間にある小さな村シンダンラヤに移った。山の気候が心地よく、生活費もかなり安く済む——オランダに比べ、はるかに安く、それは植民地にルドルフがいた大きな理由のひとつでもあった。しかし、気候も夫の退職もマルガレータに、母国への思いを止まらせることはできなかった。実際、退職がその思いを強くさせたのは確かだ。その状況は——彼女から見れば——刺激がなさすぎた。まだ二〇代前半なのに、生活費にもやっとの状態で島の小さな村で生活し、嫌気のさした、はるか年上の夫と一緒に暮らす日々を送っていたのだ。

この時期の一家を知る人々は口をそろえて、別れるのは時間の問題だったと語っている。何事もなく一日を終えることすらなかった。互いに怒りをぶつけ、罵詈雑言を浴びせ合う日々が続いた。

ルールフセマという、一九〇〇年三月から一九〇二年六月まで一家の暮らすプレアンガー・プロヴィデンス一帯の軍医だった人物が、一家に口喧嘩が絶えなかったことの原因を、はっきりこう言っている。

「あの家族に対し、個人的に、友情も反感も特定の感情は何もありません。一年半にわたって一家を見ていましたが、夫から公衆の面前で数々の酷い侮辱の言葉を浴びせられながら、夫人はとても立派にふるまっていましたよ」

「穏やかで分別のある夫だったら、マルガレータはいい妻で母になっていたかもしれないとも思いますが。感情の起伏が激しく、興奮しやすい夫との結婚生活は失敗でしたね」

医師はオランダの主要な新聞のひとつ(アムステルダムの『アルへメーン・ハンデルスブラッド紙』)の編集者に送った書簡の中で、以上のことを語っている。マタ・ハリに関するへイマンスの本が出版された直後であり、その本はすべての非がマタ・ハリ自身にあり、夫を認める内容だった。数日後、医師はハーグ在住のV夫人から、手紙を受け取った。彼女は一八九五年にオランダ領東インドから戻るルドルフに初めて会っている。

「母と私はあなたと同じ印象を受けています。十九歳の女の子に対して深く同情しました。後になって、すべてが悲劇的な結末を迎えた後に、こう言ったんです。『ほかの人と結婚してれば、いい妻でいい母親になっていたかもしれないわね』と」

ルドルフも、後に同じ結論に達している。何度となく同じことを三番目の夫人に言ったそうだ。「きみともっと早く出会っていればよかったよ。そうすればあんなに惨めな思いをしなくてすんだのに」しかし、彼がそういったときにはオランダに帰って二〇年近くの月日が経過していた。もっと温暖なオランダの気候に暮らしていたら、彼の外見も含め、違っていたはずだ。

一九三二年に医師と話した際、シンダンラヤのルドルフの自宅で目撃した痛々しい光景をいくつか聞くことができた。あるとき、マルガレータはヨーロッパやパリのことを話題にした。話を進めるうちに夫が明らかに苛立ってきた。最後には、自分を抑えられなくなって、妻に叫んだ。「ふざけるな！　そんなにパリに行きたきゃ、おれを置いてひとりで行け！」

ずっと彼女の頭にはパリのことがあったはずだ。何年も経って、有名になってウィーンでインタビューされた際、なぜパリに行ったのか尋ねられたことがあった——なぜ他の場所にしなかったのかと。マタ・ハリは無邪気に眉をあげ、こう答えた。「わからないわ。夫から逃げた女性はみんなパリに行くものだと思って」

また別のとき、共通の友人のホームパーティーでマルガレータが踊っていると、夫はずっと離れたところにいた。踊っているパートナーと一緒に夫のそばに行き、マルガレータは「ねえ、こっちよ」と声をかけた。すると彼は短くこう答えた。「地獄へ堕ちろ、浮気女」

その頃には、何の躊躇もなくお互いを非難し合うようになっていた。ルドルフは妻が娘の面倒をまったくみていないと非難し、アムステルダムの姉への手紙で書いたように——ヘイマンスの本によれば——妻を「臭くて反吐の出る女」や「見下げ果てるほど堕落した肉食の獣」と表現している。彼の唯一の願いも記されている。「あの吸血女からとにかく逃れたいんだ」と。そして、さらにつけ加えている。「誰かほかの男があの女と結婚して、私と同じ目にあわされる夢を見て、喜ぶことがあるくらいだ」

マルガレータは父への手紙の中で夫が自分を非難し、「性悪女」、「浮気女」、「野獣」、「残酷」といった言葉を浴びせてくると書いている――手紙の最後は、銃で脅された話で締められている。

その状況で夫婦生活が続けられないのは夫の目からも明らかで、ついに一九〇二年三月、妻の要求に応じてオランダに戻ることを決め、海軍の船に乗って帰国した。ジョンは強引な倹約を続け、また姉の家に転がり込んだ。しかし、ふたりの女性は結局そりが合わず、一家はアムステルダムのファン・ブレーストラト一八八の、町でも特に住みやすい地域にアパートの部屋を借りた。

結婚生活はすでに破綻した後で、長期の別居生活以外考えられなかった。夫自身の責任が大きかったが、彼の方も妻と一緒にいるのを耐えがたく感じていた。

ある日、マルガレータが帰宅すると、部屋には誰もいなかった。夫はアーネムの近くのフェルップにある友人の家に出かけて、四歳半の娘も一緒に連れて行っていた。マルガレータは時間を無駄にしなかった。彼女もアーネムに行き、夫の従兄の家に泊まった。そして、一九〇二年八月二十七日、彼女は正式な別居を求めた。その三日後、彼女の申し出が裁判所で完全に認められた。娘と暮らし、夫から毎月、百ギルダーの養育費を受け取るというものだった。最初の支払いは九月十日が期限だったが、夫は払えないと主張した――その後も一度たりとも支払っていない。

離婚が認められた後、ルドルフは新聞に普通広告を出し、世間の人々に「自分の別居中の妻、マルガレータ・マクラウド・ツェレに何ひとつ与えないでくれ」と訴えた――短期間だが和解し、その間、妻を気遣う手紙を何通か送っている。断続的に何度か関係が良くなった時期があり、一九〇二年の年末、アムステルダムのアイススケートのリンクで再会している。アムステルダム国立美術館の裏にある野外アイススケートリンクで、一八九五年にも一緒に行っている。様子を見た人によると、「可愛いらしい女の子だった」娘も一緒にいた。同じ人物によると、（その人は過去にも何度かルドルフとスケートに行ったという）、ルドルフは「老紳士」という印象で、「ダーク・グリーンの服を着て」いたマルガレータは、フースランド出身の人間らしく、「スケートがうまく」て「それは美しかった」そうだ。

当然、和解は長く続かなかった。若く、とても情熱的な性格のマルガレータに対して、中年で猜疑心の強いルドルフ。お互いにうんざりしていた。

しばらくの間、マルガレータはアムステルダムに残っていた――その後、ハーグ在住の叔父、タコニスの家に戻った。しかし、オランダでは壁が立ちはだかっていた。彼女は一度も働いたことがなかったし、頭脳労働に就くのは難しそうだった。その上、お金もまったくなかった。娘は一時、夫に預けられた。もう一度夫に戻るつもりはなくても、父親ではいたいという未練が彼にはあった。マルガレータにとっては好都合で、自由を得られながら、お金の負担も少し軽くすることができた。

アムステルダムでもハーグでも仕事は見つからない――パリに行きたいという気持ちがまだ彼女の中に強く残っていた。ウィースバーデンの小旅行とオランダ船に乗ってオランダ領東インドに長期滞在したことをのぞくと、海外に出たことはなかった。長期滞在に向かう途中で、タンジェ、ジェノバ、ポートサイドに寄港したくらいだった。しかし、旅の途中で知り合いになった人間はオランダ人ばかり。オランダ領東インドをのぞくと海外生活もなく、そこでも同国人に囲まれる生活しかしたことがなかった。そのとき彼女の頭にあったことは明らかだ。パリに行って何の問題が？

マルガレータは光の都パリに向かい、後に彼女をめぐる寓話と幻想の物語が数々の作家たちに書かれていくことになる。著書『諜報：大戦密偵秘帖』[◇5]でマタ・ハリを取り上げたH・R・ベルンドルフは、パリの前に彼女を東インドの寺院に数時間滞在させてから、パリという「現実の外に生きる」場所に連れて行っている。その後、オランダに戻った彼女は、その本に[◇6]よれば、「両親と一緒に暮らし、帽子を売り、家をきれいに掃除していた」そうだ。

オランダ人のフォークシンガー、コース・スペーンホフは歌だけでなく、人をくった大げさな話がうまく、物語を書く才能にも恵まれた作家でもあったが、著書の中でこんな愉快な記述を残している。彼によれば、マルガレータは真夜中にロッテルダムの彼の家にやってきたそうだ。コートを脱ぐと、彼女は彼の仲間とダンスしたいと言い、彼女ひとりでまるでイブのように踊って見せた。彼がダンスにあわせてギターで伴奏したが、横にいた妻は眠気に負けて、いつの間にか寝てしまったそうだ。翌日の日曜日、マタ・ハリは初めて彼の友人と一緒に踊った。「シャンペンがあり、花があり——紳士がいた。その数ヵ月後には、彼女はパリで踊っていたのだ」

《原註》

◇1　オランダではマルガレータを日常的に「グレタ」と呼ぶ。

◇2　一九三〇年パリの Editions Prométhée 社刊、フランスのオリジナル版 *La Vraie Mata Hari*

◇3　一九五六年ロンドンの Robert Hale Ltd. 社刊、バーナード・ニューマン著 *Inquest on Mata Hari*

◇4　Th. Baumgarthen は著書 *Mata Hari* の中で、彼女をルイーズ・ジョバンナと呼び、ルドルフをレナートと書いているが、明らかにあるイタリア人作家のアイディアを拝借したものだ。

◇5　ドイツの原題 *Spionage* という書籍の Mondadori によるイタリア版。

◇6　オランダでの題名は *Daar komen de schutters*

第３章

マルガレータ初のパリの旅は大きな幻滅を覚えただけでなく、最悪のままに終わった。フランスに着いた彼女は一ペニーのお金すらなく、生計を立てるためモデルになろうとした。しかし、楽しい仕事ではなく、将来性もなく、お金にもならなかった。パリで解決策を見いだせないまま、不本意ながら母国に戻った。帰国後の一週間、ナイヘーメンにいる夫の叔父のところに泊まった。そのことを知った夫が口をはさみ――彼女を追い出すよう頼んできた。頼る友人も、生活費もなく、夫からの財政的な援助も受けられない中、パリに対する思いが再燃した。

フリースラント生まれの人間は、オランダでも特に頑固と言われるが、マルガレータもその例外ではなかった。一度パリで打ちのめされていたのに、再チャレンジを決意した。二度目の旅は間違いなく最初よりも幸運といえるものになった。

マルガレータがパリに到着したのは一九〇四年。翌年、新聞記者に語った通り「ポケットに半フランしかないまま、まっすぐグランドホテルに向かった」のだった。

しかし、何をすればいいのか。別のジャーナリストに打ち明けた話によれば、「誰も助けてくれる人などいない」状態だった。モデルに再チャレンジすべきなのか？　絵のモデルはすでに無理だとわかっていた。

ナイトクラブやフォリー・ベルジェールなら、顔さえ良ければ歓迎されるのだろうか？ ダンスなんてできないし、と彼女が考えたように、プロのダンスを習った経験はまったくなかった。しかし、パリのベヌヴィル通りの有名な乗馬学校の経営者で自身も馬術家として著名なモリエールの助言で、彼女はダンスに取り組んだ。オランダ領東インドで乗馬を習っていたおかげで、モリエールから初めて仕事の契約を取りつけたが、彼から乗馬よりもダンスの方が身体の美しさを活かせると意見されたのだ。

だが、どうやってダンスを？ 東インド諸島のクラブでワルツとカドリールを覚えたのと、レーワルデンにいたはるか昔の幼い頃ダンスの授業を受けたのをのぞけば、経験はなかった。ずっと後の第一次世界大戦中に、彼女が、友人のオランダ人画家ピアー・ファン・デル・ヘムにした話を、画家自身の口から聞くことができた。「うまくダンスできたことなんて一度もないの。人が集まったのは、人前で裸を見せる最初の人間がいたからよ」

しかし、自分の美しさ、少なくとも自分の魅力は重々承知していた。男たちから好かれる存在なのを経験的に知っていたし、可愛く見せるにはどうすればいいのかもわかっていた。多くの女性アーティストにない能力だった。その上、きれいなマレー語を話せるし、ジャワとスマトラで現地のダンスも目にしていた。しかし、それだけだ。本人や他の人たちが繰り返して言っているように、極東の仏教寺院で神聖なダンスの手ほどきを受けた、というのはまったくの作り話だ。しかし、自分の力量がわかっているからこそ、大きな賭けに出た——そして、勝利したのだ。

もちろん、パリに訪れたタイミングがまさに絶妙で、革新的なダンスに快楽を求める上流階級の人間が驚きやすい状況だったのも確かだ。一九〇五年はベルエポックの絶頂期で、パリが過剰さを求め、華やかで魅力あふれる生活が送られていた。男たちはコルセットをきつく締めあげた妻を賛美し、妻以外の女性にも言い寄り、豊かな生活を謳歌し、食欲と性欲を飽くことなく追い求めていた時代。マルガレータは光り輝く太陽に、まさに咲こうとしている花を向けたのだ。彼女は大きく成長し、花を開き、咲き誇るようになっていく。

マルガレータはあるサロンでオリエンタルなダンスを踊り、初舞台を果たした。チャリティー公演をパリの社交界で行う歌手としても活動するキレイフスキーのサロンだった。あっという間に成功をおさめ、一九〇五年二月四日にはイギリスの週刊誌『ザ・キング』誌に熱狂的な記事が載った。記者によれば、「漠然とだが、極東からきた女性の噂が耳に入ってきた。香水と宝石にあふれたヨーロッパの地に足を踏み入れた彼女は、飽食したヨーロッパの都市に豊かなオリエンタルな色彩にあふれた新風を吹き込んだ」ということだった。他にも噂だけに基づいた間接的な話だが、個人の応接間で「巻かれたベールが脱ぎ捨てられる」場面があり、「ただ下品なだけのものだったようだ」と書かれている。

さらに何度かパリの個人宅で同じような公演を続けた後、ディネ・ドゥ・ファベールの四十五周年を記念した集まりで二月の初めにダンスを披露した際、レディ・マクラウドという名前が初めて使われている。まだマタ・ハリという名前の生まれる前だが、『クーリエ・フランソーワ』誌はすでに「はるか遠い国からやってきた未知のダンサーは動く前からユニークだが、動き出すとさらにユニークさは強調される」と書いている。

女主人の家の話に戻ろう。キレイフスキー夫人のリサイタルに集まったお客たちの中にマルガレータにとりわけ強く関心をもった人物がいた。そのギメ氏は大規模なコレクションを持つ実業家だった。個人のコレクションを収蔵するためにイエナ広場にギメ東洋美術館を作り、東洋全般に関する権威と考えられていた。しかし、それは正しかったのだろうか。ひとつ確かなのは——彼も、美術館の館長ミルエも、われらがオランダのダンサーに文字通り魅了されていたということだ。ギメは彼女のオリエンタルな芸術の特別公演を開いて友人たちをもてなすことをすぐに考えていた。またしても偶然の出会いがマルガレータの人生のターニングポイントとなった。

しかし、フランス人では発音しにくいマルガレータ・ツェレ、もしくはレディ・マクラウド夫人という名前で、ギメにオリエンタルなダンサーをうまく紹介できただろうか。彼はその努力をする気はなかったはずだ。新しい名前を考える必要に迫られ、ふたりで話し合った結果、マルガレータは舞台裏に消え、マタ・ハリが登場と相成った。

どの話を読んでもその名前を思いついたのはギメということになっている。私の調査によれば、マルガレータ自身の頭にずっとあった名前のようだ。噂によれば、私自身、何度か聞いているが、レーワルデンでは一通の手紙の存在が信じられている。ジャワからマルガレータが出した手紙には、彼女がマタ・ハリという名のダンサーになったという作り話が書かれていたというのだ。オランダの元同級生、イベルチェ・カークホフ・ホーフスラフを訪ねた際、そのことに確信を持つことができた。彼女の記憶では、一八九八年よりももっと以前（彼女はその年、別の場所に引っ越しているので、特定できた）、レーワルデンを歩いていると、友人がマルガレータから手紙をもらい、「そこには名前をマタ・ハリに変えた」という話が書かれていたということだった。マルガレータをひそかに応援してきた彼女は興味を惹かれ、その場で手紙を読ませてもらった。他の元同級生たちもすぐに集まり、みんなマルガレータの人生の転機に忘れがたい衝撃を受けて盛りあがったそうだが、それはおそらくは彼女得意の作り話で、自分の父親を「男爵」だと言っていた類のほら噺と同じものだと薄々思っていたそうだ。

しかし、ギメによれば、東インド出身のダンサーにぴったりの聞き慣れない名前に、彼女は大賛成したそうだ。もちろん、館長は周囲が思っているほどの東洋に関する第一人者ではなかった。彼は日本に行き、国内で初めての非常に評価の高い木版画を持ち帰っていた。エジプトを始めとする様々な中東の国々を訪れているし、見事なコレクションの収集にも成功している。しかし、東洋の言語に対する知識は乏しかった。もし知識があれば、マタ・ハリという名はヒンドゥー語でなく、マレー語だとわかっていたはずだ。しかし、パリには、そんなことに気づいたり、気にしたりする者はいなかった。インドでもオランダ領東インドも――両者の区別もつかないし、どこか東の方の国だという程度の認識だった。彼女が気にしたのは、インド人かタイ人か中国人かラオス人か――ともかくオリエンタルな雰囲気の出ている名前かどうかだった。謎めいた発音で、人の心をとらえる言葉だったか。彼女が知っていたのは、「マタ」は眼、「ハリ」は日を表すということだ――シンプルなマレー語「マタ・ハリ」は「日の眼」つまり「太陽」を表す、ごく日常的な表現の言葉だった。

その名前に決まった後の一九〇五年三月十三日の夜は、マルガレータの人生の一大転機となった。パリに来る以前、彼女が舞台に立った経験は一度だけだった。まだジャワのマランにいた頃、地元のオランダ人の集まるクラブハウスで行われたショーで、ミュージカルに翻案した『ザ・クルセイダーズ』の女王役を演じたことがあった。そのときでさえ、「このエレガントなアマチュア女優に魅了されずにいることは、観客にとって至難の業だろう」と『ウィークリー・フォー・インディーズ』誌の地元特派員に評価されていた。しかし、一八九九年の成功は一瞬のものだった。今回は、パリでレーワルデン出身の名もない若い女性が、東洋から来たダンサーに変貌し、一夜にしてパリ中にセンセーションを巻き起こしたのだ。オランダ出身の美貌の若い女性が、男爵のように振る舞っていた父が失敗した場所で成功を収めたのだ。彼女は自分が新しい世界の中心にいることに気づいた――世界は彼女を愛し、称賛し、嫉妬し、最後には命まで奪うことになる。

ギメは新しいアーティストの力で成功を収めた。美術館の二階の大広間はコレクションの収納場所から、インドの寺院風に作り替えられた。八本の円柱は花で飾られ、上の階の丸いバルコニーに向かって伸び、それぞれの柱の一番上にある裸の胸像はガラティアの嫉妬を受けつつもマタ・ハリの裸体をじっと見つめていた。キャンドルの光が謎めいた雰囲気を高める中、ギメの所有品の中でも最も評価の高い十一世紀のブロンズが置かれていた。南インドで作られた高さ約九〇センチの四本腕のシバ神の彫像には、光輪があり、ブロンズ像の片方の足で小さな鬼を踏みつけている様子を後ろの照明が照らしている。選びぬかれた数少ないゲストが（部屋は直径七・五メートルから九メートル程度の広さしかなかった）東洋から来たダンサーを目にすることができた。ダンスの間、舞台裏のオーケストラが「ヒンドゥー教とジャワの音楽からインスパイアされた」楽曲を演奏した。

新しいインドの舞姫、マタ・ハリは本物のオリエンタルな衣装と言って通じそうな、ギメが自らのコレクションから選んだ服に身を包んでいた。黒いトーガ風の衣装を着た若い女性たちに囲まれ、インド風の宝石をちりばめた胸当ての下には白いコットンのブラジャーをつけていた。同じデザインのブレスレットを手首と二の腕に、後頭部には黒い髪を包むようにインド風の髪飾りがつけられ、スペイン風に結んでいた。腰には宝石をちりばめたベルトで巻きスカートをつけていた。巻きスカートは背中のかなり下の部分まで下げられ、へその辺りから下とお尻からを隠すように巻かれていた。後は何もつけていない。そのような目を釘づけにする衣装を見たとき、豪華な宝石を身につけ、魅力的で優雅で魅惑の、パリでもトップクラスの女性たちを目の当たりにしてきた上流階級の男たちですら、日本やドイツの大使も含め、目の前の彼女に圧倒されていた。

新聞に称賛の記事が載った。「オリエンタルな女性」を誉め讃えていた。神聖なダンスに対する彼女の知識と完璧なダンスを踊ったことを評価している。パリはほどなく彼女を認め、楽屋口は花束で飾られるようになった。彼女の手には宝石が渡され、あっという間にパリと、そこにいる一部の男性たちの心を鷲づかみにしていた。

自分のキャリアが軌道に乗り始めて称賛を浴びる中、自らに対する罪悪感もあったはずだ。まがい物のダンスでパリ中を席巻していたことに対して。

あらゆる手紙や、感銘を受けた批評家たちによる称賛の言葉、彼女を撮った写真が貼りつけられたスクラップブックを自身で作るようになり、自らがアーティストとして行った仕事の証拠を残している。すでに引用している手紙の他、マスネやプッチーニといった作曲家からの名刺まで含まれている。競馬場にいる写真や、パリの上流階級の中でも特に著名な人々から称賛されている手紙もある。湯水のようにお金を使い贅沢三昧の日々を重ね、ひっきりなしに訪れる信奉者たちと男女の仲になっていたことがわかる。

ファンから送られた次の詩が、観衆に彼女が与えた陶酔感をもっとも的確に表現しているように思える。

シバ神へ

あなたの祭壇の前で　彼女がそのベールを脱ぎ
あなたの前に　そのしなやかな裸身をさらしたとき
シバ神　あなたの心は熱く燃えるのでしょうか
その美しさにすべての欲望を呼び起こされ
そのふくらんだ唇にあなたの口を押しつけたいという欲望にかられ
その官能的な躰を力の限り抱きしめ
愛におぼれるのでしょうか

この詩にはマタ・ハリの初期の成功の秘訣が示されている——芸術という名の下、一般大衆は彼女の性的な魅力に心奪われていたのだ。大胆な快挙といえる行為だったし、公演の依頼が絶えなかったのにも納得がいく。もうひとつの大切な要素は、当然ながら、マタ・ハリが上流階級のお歴々に対する接し方が完璧だったことだ。彼女は公演後ひとりになろうとする普通のボードビリアンではなかった。そそくさと服を着ると、魅了的で優雅な立ち居振る舞いで、興行主やお客たちと歓談していた。

スクラップブックに貼られているデビュー後最初の記事は『ラ・ヴィ・パリジェンヌ（パリの生活）』誌の切り抜きで、彼女を「肉感的な悲劇のインド人ダンサー、レディ・マクラウド、すなわち、マタ・ハリが最新のサロンで裸身を見せて踊った。最低限の布で作ったインドの舞姫のコスチュームを着ていたが、ダンスの最後にはさらにその衣装まで取られた」

いったい、彼女はどんなダンスをしたのか。一九〇五年三月十八日の『ラ・プレス』紙の記事が詳細を伝えていた。「ベールと宝石のついたブラジャーしか身に着けず」踊っていた。背の高い彼女は、記事によれば、インドの舞姫のドレスを身につけ、この上なく優雅に踊ったそうだ。「ジャワの、彼女が育った島の燃え上がるような大地が与えた、信じられないほど柔らかい肉体と魔法のような魅力にあふれる一方で、上半身にはオランダ人特有のたくましさも感じさせる」

「これまでにひとりとして、彼女のように、恍惚に身を震わせながら神の前でベールを脱ぎ——さらにはこれほどの美しい動きを大胆かつ清楚に行う——そんなことを何度もできるものはいなかった！　彼女はニンフやナイアスやワルキューレを姉妹に持ち、男や知識人を破滅に導くスンドラによって創造されたアプサラスなのだ」

「マタ・ハリがダンスに使うのは足、腕、眼、口、真っ赤に塗られた爪だけではない。衣服に邪魔されることなく、体全てを使って踊るのだ。さらには、その美貌と若さに神々が動じなければ、愛と純真さをも捧げていく——そして、ひとつずつベールを外していくと、女性らしい恥じらいを失うことなく、神の足元に跪く。しかし、シバ神はそれでもまだ満足しない。デヴィダシャはさらに近寄り——さらに一枚ベールを脱ぐと、すべてを見せる——そして、誇り高い勝利を得た裸身のまま真っ直ぐ立ち尽くし、燃え上がる情熱を神に捧げるのだ」

そして、記事はさらに続く。「彼女を囲むナウチェスたちが大きな音を発して彼女をさらに興奮させていくと——最後に、巫女はあえぎ声をあげ、神の足元にひれ伏す——そこで踊り子たちが彼女に金色の布をかける。するとマタ・ハリは恥ずかしがる様子も見せず優雅に立ち上がり、神聖なベールを羽織ると、シバ神とパリジャンに心から敬意を払いながら、大きな拍手喝采の中を退場していくのだ！」

「終演後、マタ・ハリはエレガントなイブニングガウン姿で観客の前に現れると、ジャワワヨンの指人形を使って、陽気にアジュラーの先史時代のドラマを語ってみせるのだ」

先史時代の物語は本当だったかもしれないが、記者が悪意なく記事を面白くしようとした脚色という可能性もある。アジュラーの物語は先史時代とまったく関係ないが、ヒンズー教に伝わる数世紀前の民話の登場人物に関連がある。今日でもとても有名で、偶然にもインドネシアの村で寝物語に聞かせたり、ワヨンの指人形では白いスクリーンの奥から陰だけ見えるキャラクターが語ったりする。ワヨンの人形劇だったのは間違いない。インドネシア人も西洋人も現地では楽しんでいたから、マタ・ハリが「先史時代の」情報をそこで知ったのだろう。

パリのイギリス人特派員フランソワ・カイザーが、自分の目にしたものに対する称賛を込め、こう記している。

「扉は開いた。浅黒い肌が滑るように入ってくると、胸の前で組まれた腕にはたくさんの花束が抱えられている。彼女は一瞬動きを止め、部屋の端のシバ神の像を見つめる。オリーブ色の肌には金色に輝いて目をひく宝石がつけられている。黒髪の上には金細工を施した兜がつけられ、体は微妙な色彩のベールで覆われ、高潔さ、美、若さ、愛、官能、そして情熱が象徴されていた」

ベールに包まれたダンスに魅了された記者はこう続ける。「その後のダンスも同じくらい印象深いものだった。優雅さにあふれた少女のようにスレンダング――ジャワの処女が巻く肩かけ――を腰に巻いて、我々の前に登場したのだ。手に情熱を表す花をつかみ、持ち前の明るさが前面に出されるダンスが繰り広げられた。しかし、花に魔法がかけられると、その力でわれを失った彼女はゆっくりスレンダングを手から離す。花が床に落ちた瞬間、彼女の意識が戻る。恥ずかしさのあまり、彼女は顔を両手で覆い隠す。

「彼女のダンスに誰もが心を強く揺さぶられ、東洋の色彩と調和を感じずにはいられない。すべてが新鮮な南国の植物を、北の土に見事に移植していた。公演を目撃したパリジャンは、そのダンサーの作為なき芸術と知性と洗練されたダンスに心打たれた」

一九〇五年のパリ在住の、冷静を装おうとするイギリス人特派員らしい記事だが、明らかにマタ・ハリのダンスだけでなく、「浅黒い肌」や「黒髪」にも魅了されている。気になるのは、ブロンドの髪がほとんどのフリースラント出身の娘が、どうして黒い肌や髪になるのかだ。

フリースラントに詳しい人によると、母方のファン・デル・メーレンの家系の影響が大きく、遡った祖先にあたるバウトクル家はかつてフリースラントの森に暮らしていたが、みんな揃って黒い髪と肌だったそうだ。父方の家の影響がないのは確かだ。ツェレ家の初代にあたる、ヘルマン・オットーはドイツのウエストファーレンのレーダ出身の織工で、一七七〇年頃レーワルデン出身にやってきて、一七八〇年三月二十五日に市民として受け入れられている。

マタ・ハリは母方の先祖のお陰で自分の容姿を与えられたという言い方もできる。東洋から来たブロンドの髪のダンサーではパリジャンの拍手喝采は得られなかっただろう。

これほど観客に暖かく受け入れられデビューした現代の芸術家はかなり稀だろう。パリジャンがマタ・ハリを受け入れたのは、彼女がパリに心躍る新風を吹き込んだからだ――そして、スレンダングが落ちた後、恥ずかしげに顔を覆う仕草も理由のひとつだったかもしれない。彼女はマクラウド夫人と呼ばれ続け、賢明なマタ・ハリは自分にそう呼ばれる資格がないと否定したりはしなかった。

三月十四日、ギメの美術館での二度目の夜の公演後、パリで影響力をもつ朝刊『ル・マタン』紙に前日の公演に関する記事が載った。「謎に包まれた聖なるインド、バラモン教と舞姫のインドが、オリエンタルなダンサー、マクラウド夫人によって我々の前に登場した。彼女はヴィシュヌ、インドラ、シバに捧げる儀式を見事に喚起させながら、『女王と魔法の花』、『スブラマヤの踊り』、『シバへの荘厳なる祈り』といったインドに旅した者がよく口にするダンスを披露した」

パリの舞台芸術評論家のエドゥアール・ルパージュは美術館でのセンセーショナルな公演についてさらに詳しい描写をしている。

「突然、マタ・ハリが登場した。『日の眼』、つまり輝ける太陽という名の、僧侶と神だけが裸身を目にしたインドの舞姫。背が高く細身でしなやかに動くさまは、まるでとぐろを巻いていない蛇が、蛇使いの笛に恍惚とうごめいているようだ。柔らかい身のこなしは時折、炎のようにうねり、体を曲げたまま動きを止めたが、それがマレーの短剣クリスの燃え上がる炎を思わせた」

「続いて、荒々しく、宝石をはぎ取り、ベールを破り捨てた。胸を覆う装飾品も外していく。そして、裸になった彼女の体は影になって伸びていくようだった！　腕をいっぱいに伸ばし、つま先立ちする。よろめいて、力ない腕で虚空を叩くと、長く重い髪が静寂に包まれた夜を鞭打つように跳ね上がり……地面に倒れていく」

裸で中空を爪でかく姿は衝撃だったのは間違いないが、パリジャンの――官能的とはいえなくても――

アーティスティックな欲求を満たすものだったのは確かだ。単に東洋から来た女性という以上の高貴な印象を与えていたのは何だったのか。スコットランド出身の貴族と結婚したと思われる女性が、「芸術」と称して一糸まとわぬ、行き過ぎた状態で公衆の面前に身をさらしたからなのか。

別の新聞、『ル・ゴロワ』紙には一九〇五年三月十七日付で次のように書かれている。「猫を思わせる、きわめて女性的な佇まいで堂々と悲劇を演じ、その体はリズムにあわせて、小刻みに震えるように無数のカーブを描いていく。クラシックな型に囚われたアントルシャ[1]とは一線を画すのは誰の目にも明らかだ」

マタ・ハリはダンスする、と記者は夢中でこう書き加える。「まるで至聖所の前のダビデ[2]のように、タニト[3]を前にしたサランボー[4]のように、ヘロデ大王[5]の前のサロメ[6]のように！」ショーの後、わずかに霧の出ている三月の夜に美術館を出た記者は、抒情的な気分が一層高まっていく。イエナ広場を歩きながら、心奪われたまま、文学と古代エジプトがひとつになった詩を創り上げている。

「伝説に残る荘厳さに溢れたどの舞台においても
誇り高きファラオをこの目で見たことはなかった私が
それにとって代わる琥珀色の肌の舞姫に心から敬服するほかなかった」

翌日の三月十五日の夜、マタ・ハリはロシア救急車支援のためにキレイフスキー夫人が開いたコンサートに登場し、フランス社交界をさらに席巻《せっけん》した。日露戦争の真っただ中の時期で、ロシアは奉天で壊滅的な大敗を喫したばかりだった。王子や伯爵や公爵や公爵夫人を含む、パリジャンの高貴な面々が観客席に交じっていた。
一九〇五年に、マタ・ハリはパリの最高級のサロンで約三〇回、加えてトロカデロ・シアターでも六回ダンスを披露し、その際のステージにはギメ美術館とできる限り近い環境が用意された。アンリ・ド・ロチルドの自宅で三度、コメディ・フランセーズの有名な女優、セシル・ソレルの自宅でも、グラン・セクルでは著名なソプラノ歌手リナ・カヴァリエリも出演したし、その他、セルクル・ロワイアルをはじめ、いろんな舞台に立っている――必ずオリエンタルなカーペット、椰子の木、花、香炉が用意されていた。
後にコント・セギュールと結婚するセシル・ソレルも、世間同様、マタ・ハリに魅了されていた。観客の中には、フランスのチョコレート王、ガストン・ムニエもいたし、五月十四日の公演後に、セシル・ソレルはマタ・ハリに手紙を送っており、しっかりマタ・ハリのスクラップブックに残されている。

マドモアゼルへ
あなたの美しいダンスにゲストの方々は心から魅了されました。ムニエ氏が金曜日にぜひとも御自宅でお目にかかりたいとおっしゃっています。ご都合はいかがでしょうか。あなたの芸術を楽しむにふさわしい佇まいの中、珍しい植物や花々に囲まれた大きなベランダをバックに、ダンスを披露していただきたいのです。直接ムニエ氏か、私までご連絡ください。

C・ソレル

マタ・ハリは都合のいい、すぐ後の十九日の金曜日にムニエの家に行っている。ムニエは彼女のダンスに夢中だっただけでなく、本職のチョコ作りに匹敵するほど写真の腕も確かだったとわかる。マタ・ハリのヌード姿を映した何枚かの写真が、数日後に彼が送ってきた手紙の間に貼られていた。

親愛なるマダムへ
先日の夜、素晴らしいダンスを拝見した際、写真を送る約束をしたのは忘れていません。写真はまもなく送らせていただきます――あの晩のダンスを思い出させてくれると思います。しかし、ゲストの方々や私にとっては、あなたが本物の美を見せてくれた至上の芸術の記念になることでしょう――手紙に張りつけた小さな写真だけで、あなたの美しさが、オリエンタルな夢と同時に、私たちの心に与えた衝撃を言葉以上に物語っています。私自身、照明やアート作品の設置に貢献できたことをうれしく思っています――ゲストの方々からも言われましたが――あなたの美しい体のラインにぴったりの舞台が用意できました。

拍手喝采が鳴り響く中、ひとつだけ不協和音が聞こえていた。ニューヨークのメトロポリタンオペラ劇場でフランス人オペラ歌手カルメンを演じた、有名なエマ・カルヴェの自宅でダンスした際、『エコー・ド・パリ』紙が彼女のダンスは「感動的でも印象的でもなく、完成度も高いとはいえないものに終わっている」と記している。同紙は純粋なアートと認めているが、その理由をこう書いている。「マタ・ハリはヌードでダンスしているが、彼女のダンスが無作法だとは思わないし、美貌のインド人女性としての容姿が不適切な考えを引き起こすとも思わない――たとえ一糸まとわぬ姿でダンスしようとも、大きな瞳と微笑んだ口のついた顔は、熟したリンゴの皮を切り抜いて作った仮面にしか見えない」

パリにも、「女性」が複数の人間の前で裸になることにショックを受けた人はいた。ロワイヌ伯爵夫人の自宅で公演した際にはわずかに衣装を身に着け（アカデミー・フランセーズの由緒あるメンバーの前で踊り、『ジュルナル・アミュザン』誌によれば「あるアカデミー会員に聞いたところでは裸で」ダンスをしたと書かれている）、セークラ・アーティスティーク・リテレールでは何も身に着けずにダンスをしていた。見ていたのがアーティストばかりだったので、彼女は「千夜一夜物語のハッサンや、原罪を犯す前のイブを思わす裸を見せるため、まるで宝石のような一枚のイチジクの葉をつけていた」。

同じ姿はエマ・カルヴェの自宅でも披露され、『ふたつのルーマニア狂詩曲』を作ったことですでに有名な作曲家で後のユーディ・メニューインの師となるジョルジュ・エネスクのバイオリンの伴奏にあわせて踊っていた。

フランス人作家コレット[7]はその晩の観客の一人だった。一九二三年十二月号のパリの『フィガロ』誌でその印象を書いている。「エマ・カルヴェで彼女のダンスを拝見した。実際のところダンスではなく、優雅に服を脱いだだけだった。裸同然の姿で登場し、伏し目がちに『曖昧な』ダンスを見せると、ベールに身を包んだまま消えていった」彼女は他の場所で見たダンスについても言葉を残している。「別のダンスでは白い馬に乗っていた」

この奇妙な公演は、アメリカから海外に移住していた作家で『アマゾンへの手紙』で知られる、ナタリー・クリフォード・バーネイの自宅で一九〇五年五月五日に行われたものだ。バーネイはヌイイに暮らし、後にパリのリュー・ジャコブに引っ越している。彼女のサロンにはガートルド・スタイン[8]、エズラ・パウンド[9]、コレット、アンドレ・ジッド[10]、リルケ[11]をはじめとする作家たちが頻繁に集まり、当時、最も著名なフランス人詩人の面々にも会うことができた。

私は、一九六五年の春、当時、八十八歳になっていたものの、まだ元気そのもののミス・バーネイに会い、エマ・カルヴェでのマタ・ハリの夜会を見た後、ヌイイの自宅の庭でダンスしてほしいと頼んだ話を聞かせてもらった。マタ・ハリが「白い馬に乗って」登場したのはまさにその場所で、自身が乗馬好きだったミス・バーネイは「そのとき、自分のトルコ石が散りばめられた馬具を貸してあげた」そうだ。

「彼女が登場したとき、一番驚いたのは、予想に反して、マタ・ハリの肌が浅黒くなくて、青ざめていたことよ。すごく寒い春の日に、白い馬に堂々と乗っていたもんだから、一糸まとわぬ姿のマタ・ハリは寒さに身を震わせていたわ」

ナタリーの自宅への二度目の訪問は室内だった。そうすることで、パリの気まぐれな気候に振り回されずにすんだ。そのとき、彼女は（必ずつけていたブラジャーをのぞけば）完全なヌードで登場することに同意したが、「女性限定の舞台」という厳しい条件をつけた。ミス・バーネイは内輪で行われるジャワ風のダンスショーに十数人の友人を招いていた。その中には若いイギリス人バイオリニスト、アーサー・ラーキンと結婚して間もなかったアメリカ人ドロシー・ロックヒルも含まれていた。結婚したばかりの夫がマタ・ハリのヌード・パフォーマンスを見られないのが納得いかず、夫が駄目なら、自分もいかないと伝えた。結局、微妙な問題を解決する策として、夫に女性の服を着せて参加させることになった。しかし、おそらくは参加したどの女性よりも男性の体を熟知するマタ・ハリは、すぐに男性客の存在に気づき、出陣の踊りの際の唯一の装飾品といっていい槍でついて、その哀れな男性を死ぬほど怯えさせ、「侵入者がいるわ！」と叫び声をあげたという。

一九〇五年四月一日の夜十時、マタ・ハリはパッシーのマロニエ通りのサル・モルスでダンスをした。「三百二十六人の観客の前で」行われ、そのことがしっかりスクラップブックに記録されている。『レヴュー・ミュジカル』誌によれば、アマチュア写真家協会が主催したもので、他にも様々なアトラクションが行われたそうだ。「レディ・マクラウド・マタ・ハリ」がダンスを見せた。「インドの神々は不思議な思想を持ち、非常に独特な習慣があるのは確かだ」と雑誌には書かれ、観客は「ゴーモンによる映像」も楽しんでいる。後にフランスの映画産業の皇帝と呼ばれるゴーモンが頭角を現し出した頃だった。

パリはマタ・ハリを受け入れただけでなく、驚嘆し、称賛したが、そのときにはアーティストとして認められ、裸でダンスするという物珍しさが詳細に伝えられ、彼女に関する、新たな特集記事が期待される存在になっていた。パリジャンはダンスの分野の先駆者たちと彼女を比較し始めた。真っ先に比較されたのはイサドラ・ダンカンだ。[12] 彼女は一八九九年にアメリカからフランスにやってきて、クラシック音楽をバックにギリシャ風のローブ姿でダンスした。イサドラ・ダンカンは、マタ・ハリに匹敵する常識にとらわれない私生活を送り、ベルリンの拍手喝采を求めてパリを出ると、そこで一九〇四年に舞踏の学校を作った。しかし、パリの新聞に載ったふたりのダンサーに関する論争ではマタ・ハリに軍配が挙げられていた。「ミス・ダンカンがウェスタの巫女なら、レディ・マクラウドはヴィーナス」だというのがフランソワ・カイザーの意見だった。

ユーモラスな裸の絵が多く登場するパリの週刊誌『ラ・ヴィ・パリジェンヌ』誌で、その詳細を伝えている。「ミス・ダンカンはギリシャそのものだ。ベートーヴェン、シューマン、グルック、モーツァルトの音楽を使って、異教のダンスの動きを復活させた。パリ中のサロンがミス・ダンカンを熱望した。その後、多くの芸術家の例にもれず、彼女はパリから消えてしまった。彼女も、母親も、バイオリンの伴奏をしていた髪の長い兄も関心はベルリンに移っていた」

「今、我々にはマタ・ハリがいる。彼女はインド人で、母はイギリス人、父はオランダ人という少し複雑な背景を持っている。しかし、自身はインド人だ。ミス・ダンカンは足と腕しか見せずに踊るが、マタ・ハリは完全な裸になり、宝石の他はお尻や足の辺りを布でわずかに覆うだけだ。魅力的で――大きく開いた口とふたつの乳房に観客席は満足感に包まれ、嫉妬のこもったため息が漏れる」

マタ・ハリの乳房は多くの人々の食い入るような視線を浴び、感想も数多く残されている。観客の前では見せていないというのがほとんどだ。エドゥアール・ルパージュによると、ギメ美術館でのデビューの際、「胸に覆っている装飾品を投げ捨てた」とあり、彼女は「裸に」なったとある。しかし、胸当ての下につけていたコットンのブラジャーにはまったく触れていない。実際、マタ・ハリは自分の胸に関してかなり自意識過剰だったようだ。

ゴメス・カリージョは著書の中で、ルドルフが嫉妬のあまり、妻の乳首をかみきったため、マタ・ハリは人から見られないように隠していたと書いている。それは違う、とマタ・ハリの矯正医官だったレオン・ビザールは一九二五年に出した『医師の思い出』◇1の中で書いている。「真実はもっとずっとシンプルだった。マタ・ハリは胸が小さくて、変色した大きな乳首だったため、皆の前で見せたくなかったのだ」

しかし、どちらの意見にも対立する目撃談も残っている。一九六四年に数少ないまだ存命中のマタ・ハリの恋人だった人物のひとりが次のように打ち明けてくれた。「あの連中はマタ・ハリの胸のことを何も知らないんだ。小さかったというのは確かだが、とてもきれいな形だった、実際、私は究極の美乳と呼んでいたからね」

《原註》

◇1 一九二五年パリの Eugène Fasquelle 社から出版されたフランス版、ゴメス・カリージョ著 *Le Mystere de la Vie et de la Mort de Mata Hari*

《訳註》

◆1 アントルシャ。バレエで用いられる技法のひとつ。

◆2 ダビデ。古代イスラエル二代目の王。

◆3 タニト。古代都市国家カルタゴ（現在のチュニジアの首都チュニスに近い場所）で母神と崇められた大女神。バール・ハンモンの妻。

◆4 サランボー。一八六二年発表のギュスターブ・フローベルの同名タイトルの登場人物。将軍の娘で巫女。反乱軍の指導者と恋に落ち、生贄にされた恋人を見て、苦しみのあまり死んでいく。

◆5 ヘロデ大王。共和政ローマ末期からローマ帝国初期にユダヤ地区を統治したユダヤ人国王。猜疑心が強く多くの人間を殺害した。

◆6 サロメ。義理の父、ヘロデ大王の前で見事な舞踏を見せ、褒美として洗礼者ヨハネの斬首を求めた。オスカー・ワイルドの戯曲でも知られる。

◆7 コレット。シドニー・ガブリエル・コレット（一八七三年一月二十八日～一九五四年八月三日）フランス女性作家で「性の解放」を叫び、自身も奔放な恋愛遍歴を重ねたことで知られる。代表作『シェリ』『ジジ』など。

◆8 ガートルード・スタイン（一八七四年二月三日～一九四六年七月二十七日）アメリカ人作家で一九〇三年にパリに移住。サロンで多くの芸術家と交流したことや美術収集家としても知られる。

◆9 エズラ・パウンド（一八八五年十月三〇日～一九七二年十一月一日）アメリカ生まれの詩人、評論家、音楽家。モダニズム運動で大きな役割を果たした。

◆10 アンドレ・ジッド（一八六九年十一月二十二日～一九五一年二月十九日）フランスの小説家。代表作『狭き門』、一九四七年にはノーベル文学賞を受賞。

◆11 リルケ（一八七五年十二月四日～一九二六年十二月二十九日）ライナー・マリア・リルケ、オーストリアの詩人、作家。印象主義、象徴主義の作家で、オーギュスト・ロダンとの交流でも知られる。

◆12 イサドラ・ダンカン（一八七七年五月二十六日～一九二七年九月十四日）アメリカ生まれのダンサー。二〇世紀のダンス、舞踏に大きな変革を与えたことで知られる。

宣伝活動の価値を十分認識していた、この時期のマタ・ハリは、同じ話は二度と繰り返さなかった。自分の芸術や昔話を創り出す才に長け、いとも簡単に話を置き替えたり、事実を脚色したりしながら、驚くような話を見事に生み出していったのだ。

「兵士の目」のための慈善公演がトロカデロ・シアターで開かれた際には、終演後ポール・エルビエのインタビューを受け、面白い話をしている。「私は東インド諸島で生まれて、十二歳まで過ごしたの。子どもの頃のことはよく覚えているわ。文明の違う異国の地でも幼い頃、何度かイベントをしてもらったことも。十二歳のときに、ヴィースバーデンに引っ越したの。結婚してから、夫のオランダの将校と自分が生まれた場所に再び戻った。大人になってからもう一度見ると、幼い頃見た光景が新鮮だったのは今も忘れないわ」

自分のアートについてはまだ語っていないが、それもすぐに登場する。

「自分のアートについてお話ししましょう。ごくごくシンプルで、この世で最も自然。だって自然そのものはシンプルなのに、人が勝手にそれを複雑にさせている。複雑に考えすぎるなんて愚かよ。聖なるバラモンの踊りは象徴的なもので、すべての動きが思考を表現している。ダンスが詩なら、すべての動きは詩を組み換える単語という訳」

最後のフレーズは、自分が考えたのか他人の受け売りかわからないが、マタ・ハリ本人のお気に入りだったようで、スクラップブックには何ページにもわたって、写真の下の大きな手紙に繰り返し書かれていた。成功した後は、もはや、少佐と結婚したという訳にはいかなくなり、その後の話では、ずっとルドルフ自身の夢だった、大佐に格上げして話されていた。一九〇五年三月二十五日号の、イギリスの『ジェントルウーマン』誌の記事によると――記者は取材対象のアーティストをずっとマタ・ハリでなくマタ・カキと呼ぶ始末だったが――彼女は（三年前の一九〇二年三月でなく）たった一ヵ月前にジャワからどのようにパリに来たか説明し、「彼女は両親がヨーロッパ生まれで、スコットランド人で植民地軍の大佐、マクラウド氏と結婚した」とある。

フランスとイギリスのマスコミがマタ・ハリを絶賛する最中、『ニューヨーク・ヘラルド』誌パリ版の一九〇五年五月十一日号にはフランス語で、「ミステリアスなインドをこれ以上に慎み深く蘇らせた者がかつていただろうか」という記事があった。母国出身の有名な女性の噂をフランス在住のオランダ人特派員は確実に聞いていたはずだ。

オランダは当時、まだ道徳性を重んじる国だった。アムステルダムの美しいザントフォルトの海岸では、女性は馬車につなげた更衣室で着替えてから上品に海に入り、日光浴も男女きっちり別れた場所でしかしなかった。当然、オランダ人女性が大胆に自分の裸を人前にさらしたという話は大ニュースだった。『ニュース・オブ・ザ・デイ』紙が、フランスで大成功した有名な同国人――そういっていいのかどうか微妙だが――に対する注目を促した最初の新聞だ。別のフランスの新聞記事では、特派員が最後を疑問符で終えている。「いったいマタ・ハリとは何者なのか？」

答えが出るまでには長くかからなかった――さらにマタ・ハリの経歴の謎を一層深める作り話まである。前述の記事の出た翌日に、編集者にすぐ連絡があり、新聞には「親しい人物からの情報」を受け取ったという記事が再登場した。

「マタ・ハリは本名マクラウド夫人。ジャワで生まれ、イギリス人将校と結婚した。ダンスを心から愛し、ダンスの動きをずっと探求してきた。純粋な気持ちで挑まないと命を落としかねないというインドの秘密の寺院に入ることを許されている。世俗から離れた環境で、ヴィシュヌ神の祭壇の前で、インドの舞姫、ノーチ、ヴァダシたちのダンスを間近に見ることができたという。彼女の身のこなしやポーズには天性の素質があり、金色の祭壇を守る厳格な僧侶たちでさえ、聖なるダンサーと認めざるを得なかったという」

これほどの見事な創作をマタ・ハリ以外が思いついたとは考えにくい。彼女がパリを離れている時期に、アムステルダムで発行された新聞に載った記事だという事実がなかったら、彼女の創作力がこの愉快な作り話には関係していないと考える人がいてもおかしくないが。

東洋に関してほとんど知識のないフランス人新聞記者がそんな馬鹿な話を信じるのも無理はない。だが、同郷のオランダ人は十分、真実と虚構を区別できていたはずだ。ところが、そういう記述はまったく見つからない。

先ほどとは別のオランダ人特派員がマタ・ハリと接触をはかり、オランダで最も硬い新聞のひとつ、『ニューヴェ・ロッテルダムシェ・クラント』紙の一九〇五年五月三十一日号に記事を書いているが、より神話的な要素が追加されていた。

「マタ・ハリ！　耳慣れない見事な芸名が、突如、賢明かつ政治的な町パリに知れ渡った――秘密の、信じがたい、手の届かない噂を囁くようにして、ごく一般の男性の会話に出てくるようになったのだ」

「僧侶、ダンサー、それとも淑女？　人々は疑問を口にして——想像を膨らませる。四人の国務大臣に夕食に招かれ、親密な態度でアートについての持論を聞かせたという噂もある」

記者がシャンゼリゼ通り近くにある謎多き女性の自宅を訪れると、部屋は花でいっぱいで、「花が壁を覆いつくし、高価なブーケが森のように敷き詰められていた」と描写されている。

続いて記者は部屋の主と顔を合わせた。「彼女は背が高く、スレンダーで、品格があった。美しく、浅黒い肌の、陽気な女性で、高級な服に身を包み、濃い赤い色の花がついた麦わらの山高帽をかぶっている。笑顔で、話術に長け、優雅に颯爽と部屋を闊歩する——それがマタ・ハリだった！」

「その通り、と彼女は言った。私はオランダ人でマクラウド夫人だと」しかし、同時に彼女は東洋人でもあった。「彼女は東インド諸島で生まれ、ガンジス川やバラナシを知っているし、ヒンズー教の血が流れている。まるで自分とかかわりのないことのように、謎に満ちた国の習慣やアートに対する豊富な知識を何気ない調子で語っていた」

最初の特派員と同じく、彼女の言葉を信じ切っていたがギメの存在の大きさは気になっていた。彼女が美術館でダンスした際、ギメの講義の準備を手伝ったというのは本当か尋ねている。マタ・ハリが「ついに真相を明かす」ときがきた。「たしかに、彼女は東洋の文化を学び、その中で生活し、文化について考察し、思いをめぐらせてきた。東洋の音楽を熟知し、ダンスにハープの変奏曲を使うように頼み、作曲までしていたのだ」

記者はパリに突然訪れた理由、そして、いかにして一夜にして大成功を収めたのかも聞いている。

彼女はオランダから半年前に来たばかりで、「事情があったの、あまり楽しくない理由がね！」と答えた。マタ・ハリがどんな災難があったか語ると、記者は律儀にそれを記録している。「彼女はしばらくモデルをした後、サーカスで馬に乗っていた。しかし、自分のさらなる可能性を感じていた。聖なる国の輝きと芸術が自分の体の奥深くにしみ込んでいる」と。

「その途端、彼女はただの若い女性ではなくなり、未知の、活力に満ちた、誇り高い人間となった――敗北を拒絶し、自分が醜く小さくて無力だという考えを捨て、才能がないと諦めることを拒絶する、誇り高い人間に。彼女は自分の身の上を笑いつつも、数々のエピソードを披露してくれ、さらには贅沢に暮らすパリジャンの中でも特に選ばれし上流階級の面々の話まで聞かせてくれた」

そのとき、呼び鈴が鳴って中断が入り、記者は寺院のダンサーや上流階級の世界に浸っていた夢のひとときから現実に戻った。巫女も食事はするし、この素晴らしい巫女は自宅の食堂にまだ行っていなかったのだ――つまり、シャンゼリゼ通りの質素な下宿に暮らし、他の宿泊客たちと一緒に決まった食事をする生活を彼女は送っているのだ。オランダ人記者は最後の質問をぶつける――これからやりたいこと、劇場に出る予定について。

「何をしたいかですって？　いくらでもあるわ！　自分のアパート、自分の家具が欲しいし、空気のよどんだ下宿を出ていきたい。そして、働きたい――働いて、学びたい」

「劇場の予定？　彼女はまだ聞かされていなかったようだ――机の上の山積みの本をかきわけ、興行主からの手紙や依頼を見つけるジェスチャーをして、おどけてみせた」

再び、中断が入った。女中がドアをノックしたのだ――夕食をすませてほしいと。

「マタ・ハリは深刻で重要な問題をいったん頭から追い払った。突然、明るく屈託のない冗談を言って雰囲気を和らげる。私と――強さと誇り高さを漂わせつつも友好的に――握手を交わした。私はその余韻に浸りつつ、ゆっくりと町を歩く。若き女性のイメージがはっきりと頭に残り、いつまでも消えることはない――パリではまだひとつの名前でしか呼ばれていない若い女性――レディ・マタ・ハリのことが」

オランダの新聞に載った記事を読み、ルドルフも彼女の父もきっといぶかしんだはずだ。レーワルデンでヤギの馬車に乗っていた少女が今や有名なダンサーだった。新聞広告に応募した若い女性が今、パリに住み、たびたび新聞に登場して自らの成功を語っている。フリースラントの大地とジャワの丘からは程遠い場所で。父も夫も自分の娘や妻にそんな隠れた面があったことは想像もつかなかったはずだ。

その頃には、マタ・ハリの名声はパリ以外にも広がり出していた。数多いパリ駐在の特派員たちは母国に戻る読者の興味を惹く、軽いロマンチックな話を求めていたため、ミステリアスなヒンズー教のダンサーの物語はもってこいだったのだ。

『アンデポンダンス・ベルジュ』誌の特派員は、同じく「半ば冒瀆的で、半ば敬虔な」十六世紀にトレントで開かれたローマカトリックの公会議を、マタ・ハリの信心深さを装ったダンスと比較している。四世紀遡る過去に存在した、評議会員の歴史家でもあったアントニオ枢機卿が、信仰心と享楽を同時に持ち合わせていた人物だったことを読者に連想させる記述だ。枢機卿は「トレントやトレント近辺の女性をみんな大舞踏会に招き、枢機卿や司教や哲学博士たちは一緒にダンスを享受して」いた。同じくベルギー人の別の記者は「彼も観客たちも、そんな分析はどうでもよくなり、まるで夢の中にいるようにステージをただ楽しんでいたのだ」と告白している。

さらに別の比較をしているのが（『ラ・パトリア』誌の）イタリア人特派員で、今度はローマ教会でなくヒンズー教を選んだ。「マタ・ハリはヒンズー教の神学にダンサーとしての自分の魅力を組み合わせた」すぐに、その意見に賛同する別の記者が「これほどまでに完璧な聖なる芸術を見せた者はかつて存在しない」と書いている。

パリ在中のルーマニア人特派員は一層ロマンチックな記事を書いている。ルーマニアのジプシーによる音楽と東洋の音楽をひとつにして――実にルーマニア人らしく――美しい女性を賛美し続け、彼女の体にかすかに流れる独特の哲学や、戦いの踊りのリズムや、ゆっくりとした官能的な動きや、悲劇的な印象を与える眼と腕の動きや、魅惑的にゆっくりとあげる祈りや、何かを抱擁する動きの中に、刺激的な瞑想、倒錯した奔放さ、本能や官能を越えた純真さを見いだしている。

ルーマニア人記者はさらに続ける。「まるで降霊の儀式のように、美術館の壁は崩れ落ち、外のイエナ広場も消滅し、はるか遠くに地平線だけが見え、延々と続く森には終わりのない夏の燃える口づけのような日差しが降り注がれる。大通りの端の彫刻を施されたピラミッド型の仏塔が咲き乱れる薔薇園の端に現れると、お香の煙の立ち込める中、美しい女性が仏教を学んで得てきた知識と声をあげるパントマイムで、ひどく雄弁に、すべての誘惑や弱さや喜びの込められた、純真な気持ちを表現していくのだ！」

ブカレスト出身のロマンチックな記者にとっても、まさに熱狂させる公演だった。しかし、彼はサンクトペテルブルグの『ジャーナル』誌に記事を書いた同僚ほど幸運ではなかった。同僚と違って、直接、ミステリアスな女性と話す機会がなかったからだ。対して、ロシア人記者は「若いヒンズー教徒と話す機会があった」マタ・ハリは得意の創造性の高さを披露する機会を得た。

特派員はヨーロッパの社会、とりわけパリの社会について全般的にどう思うか質問した。彼女のパリに対する印象に「お世辞の言葉はなかった」と書いている。さらに、自分の新しい面を常に見せようとするマタ・ハリの言葉が続いている。

「無垢で飾りのない自然に囲まれた生活を長く続けた彼女は、我々の世俗にまみれた生活のすべてが偽りで、表面的だと感じている。化粧して、作り物の髪をつけた女性たちは偽りの言葉ばかり使ってお互いを誉めそやしている。そんな都会の喧騒の中での暮らしのすべてが彼女にとっては驚きだった。パリの女性たちの習慣が自分の国とはまったく違うことに驚愕した。自分がいた国とは違い、鞭打ちのようなひどい目にあわずに済む代わりに、好奇心を掻き立てる、はるかに刺激的で高い教育を受けられないデメリットもある――縫い物を覚えて、自分で服を作ったり、料理を上手に作ったり、話を率直にしたり、乗馬したり、対数の計算をしたり、哲学について意見を交わしたりもできないのだ」

実際、マタ・ハリの想像力には終わりがない。嘘が大きくなればなるほど、インタビュアーの印象もますます強烈になっていく。ブエノスアイレスの『クーリエ・デ・ラ・プラータ』誌のポール・ルイ・ガルニエの記事で、彼女は寺院のダンスを始めるきっかけとなる出来事を詳しく話している。「バタビアで、裕福な王子に夫とふたりで招かれたことがあったわ。とても信心深い人々ばかりで、ダンスで有名な土地でしたが、実際どんなものかはほとんど知られていません。中でも秘密のバラモンのダンスを祭壇の前で踊ってくださり、それをじっくり目の当たりにできたんです」

こうした数々の驚きの話を、マタ・ハリは心に浮かぶまま口にしたに違いない。一度もインドに行っていなかったし、鞭打ちの経験もなかった――夫についていったことは本当だが――寺院のダンスを真似して踊ったこともなければ、高等数学を学んだこともない。しかし、自信たっぷりに、屈託なく、東洋から来たストーリーテラーとしての経験と手腕を活かし、物語を広めていく。

彼女は大成功をおさめ、サンクトペテルブルグのゲートモスクワ近くに暮らすイギリス人がマタ・ハリのダンスを見たいというだけの理由でロシア行きを延期するほどだった。その人物の名はハロルド・ハートレイで、パリのホテル・ムーリスで書いた手紙をマタ・ハリが保管していた。そこには、こう書かれていた。「心から――でも陰ながら――あなたを応援する者です。あなたを見たくて、予定より五日間滞在を伸ばしました。意を決して、あなたへの心からの敬意を示したく、花を受け取って頂けないかお伺いします」

一九〇五年の一年を通して、マタ・ハリと彼女の芸術性を強く疑っていた男性が、パリにひとりだけ存在していた。ブエノスアイレスの有力紙『ラ・プレンサ』紙とスペインのカディスの『ディアリオ』紙に記事を書いていたフランソワ・デ・ニオンは、「本物のオリエンタリスト」と称する、長年東インド諸島で暮らしてきた人物と話している。

男性の説明によれば、東洋の女性のダンスで自らの裸を見せることはなく、必ず白い衣装を身につけ、その純潔さはヒンズー教の国の中でも有名だということだった。

そう聞いたニオンは、パリが詐欺師に騙されていないか疑念を抱いた。「私たちはルイ十六世の時代にまだいるのだろうか」と彼は問いかけている。「海外から来た大使を熱烈に歓迎してみると、ただのマルセイユの小商いだったというように」

ニオンが訝しむ間に、マタ・ハリは少なくとも部分的な言い訳らしきものを用意して、さしあたって状況を改善した。ロッテルダムからきた彼女の同国人ジャーナリストと話した際、舞台に立つことを軽んじる発言をしていたが、その後すぐにその気持ちを変えている。彼女が大成功を収めた後の話だ。父の進んだ道をたどるように、彼女はさらに多くの評価を求めているうち、ある年配の男性と出会い、そのきっかけをつかんだ。その男性こそ弁護士のエドワール・クリュネで、この出会いから彼女が死を迎えるまで彼女とかかわり続けた唯一の人物だ。

マタ・ハリが舞台への強い思いを打ち明けると、クリュネはパリで最も有名な興行主のひとりで友人のガブリエル・アストリュックに暖かい推薦の言葉を伝えてくれた。アストリュックは、その数年後、ディアギレフ[1]のバレエ・リュスやオペラ歌手のシャリアピン[2]をフランスに招聘した人物で、後の回想録の中ではクリュネをマタ・ハリの「本物の信用できる友人」だったと書いている。彼はすぐに彼女の仕事にかかわり、最後までマネージメントを勧め、エージェントでもあった。提示された金額を目の前にして一瞬弱気になった彼女だったが、カプシーヌ通りのオリンピア劇場での公演を了承した。今までよりもずっと大きいステージに挑むことになったのだ。数々のトップクラスの国際的な興行を扱ってきた劇場のディレクター、ポール・リュイは、スターを集めた最高の国際的なショーにすることを確約してくれ、当時マイムでは最も優れた人物のひとりで、五年後にチャーリー・チャップリン[3]のデビュー作『イギリス・ミュージックホールの一夜』で助言を与えているフレッド・カーノ[4]も含まれていた。プログラムにはさらにアラビアのダンサーや、ジャグラーや、「レオと彼の地獄のごときバイオリン」や、いくつかのアクロバットの公演や、一番ありがちな「映画上映」も含まれていた。マタ・ハリは一万フランという破格のギャラを受け取っていた。

結果は驚くべきものだった。個人の家やクラブで踊った彼女をマスコミが抒情的に扱ったのは、登場曲の『ル・レーヴ（夢）』の影響が大きかった。ジョージ・W・ビングの曲をライアンとホーデンが衝撃的な演奏をしてみせた。新聞に次々と載る彼女の記事に好奇心を掻き立てられ続けたパリジャンは、ようやくオリエンタルな驚きを自ら目撃するチャンスを迎えたのだ。

一九〇五年八月十八日、マタ・ハリはプレヴュー公演で、初めてオリンピア劇場の舞台に上がった。同月二〇日には一般客が入場できる公演が行われた。結果はリュイの大きな投資が正しかったことを証明した。『ラ・プレッセ』紙はすでに熱狂的な記事を載せていたが、二十一日付の記事にはこう記されている。「マタ・ハリの繊細で魅力的なアートを説明するには、特別な、新しい言葉が必要だ！　この女性こそリズムそのもの、その素晴らしくしなやかで美しい肉体から湧き出る詩は、他の言葉では表現しようがない、そう語る者までいる」

他の新聞も続いた。『レピュブリック・フランセーズ』紙のジャック・ヴァンゼは「彼女こそ本物のアーティストだ」と書いた。そして、最も影響力のある朝刊のひとつ『ル・ジュルナル』紙には「マタ・ハリはインドのあらゆる詩、神秘主義、官能性、哀愁、催眠術のような魅力を具現化した存在だ。野性的で官能的な優美さを秘めた詩のごとく、見るものに訴えかけるリズムと動きは二度と忘れられない一大スペクタクルだ、天国にいる夢をみているようなひとときだった」と書かれている。『フィガロ』紙も同様のコメントを載せているが、もっと飾らずに書いている。「インドにこんな思いがけない宝物があると知れば、すべてのフランス人がガンジス川に押し寄せることだろう。マタ・ハリは惜しみなく分け与える成功者だ」と評論家が記している。

心奪われた観客の拍手喝采が続く中、なぜマタ・ハリがミュージックホールの舞台に立つと決めたのか明らかになった。第一に、オリンピア劇場はパリでも最高の劇場で、イゾラ兄弟から劇場の経営を引き継いだリュイが大改修を行っていた。しかし、それ以外に、間違いなく交渉の最大のポイントになったのは、お金がたくさん集まり、利益率も高かったという事実だ。

贅沢好きな父に似たマタ・ハリは、最初の大成功から半年間で、パリジャンから喝采を受けて得た収入をはるかに超える額を使っていた。大きな収入が継続的に入るようになると、パリの宝石商が彼女を追い、未払いの一万二千金フラン[5]を払わせようと給料を差し押さえた。

裁判に提訴されたとき、マタ・ハリは不意に幼い娘と一緒にふたりきりでオランダで生活する夫のことを思い出した。宝石商との和解交渉で、判事には「オランダの将校である夫の同意を得ていません」と言った。判事は両者が合意できる判決を出した。マタ・ハリは自分の宝石の所有権を認められ、宝石商は彼女の給料から毎月二万フランずつ受け取ることになった。

再び、マタ・ハリの仕事に疑問をもったオランダ人が登場する。『ニュー・クーラン』紙のパリ特派員が九月末に、まだオリンピア劇場で公演中の彼女を訪ねている。安い下宿を出るという約束を果たした彼女は、近所のバルザック通り三に家具なしのアパートを借りていた。

特派員によれば、部屋は中二階にあり、居間が広く、ピアノが一台ある音楽にあふれる部屋だったそうだ。オランダ語とフランス語をどちらも「マクラウド夫人はごく自然に」話し、「自分には生まれながらダンスの資質があった」と説明した。

特派員は感銘を受けながらも、パリにまったく無名の状態で訪れ、そのまま成功できなかったらどうするつもりだったのか尋ねた。答えは実にマタ・ハリ的なものだった。「もう銃は構えていたの、覚悟はできていたわ」そういって、いつもの「突然の思いつきのままに」自分に新しいキャラクターづけをした。

ロンドンやセントペテルスブルグといったフランス以外の国からも仕事の依頼を受けた彼女は、新しいヒンズー教のダンスを三つ準備しているところだった。他のアーティストとは違って、自分自身も大衆のひとりであり、同じ社会的なレベルに属しているのだ、と彼女は語った。パリでも最高のサロンでダンスしただけでなく、観客と同じ立場の人間と思われていたし、折に触れて主催者をもてなしてもいた。

特派員はマタ・ハリの宗教を学ぶ向学心にすっかり感銘を受け、大衆の前で踊ること以上の理想を追求しないのか知りたがった。彼は仏教の中の修道会的な場所――インドかチベットといったところ――に隠遁し、瞑想することを考えていたに違いない。

マタ・ハリは大きく同意した。自分にはまさに理想があると。しかし、それは真面目な特派員が考えていたものとは違うものだった。彼女は、自分のダンサーとしてのキャリアが終わるかもしれないと言ったが、それは将来に対するもっといい展望が開けたということだった。彼女はＴ伯爵――ミハイル・アレクサンドロヴィッチ大公に仕えるロシア人将校――から結婚の申し出を受けていたのだ。

「ちょうどよかったですね」と口数の少ないオランダ人特派員は去り際につぶやいた。「オランダ人でサロメを演じる女性は初めてですから」

この間、夫はどうしていたのだろう。オランダに住み続け、別居中の妻との離婚を認めてもらいたいと考えていた。それには彼女の同意が必要だったが、さしあたってマタ・ハリに同意する気はまったくなかった――ロシア人将校からの結婚の申し出はご破算になったようだった。妻の同意なしにオランダの裁判所は離婚を認めなかった。

とうとうルドルフはハイマンスという弁護士をパリに送り、マタ・ハリの同意を得ようとした。ルドルフは再婚を望んでいて、それは自分自身のため——当時、五〇歳になっていた——だけでなく、娘ノンのためにも母親が必要だと考えていた。夫としては駄目だとしても、父親としてはずっと優れた態度をとっていた。

弁護士はマタ・ハリと話し合いつつも、フランスの首都への滞在を満喫した。毎日のように彼女の前に現れ、ありとあらゆる話をした。まだオランダ人の気質がしっかり残っていた彼女のほうも、その訪問を喜んでいた。しかし、話が離婚の件に及ぶと自分はオランダ語を話したいだけで、せっかくのいい気分をぶち壊しにしないで欲しいと言った。

弁護士は話だけでは埒が明かないと考えると、依頼人のお金を無駄にして楽しく過ごしているわけにはいかないと、鞄からマタ・ハリのヌード写真という切り札を取り出した。パリで手に入れた友人から、夫に送られたものだった。

彼女は驚き、腹を立てた。写真は友人の間で撮られたプライベートなもので、商品ではないと言った。弁護士は、主張はわかるが、オランダの厳格な判事は良心ある女性で母親であるべき女性が「友人のためといえども裸を撮らせるべきではない」と考える可能性を指摘した。オランダ人の考え方が十二分にわかっていた彼女には選択の余地がなかった。スキャンダルになることは、娘のためにもよくないと、離婚を承諾した。離婚は一九〇六年四月二十六日アムステルダムで了承されたようだ。

ルドルフの二度目の結婚は最初の結婚を上回るものにはならなかった。一九〇七年十一月二十二日にエリザベス・マルティナ・クリスティナ・ファン・デル・マストという二十八歳年下の女性と結婚し、ふたりの間にノルマという娘ができた。

ルドルフはわずかな年金とアーネムの新聞に傍聴記事を書くことでなんとか生計を立て、マタ・ハリとの娘ノンを他の家に預けた。週末になると、娘を自宅に呼び、再婚した妻とともに食事した。いい義理の母とはいえず、関係は長く続かなかった。一九一二年には別居し、一九一七年に正式に離婚している。

《訳註》

◆1　ディアギレフ（一八七二年三月三十一日〜一九二九年八月十九日）セルゲイ・ディアギレフ、バレエ・リュスの創始者として有名で、プロデューサーとして、多くの舞台を成功させた。

◆2　シャリアピン（一八七三年二月十三日〜一九三八年四月十二日）フョードル・シャリアピン、ロシア出身のオペラシンガーで美声とともに演技力の高さでも知られる。

◆3　チャーリー・チャップリン（一八八九年四月十六日〜一九七七年十二月二十五日）映画監督、俳優、作曲家、プロデューサー、イギリス出身。映画黎明期に活躍した「喜劇王」として広く知られる。

◆4　フレッド・カーノ（一八六六年三月二十六日〜一九四一年九月十八日）イギリス出身のコメディアン。チャップリンの才能を見出したことでも知られる。

◆5　金フラン。一八〇三年成立のフランス貨幣法のもとで発行され、その後ラテン通貨同盟三ヵ国で発行・流通した同一の金価値を持つ金フラン貨のこと。（ブリタニカ国際大百科事典 小項目事典・参照）

第5章

オリンピア劇場での成功後、マタ・ハリの仕事の幅をさらに広げようというアストリュックの働きが実り、一九〇六年一月――離婚の四ヵ月前――マタ・ハリは初の海外公演の依頼を受け、二週間スペインに渡った。マドリッドのセントラール・クルーサルでダンスをしたが、マスコミは「官能的になりすぎないよう」に抑えたダンスになっていると気づいた。しかし、残念ながらマタ・ハリは「最小限の大きさではあったものの」タイツをつけたままダンスしていた。それでも、「センセーショナルだった」と喝采を受けてもいた。

紹介者の尽力で、彼女はマドリッド公演に向かった。クリュネはスペインの首都にいる友人、他でもないフランス大使のジュール・カンボン――その後の十二年間、マタ・ハリの人生で重要な役割を果たすことになる、もうひとりの人物――に彼女のことを手紙で伝えてくれていたのだ。

マドリッドで、アストリュックから驚きの手紙を受け取って、彼女はアーティストとして人生初と思われる衝撃的な出来事を体験した。これまでに、パリの内輪だけの少人数のサロンから大規模なコンサートホールに舞台を移していたとはいえ、披露するのは自分で考案したオリエンタルなダンスだけだった。アストリュックはモンテカルロにいる友人のラウル・ギュンズブールというオペラディレクターと契約を結び、ジュール・マスネの舞踊劇『ラオールの王』の役を勝ち取ったと伝えたのだ。マタ・ハリはすぐに返事を出して、オペラの楽譜を送るよう頼んだ。

ギュンズブールはユダヤ教のラビの息子としてルーマニアで生まれ、モスクワとセントペテルスブルグの劇場を経てモンテカルロにたどりつき、一九五一年まで五十九年間にわたって舞台の仕事を続け、他に類を見ない絶対的な存在として君臨し続けた。

モナコ大公のアルベール一世の積極的な支援を受けた『ラオールの王』を上演していたモンテカルロオペラは当時――フランスでも圧倒的なクオリティを誇る――パリのオペラ座に次ぐ――歌劇のための劇場で、評価も高く、数多くの初演を手がけていた。シャリアピンが同時期にモンテカルロの舞台に立つことになっていたが、ロシアの偉大なバッソである彼が本当に舞台に立ったのかどうかはわかっていない。一九〇五年六月、戦艦ポチョムキンの乗員がオデッサで反乱を起こし、続く十月革命で――マタ・ハリがスクラップブックの中でしっかり書いている通り――シャリアピンは「モスクワのトベルスカヤ通りのバリケードで怪我をして、ロシア皇帝の警察隊によって即座に牢屋に収監されていた」。

一九〇六年二月十七日の『ラオールの王』の公演は、モナコ大公のボックス席に作曲家マスネの姿のある中、大成功を収めた。ある新聞記事に寄れば、有名なマドモアゼル・ザンベルリのカンパニーの第三幕のバレエの場面で踊ったマタ・ハリの「モンテカルロでの存在感は大きく印象に残るものだった」そうだ。シタの役は他ならぬジェラルディン・ファラーだった。アメリカ出身の最も素晴らしい声を持つ人物のひとりと評価されているアーティストだ。

こうしてマタ・ハリはさらに一歩先に進んだ。ついに本格的な劇場に進出したのだ。裸で踊るのはすでに過去のことだった――少なくとも、しばらくの間は。このときの彼女はベールを外し――現代のアーティスティックなストリップの原型と言えるようなものを行い――顔を隠すことで拍手喝采を受けたわけではなく、踊りが素晴らしかったからだった。もはや本物のダンスであり、ただ動いたり、止まったりしていた過去の彼女とは違うのだ。

マスコミは、彼女を「魅惑的なスター」と呼び、「奇妙なダンスを見せる厄介な魅力をもった」バレエを生み出したと紹介し、ニースのカーニヴァルの舞台裏ではヴィーナスのような装いを見せてくれて、楽しい雰囲気をもたらしてくれたと書いている。

有名人との交流は続いていた。モンテカルロにいたプッチーニは「魅力的なアーティスト」と挨拶の言葉を書いたカードとともに彼女に花を贈っていた。ジュール・マスネは彼女にすっかりほれ込んでいた。「あなたのダンスを拝見し、魅了されました――素晴らしい公演に心からの賛美を送ります」と当時六十四歳の『ラオールの王』の作曲家は書いている。そのとき彼はすでに『マノン』、『タイス』、『ウェルテル』といった作品で名声を得ていた。

マスネとの友情は年々深まっていった。そのことは作曲家からの手紙に「あなたの申し出をとても誇りに思います。数ヵ月にわたる熱狂的な公演がもう半ばに差しかかってしまったことが残念でなりません」とあることからもわかる（マタ・ハリは自分のための特別なバレエ作品を作曲してほしいとずっと頼んでいたようだ）。彼女がベルリンにいた際、マスネはパリに戻る前に熱のこもったメモを送っている。スクラップブックに貼られている中でも最も印象的なメッセージのひとつだ。正確に言うと、メモはスクラップブックに貼られていたのではなく、一九三二年にアンナ・リンチェンスから手渡された数少ない文書のひとつだった。おそらくマタ・ハリは、他の新聞の批評や手紙と一緒に貼るには親密すぎる内容だと考えたのではないだろうか。実際、マスネの手紙は彼女への気持ちを実に率直に表現していた。非常に温厚で友好的な性格で知られる彼が、手紙の中では、ある男性の友人とハグをするたび、「すぐに顔を洗いに行きたくなる」とあけすけに書いているのは友情以上の気持ちを彼女に抱いていたからに違いない。恋する若者が書くような熱のこもった文章で、次のメッセージを手書きで記している。「また会いたくて仕方ありません！　マタ・ハリ――まもなくパリに出発します！　ありがとう、本当にありがとう――私への賛辞の言葉に感謝します」端の部分が糊づけされて穴が開いた青い便箋に、一九〇六年「マダム・マタ・ハリ――ベルリン」という宛名が記されている。マスネに関する文献を調べてもベルリンに行ったという記述はない。亡くなった一九一二年に出版された自著『回想』の中にも、記録に残っている唯一のドイツ旅行であるバイロイトに行った際のことしか書かれていない。しかし、彼の女性好きは有名だったから、マタ・ハリに会うために急きょベルリンまで足を延ばした可能性は否定できない。

マタ・ハリはベルリンの外れに地所を持つ裕福な大地主アルフレート・キーパートの愛人になった。ハンガリー人の美女を妻に持つウエストファーレン第二軽騎兵隊中尉であるキーパートは、ベルリンの中心の幹線道路、クアフュルステンダム通りから歩いて行ける距離にあるノッホシュトラッセ三九番地に彼女を住まわせた。彼と一緒にマタ・ハリは一九〇六年九月九日から十二日にわたって、シレジアのヤヴォルからストリーガウまでの帝国軍の軍事演習に同行した。その事実が十一年後のパリでの裁判でスパイ容疑をかけられた際、結びつきを示す重要な証拠として提出されることになる。

一九〇六年八月二十九日にマタ・ハリはベルリンからパリのアストリュックに手紙を書き、ロンドンから、パントマイム・ショーの出演依頼を受けて「大いに喜んだ」ことを知らせた。しかし、それ以上に喜んだのは「かつて大成功を収めた場所」モンテカルロでの公演の依頼だった。手紙にはマスネが訪問したことも書かれ、「ウィーンオペラへの足がかりのきっかけを指南してくれた」とある。

ウィーンでオペラに出演したことはないが、ウィーンに行ったのは確かだ。一九〇六年の末まで——オーストリア＝ハンガリー帝国での成功を画策したのだ。彼女の登場はすぐに「バレエタイツ」戦争を巻き起こした。セセッシオン・アート・ホールに初めて出演した際には、ヌードで踊り、その後のアポロ劇場ではタイツを着けている。そのことが新聞や雑誌で論議を呼び、タイツ姿で踊りセミヌードになるか、何も身につけずに踊るか、それぞれのメリット、デメリットが問われた。実際、ウィーンでも肌をさらすかどうか、両派の意見の争いが渦巻いていた。

マタ・ハリはホテル・ブリストルに滞在していた。ホテル・ナショナルにはアメリカ人ダンサーのモード・アラン◆[1]がいたし、その間にあるホテルには他ならぬイサドラ・ダンカンが滞在していた。モード・アランは「金色一色」の衣装で舞台に上がっていた。一方、マタ・ハリは「自ら手にした」ハンカチだけの姿でウィーンの舞台に立った。屈託のないウィーンの人々でさえ少し驚いていたが、マタ・ハリの登場以来、「タイツ戦争」がすべての新聞の一面を飾ることになった。しかし、マタ・ハリは勝利を収めた。「いささかやりすぎだ」というお歴々の意見もあったが、少数派で、ほとんどの人々が大いに彼女に満足していた。

十二月末のマタ・ハリのウィーンのクリスマス・バザールには大いに期待が寄せられた。そこではサイン入りの写真の販売も予定されていた。ウィーンの若者たちは彼女がジャワ風の衣装、きっとタイツ姿か、あるいは——期待に応えて——ハンカチ一枚で隠した姿で現れるのを待ちきれずにいた。ある意味で、彼らの期待は裏切られた。マタ・ハリは観客と変わらぬ——しっかり服を着た姿でやってきたのだ。それでも彼女はファンを「スレンダーできれいな体型」で喜ばせ、最初の失望が消えた後は、「服を着ている姿も魅力的だ」と気づかせた。

ドイツ語圏で仕事をするようになると、マタ・ハリはすでに大きく詐称していた自分の経歴をさらに新たな角度から修正する必要があると察した。「両親はオランダ人だけど、祖母はジャワの王子の娘で、私にはインドの血が流れている」と説明した。実際、祖母はインドとは無縁で、すべての親戚たちと同様、間違いなくフリースラント出身だった。

『ヴィエナ・フレムデンブラット』紙のインタビュアーはホテル・ブリストルに登場したマタ・ハリを見事に描写している。

「スレンダーで背が高く、野生動物を思わせる、しなやかで優雅な佇まいの、黒髪の女性」で「西洋人離れした小さな顔。額と鼻には古典的な雰囲気を漂わせる――古代ギリシャやローマの彫刻のようだった。黒く長いまつげが目に影を落とし、眉毛のカーブの繊細さと優雅さはまさに芸術作品だ」。

最初にフランス語を口にした後、それから「うっとりするほど巧みな英語風のドイツ語」で話を続け、新しい身の上話を即興で作っている。彼女の父はレーワルデンの帽子屋ではなく、オランダの役人になっていた。ジャワで生まれ、（新婚旅行に行った場所の）ヴィースバーデンの女子高に二年間通ってから、十六歳のときに役人と結婚した。一九〇四年――実際には、夫と共にオランダに戻って二年経っていたとき――にも「まだスマトラ島のデリーに住んでいた」と書かれている。ヨーロッパで二年間、試行錯誤の時期があったことは割愛し、インドの寺院からすぐに西洋文明に移行したことを強調している。ヨーロッパの舞台に登場したことをよりドラマチックにするべく思いついたのだろう。

翌日には、ウィーンの別の新聞から取材を受けた。今度は夫が突然、「オランダ名家の末裔で、オランダ領東インドに帰化した」ことにしている――どうやったらオランダ人が自国の植民地に帰化できるかは、さすがのマタ・ハリといえども説明不可能だっただろうが。

インタビュアーは他の特派員同様、彼女の魅力に心を奪われていた。彼女が「優しいかわいらしい顔立ちの素晴らしい美女」だと記述している。ボードレールの詩まで連想している。「見たことのない美しさ、夜のような暗さに包まれた」さらには「歩く姿さえ、ダンスを思わせた」と書いている。

続いて、話を大きく変えようとして、パリの新聞に以前載った記事を否定している。自分はかつてインドの巫女で、植民地では未亡人として過ごしていたと、そのときには語っていたのだ。改めて、「夫はまだ生きていて、マランに住んでいるわ」と言った。

熱心なファンが待つ舞台に登場するまでに、他にもインタビューを受けていた。宣伝が仕事の重要な一部だという認識があったからだ。『ドイチェ・フォルクスブラット』紙の特派員に対し、「非常に流暢なドイツ語」で話したが、記者は彼女の口から言葉が紡ぎ出される様子を「咲き誇るバラの花のようだ」と形容している。

「踊っていると、人は私が女性であることを忘れるの」と彼女は説明する。「私がすべてをさらけ出し、神に自らを捧げる――腰に巻いた、最後まで身につけている布をゆっくり緩めることは、そのことを象徴しているの」――マタ・ハリは実際、公演中の衣装の脱ぎ方について一日の長があった――「そして、そこに立ち尽くし、一秒も経たないうちに裸になるけど、ダンスが醸し出す余韻のことしか頭になく、そこには何の感情もないの」彼女はウィーンの一般大衆をあまりわかっていなかった。でなければ、もっと彼らの期待を刺激する発言をしたはずだ。

ときは一九〇六年、第一次世界大戦が終わってからかなり時間が経っていた。彼女がベルリンで公演をするかどうかウィーンのインタビュアーが聞いた際の興味深い記録が残っている。おそらくは彼女の愛人だったキーパートが、自分の愛人と妻のいる町で大衆に身をさらすのを好まなかったのだろう。あるいは、その時点で彼女自身、ドイツ軍があまり好きではなかったのかもしれない。数年後には気持ちを――少なくとも芸術的には――変えることになるが。

「ベルリン？　いくらお金を積まれたって、ベルリンで踊ったりしないわ！」と答えているのだ。

彼女はようやく舞台へ――ヌードで――セセッシオン・ホールに登場した。招待状を受け取った人たちだけが対象の「マタ・ハリ、マクラウド夫人」の顔見世興業だった。選ばれし観客の面々の中にはオーストリア内務省のアンドラーシ・ジュラ伯爵と伯爵夫人も含まれ、彼女のスクラップブックに保存された伯爵の名刺にしっかりと書かれていた。そのカードはラ・プリンセス・レオポルド・クロワ、旧姓スタンバーグ伯爵夫人から送られたもので、英語で質問が書かれていた。「親愛なるマクラウド夫人へ――失礼でなければ、ヴァルナー通り六番地にお住いのアンドラーシ伯爵に土曜日の公演が見られるよう名刺を二枚お送りいただけないでしょうか」

翌日の一九〇六年十二月十五日から翌年の一月十六日まで、彼女はアポロ劇場でウィーン市民を楽しませた。おそらくは観客を敬虔な雰囲気に浸らせたいという意図から、オーケストラの指揮者はマルティン・ルター[◆2]による賛美歌『神は我がやぐら』をマタ・ハリのダンスの導入部に使うという大胆な試みに挑戦した！

評価は二分し、『ツァイト』紙にはかなり厳しい評が載って（それでもマタ・ハリのスクラップにはしっかり残っている)、記者は「オリエンタルな雰囲気の落ち着いたダンスは本物だった――ただし、インドらしさはみじんもなかったが」と記している。

しかし、その表現が正しかったとしても、褒めるべきところは確かにあったらしく、「まるで芸術作品のような彼女の肉体が、さながら愛撫するように、それでいて僧侶のようなストイックさで動く様はこの上なく刺激的だった」。そして、舞台上の裸の女性の姿を回想しながら、こうつけ加えている。「果たして芸術的な感覚だけを刺激されるのかは、個人の感覚の問題になるが」

何かうまくいかない理由があったのか、それとも、ウィーン市民はもっと長く、もっと過激なヌードを期待したのだろうか。彼女はそれほど気にしていなかったらしく、やや否定的な記事のすぐ横に、ひどく否定的な意見をさらに貼りつけている。例えば『ヴィエナ・ドイチェ日報』の記事がそうで、短く、好意的とはいいがたい批評だった。「アマチュアの域を超えた公演を観たといえば、嘘になる」

当然ながら、こうした批評を書いた記者たちは東洋のダンスを見たこともなければ、インドやジャワやバリ出身でもない。彼女の動きはおそらく中部ジャワ州で目にしたものに基づいている。そのジョグジャカルタのダンスは非常に定型化された動きの遅いもので、動きが完全に止まっている時間も長く、ずっと動き続けるバリのダンスとは対照的だった――彼女は一度もバリに訪れたことはなかった。

『労働者新聞』紙や『ドイツ新聞』紙は同様の批評を載せていた――つまり、どちらも否定的だった。前者には「目下、自分の思想を表現に昇華できていないマタ・ハリのダンスが新たな芸術の域に達するには、多くの改善を必要とする」とある。後者には「もし『ヌードという呼び物』の売りがなければ、公演の成功はなかった」と書かれている。

評価の内容に彼女は動じなかった。実際、批評に大きな影響力はなく、アポロ劇場のチケット売り場にはチケットを買い求める人々の行列ができていた。

「イサドラ・ダンカンは死んだ！」『新ウィーンジャーナル』紙は高らかに書いた。「マタ・ハリ万歳！」「大衆は少々当惑している」と別の記者は書く。「期待とは違うものだったからだ」しかし、人々はすぐに満足した。二度目のダンスで、マタ・ハリはベールをとった。三度目では、七枚すべてのベールを落として、「名家に生まれ育ち、芸術に造詣の深いセレブな女性たちもエキゾチックなアーティストに大きな拍手を贈っていた」

マタ・ハリは幸福感に包まれていた。フランス、スペインに加え、オーストリアでも成功を収めた。水を差すような批評があったとはいえ、ウィーンの大半の人々から大歓声で迎えられる頃にはすっかり頭から消えていた。彼女の人気を特集記事の量で考えると、ウィーンでの成功に疑いの余地はない。『ドイチェ・フォルクスブラッド』紙は彼女に次のような実に興味深い、詩ともつかない一節を捧げている。

……そして　この聖なる場所の前
神々はもうひとりの神を取り囲み
観客は固唾をのんで座り
祭壇で気絶する彼女を見守る
その儀式　ゆっくりと何かを狩る動き
インドの血の流れるマタ・ハリがまさに今

登場し　そのベールを揺らさんとする
インドの音楽の調べが部屋にこだまし
蛇使いのバイオリンの音が
メロディを奏でるピアノの音が聞こえてくる
ダンカンが去って　すでに久しい
魅惑のダンスが我々の前で繰り広げられ
マタ・ハリは何度もその脚を見せ
それを続け
我々の目に喜びを与えてくれる
優雅な彼女のステップ
かわいらしい顔　その下にある魅惑的な身体
その小ささが
そして　マタ・ハリは　変わらぬ装いで登場し
ベールを一枚　さらに一枚と落としていく
最後には　すべてがなくなり
シバ神の花嫁になる準備が整うと
おもむろに立ち上がり――　舞台裏に消えていく
観客はすべて　マタ・ハリの虜だ

しかし　スーツに身を包んだ男が登場し　我々に告げる
「まもなく灯りを消します
マタ・ハリのステージはすべて終了しました」

彼女の成功が、最初はパリから、この頃にはウィーンからもオランダに伝えられるようになっていた。そこで彼女の父ツェレはあることを思いついた。娘の元夫をずっと嫌い、過去に贅沢な生活を続けていた彼は、自分に直接何のメリットも害もないものの、いつの間にか有名な女性で、国際的な知名度と評価の高いダンサーの父になっていたことに気づいた。セールスマンは儲かる仕事ではなく、その少ない収入でアムステルダムのダ・コスタカードゥ六五番地に暮らしていた。棚ぼたの状況で金を稼げないか？　本を出せばいいのか？　少なくとも、やってみる価値はあった。一九〇六年の七月以降に、マタ・ハリの離婚直後、メモや手紙や書類をアムステルダムの出版社に持ち込み、娘の伝記を書くための資料の準備を頼んでいる。企画は面白かったが、出版社が彼女の元夫に事実の確認をすると、義理の父が書いた現実離れした物語は否定されてしまった。しかし、ツェレはひるむことなく、すぐに次の出版社をあたった。結果、二六二ページに及ぶ、驚くほどの創作を加えた伝記が一九〇六年十二月に出版された。『マタ・ハリの生涯――我が娘の半生、そして彼女の前夫への苦言』という長いタイトルの本だ。今の時代なら、告訴されてもしかたがない内容だった。

読めば、彼女の空想癖が父譲りだとはっきりわかる。伝記の中では、彼女が公爵、王などのわかりやすい高貴な人間と血縁ということになっている。序文で、父は娘をフランス、スペイン、オーストリアよりも遠い場所に連れて行ったと書いている。本の前半はすべて娘自身が書いて「アメリカから彼に送ってきた」ものだと主張している。父の想像力にはいつもながら際限がなかった。

すぐに、父の書いた内容は、離婚問題で元夫の側についていたＧ・Ｈ・プフリームというオランダ人弁護士に反論された。その内容は小冊子にまとめられ、『マタ・ハリの赤裸々な真実』という題名がつけられている。

本が出版されると、父はその機会を利用し、長く諦めていた、自分が貴族の家柄で、公爵や王もそこには含まれている――もちろん、信憑性のかけらもない――話を広めようとした。

ツェル（Zelle）という名前はフリースラントでは有名で、彼の叔父のひとりによれば、祖先がドイツのハノーバーに近いセル（Celle）地方の城か、「セル（Celle）自治区」の近隣に暮らしていた可能性があるそうだ。そこは後にツェレ市になり、現在も同じ地名のままだ。しかし、それだけでツェレ家がツェレの領主だったと確定するのは、ジャック・ロンドンをかつてロンドンの領主だったと考えるのと変わらないレベルの話だ。王や公爵の話は、すべて父の頭にしか存在していない空想の産物だった。

ふたりの出版物に、さらにもうひとりの人物がパンフレットを出版して参戦してきたが、いずれの出版物もすぐに人々の関心から消えていった。争いで利益を得たのはマタ・ハリの名声を利用したオランダのタバコ製造者だけだった。タバコに「マタ・ハリ」という商標名をつけ、オランダの新聞に大々的に広告を出したのだ。マタ・ハリ自身も自分がセレブであることのいい証明だと感じたらしく、スクラップブックにしっかり広告を貼っている。そこには「最新のインド煙草、満足して提供する洗練された味、最上のスマトラ煙草と極上のトルコの煙草を使用」と書かれている。「マタ・ハリ」という煙草は完全にロシア煙草の真似だったが、品質は良く、黄色と白の二色があり、百本入りで一ギルダー二十五セントだった。

《訳註》

◆1　モード・アラン（一八七三年八月二十七日〜一九五六年十月七日）カナダ生まれのダンサー、振付師。オスカー・ワイルドの『サロメ』に基づく七つのヴェールの踊りは賛否両論を巻き起こした。

◆2　マルティン・ルター（一四八三年十一月十日〜一五四六年二月十八日）ドイツの作家、神学者、聖職者。宗教改革の中心人物として知られるが、多くの賛美歌を作った人物でもある。

第6章

ウィーンでの最終公演の幕が下りたのは一九〇七年一月の中旬だった。マタ・ハリはその後の二ヵ月半旅行しているが、キーパートと一緒だったようだ。パリを経由して、そのままマルセイユへ行くと、かつてホーエンツォーレルン号とともにアレクサンドリアまでの二年間にわたる豪華な旅を提供したこともある、ドイツ北部の汽船シュレスヴィッヒ号に乗った。寒く雨交じりの悪天候の水曜日、午後三時に新しいマルセイユ港を出港し、五日間かけてエジプトまで出かけた。ふたつのオーケストラが競うように「ラ・マルセイエーズ」と「サンタルチア」のファンファーレを同時に演奏して風の強い波止場から送り出した。

三月の終わりまでにマタ・ハリはローマに戻り、そこから三月三〇日にパリのガブリエル・アストリュックに長文の手紙を送っている。「アスワンまでの長いエジプト旅行」に行ってきたと記し「ダンスの古典」に触れようとしたが、「運悪く、見たかったものはすべてすでになくなり、目にしたダンスは見るに足らない、優雅さの感じられないものだった」と伝えている。

そこから話は核心に入っている。彼女はアストリュックが五月十日にシャトレ座でリヒャルト・シュトラウス◆[1]の『サロメ』をパリで初上演するという話を聞き、そのオペラにどうしても出演したくなった。「シュトラウスの力強い音楽で、ダンスの意味を創り、解釈を加えたいのです。オペラでは往々にしてダンスの部分が弱いものです」「ダンスが酷ければ」とアストリュックに訴えている。「すべて台なしになってしまうのに」

かつてバルベリーニ広場にあった（現在ではベルニーニ・ブリストルにある）ホテル・ブリストルから彼女が送った手紙には、「数日のうちに」ベルリンのノッホシュトラセ通り三九のアパートに戻るので、結論が出たら教えてほしいと書かれていた。同時に、彼に、もう一通手紙を送り、リヒャルド・シュトラウスに推薦してほしいと頼んでもいた。アストリュックは『サロメ』のプロデュースに確固たる考えがあったらしく、作曲者に手紙を送る必要を感じなかったようだ。ずっと後に私は彼のファイルを確認する機会があり、その手紙を発見した。手紙には、ベルリンに戻った後、彼女がシュトラウスに会ってほしいと懇願する内容が書かれている。「私に『ダンス』を創らせてください。私をよく知るパリの人々の前でどうしても披露したいのです。私以外にサロメの本当の気持ちを理解できるダンサーはいません」さらに彼の関心を惹こうと、「モンテカルロでマスネの『エア・ヒンドゥー』に独自の解釈を加えて、ダンスをしました。マスネから詳しい話はお聞きください」とつけ加えている。当時、マタ・ハリのドイツ語は上達していたはずだが、シュトラウスへの手紙はフランス語で書かれている。

『サロメ』のダンスをしたいという思いが募り、その後の数年間、アストリュックに何度も懇願し続けたが、サロメの「本当の気持ち」を解釈する機会を得たのはアストリュックの手を離れた後だった。

マタ・ハリがようやくパリに戻ったのはキーパートと別れた一九〇七年の末だった。ホテル・ムーリスという高級ホテルに宿泊していたと、十二月二十三日付のパリ版の「ニューヨーク・ヘラルド」紙のインタビューに書かれている。実際パリを離れていたのは一年にも満たなかったが、「二年間旅行を楽しんでいた」

と説明している。その間に、彼女は「エジプトとインドでハンティングをして」きて、ダンスに新たな解釈を加えるべく、インド洋を横断する雄大な旅をしたと言っているが、実際にはまったくの嘘だった。彼女は新しいダンスを創り上げ、中でも「薔薇の伝説」の出来が一番良かったようで、一九〇八年二月一日のシャンゼリゼ通りのサール・フェミナで新たな活動を始めたいと語っていた。

　この新作ダンスの内覧会が、ブフ・パリジャン劇場で『無邪気な道楽者』に出演した女優アルレット・ドルジェールのニューイヤー・パーティーで行われている。その直後――後に朝刊「ル・ジュール」紙の社主を勤め、パリ・オペラ座で毎年行われる大きなフェスティバル「プティ・リ・ブランの慈善舞踏会」を陰ながら推進していた――レオン・ベイルビーに組織された慈善公演がトロカデロ劇場で開催され、そこでも優雅なダンスを披露した。

　トロカデロ劇場には、彼女と懇意の素晴らしい面々が集まった。その中には劇作家で映画監督のサシャ・ギトリ、女優のセシル・ソレル、一九〇〇年にパリでシャルパンティエ[◆2]の『ルイーズ』に出演しセンセーショナルなデビューを果たしたスコットランド人歌手のメアリー・ガーデンが含まれていた。

　しかし、パリに戻ってきたマタ・ハリは観客を幻滅させている。海外に行っている間に、彼女の亜流が登場していた。劇場やキャバレーには裸のダンサーが数多く存在していた。裸に近い姿になって美しい体を見せれば、ファンが簡単に集まると多くの女性が気づいてしまったのだ。

　マタ・ハリにとって由々しい問題だった。以前と同じようなダンスを続けてベールを取りさえすればいいのか？　それまで、彼女の身体はベッドの中でも外でも男を魅了し、アーミンの毛皮のケープだけを羽織った。かつてポンパドール夫人が所有し、キーパートと別れる際に贈られたというエティオール城の中で使われていたケープだというのは（あるドイツ人作家が後に主張したように）眉唾だが。（フランス政府の文化財総局はそのケープはもはや存在していないと教えてくれた）フランス革命の間にすでに城は破壊され、マタ・ハリの生きていた時代の価値ある歴史的建造物は教会だけだった。

　マタ・ハリはもう三〇歳を超え、舞台上で以前と変わらぬ魅力を自分の身体が与えられるのか考えるようになった。過去にやってきたことをすべて捨てて、長いトレーンつきのスカートでダンスすることを真剣に考えていた。

　事実、マタ・ハリはパリ中のミュージックホールで自分の真似がはびこっていることを苦々しく思っていた。一九〇八年九月二〇日にポントーダムの村のオールド・アクターズ・ホームで開かれた（シラノ・ド・ベルジュラック役で知られる有名な俳優であり、後に『レグロン』でサラ・ベルナール◆3と共演している）ブノワ・コンスタン・コクランに組織された慈善公演に出演したとき、彼女はステージ上の短い話の中でそのことに怒りをぶつけ、その内容を載せたイギリスの雑誌『エラ』は再版されるほどの注目を浴びた。

「二年半前、私はギメのプライベートな集まりでデビューを果たしました。その忘れがたい日以降、『東洋のダンサー』のスタイルを物まねする女性たちが次々と出てきて、お粗末な芸で私をずいぶんと讃えてくれました。伝統にかなう美しいものだったら、お礼を言いたいところだけど。そうじゃなかったわ」

　ここから、マタ・ハリの驚きの想像力がまたしても遺憾なく発揮されている。「ジャワに生まれた私は熱帯雨林の植物に囲まれた中で育ち、儀式の、宗教を表現するダンスの奥深い意味をごく幼い頃から叩き込まれてきました。現地で生まれ育って学んだ者だけが宗教的な意義を骨の髄までしみ込ませ、厳粛な奥義を伝授することができるのです。ずっと東洋を旅してきた私でも、蛇や他の道具を使ってダンスするなんて代物、正直、見たこともありません。ヨーロッパで初めて見て、本当にびっくりしました。私が生まれ育ったジャワで目にして学んできた東洋のダンスは花に霊感に導かれ、そこから（もちろん、彼女の『薔薇の伝説』という自分のダンスの宣伝を目論んでの発言だが）詩を受け取るのです。昨年ロシアに行っていた際、ある──偽物の東洋のダンサーのひとりの──女性に出会いました。東洋の真珠を控えめに飾っていましたが、それを見て、真珠にも本物もあれば偽物もあるものね、と思わず言ってしまいました」

スピーチによれば、マタ・ハリがエジプトから帰って、ほぼ八ヵ月ぶりにパリに姿を見せるまで、実際にはロシアに行っていたと推測できる。しかし、エジプトとインドに行ったとも主張している。彼女自身の中で、空想と事実がない混ぜになり、何が本当で何が嘘かは本人さえわからなくなり、結果として、混沌とした彼女の人生には真実そのものと、真実と空想の間と、まったくの空想がさらに複雑に入り混じっていくことになる。

スクラップブックに同時期の別の物語が載っているのもすでに驚きには当たらず、話はさらに様々な方向に膨らんでいた。ジャワで生まれた──当時、レーワルデンのことはすっかり頭になかったらしい──と主張するのは変わらないが、「十二歳のときにオランダに送られ、将校とインド人の老婆と一緒に暮らした。このときには、両親はもう亡くなっている」とつけ加えていた。「十六歳で結婚すると、将校である夫と共にスマトラ島のアチェに戻り、『乗馬し、銃をもち、命の危険を感じる』ときを過ごしていた」という。

マタ・ハリが、なぜ断続的にしかダンスをしないのか記者に説明した話は特によくできていた。『ファンタジオ』誌──その雑誌名が彼女にいつも以上に自由な空想を促したのかもしれないが──のエドゥアール・ビアドゥーと話したとき、亡くなった息子のことが頭に浮かんだのではないかと思う人もいるだろう。

「その地で」と記者は書いている。「争いが巻き起こる島での激しいドラマが、楽しく明るかった彼女の人生に闇をもたらしている。悲しく、その陰鬱な気分に打ちひしがれ、身も心も疲れ切ったままヨーロッパに戻った彼女は、ダンスに安らぎを見いだし、肉体が創り出すイメージに浸った。自分の憂鬱さを抱えながらも、ダンスに没頭した。だからこそ、このアーティストは憂鬱を振り払うため、神経が苛立っているとき――大きな苦しみを抱えているときにこそ――ダンスに挑む」

マタ・ハリはずっと素晴らしい衣装に身を包み、大金をつぎこんできた。一九〇八年十月四日、彼女は大きなマフのついたベルベットのドレス姿で颯爽とロンシャンのドートンヌ・グランプリに現れ、パリジャンやカメラマンを喜ばせた。その直後には、ロンシャにも現れ、今度は「アンティークの青いシホン・ベルベットのチンチラのついた体の線がはっきりわかるセンセーショナルなローブを着ていた」そうだ。

アストリュックはその頃、彼女に儲かる仕事を探す必要がなくなっていた。もう彼女はお金のためにダンスをする必要がなくなっていた。そんな理由もあって、次々と慈善公演に出演していた。「ガラデ・プピール」という、日本大使バロン・クリノを讃えるギメ夫妻の自宅での公演に出演し、八月にはノルマンディのウルガットの恵まれない人々のためにダンスしている。同年の年末には二度目の、まったくの想像上の二度目のエジプト旅行に行ったと主張していた。少なくとも、新聞にはそう――真実ではなかったが――書かれ、一九〇九年二月六日にテアトル・フェミナに出演する直前には、ソフィアのクレモンティーヌ病院のための慈善公演に参加している。そのプログラムにはブルガリアの音楽、ブルガリアのダンス、ブルガリアの衣装を着たブルガリアの生徒たち、ブルガリアン・ラプソディ、ブルガリアを撮影した映像といったものが登場した後、有名なダンサー、マタ・ハリが『蘭』と題されたダンスを踊っている。オランダとジャワとマドラとバリとインドの要素を取り入れた存在で、ブルガリア人の影響はかけらもない彼女だったが。

このようにして、マタ・ハリは「ダンス界のスター」という地位を確立し、スクラップブックに丁寧に貼られた『ムジカ』という舞台レビュー誌の記事によると、(ベルギー王レオポルド二世の「本物の」愛人だった)クレオ・ド・メロード、イサドラ・ダンカン、ロイ・フラー、(バイエルン王ルートビッヒ一世の愛人で、追放までされたアイルランド生まれのダンサーの)ローラ・モンテス、ラ・ベル・オテロといった有名人の仲間入りを果たしていた。彼女はレパートリーの『クチュブン』に別のダンスを加えていた。『デイリー・メール』紙によれば、これは「一夜のうちに咲いて、一晩で枯れてしまう」花のことで、マタ・ハリの解釈が「美しい幻想」を表現していたそうだ。

一九〇九年にはその後、何をしていたのか。あまり目立ったことはなく、挙げるべきものは——スクラップブックに唯一残っている——ポール・フランツ・ナミュールという画家のモデルになったことくらいだ。おそらくは慈善公演に登場し、花を演じ、ディナーに長々と顔を出すという生活の連続に飽きていたのだろう。もっと大きなものを求め、変化を望んでいたのだ。

その変化がもたらされたのはモンテカルロから公演の声がかかった一九一〇年のことだ。パリのオデオン座のディレクター、M・アントワーヌはフランス系アルジェリア人の作家セクリ・ガーネムの戯曲の上演準備をしていた。『アンタル』というタイトルの「アラビア」が舞台になっている芝居で、第三幕には登場人物のひとり、つまりクレオパトラがバレエを踊る場面がある。ディレクターは何をもって、その役がマタ・ハリに合うと思ったのだろうか?

一月七日に初日を迎え、ニコライ・リムスキー・コルサコフの音楽の助けもあり——それまで同様に——

公演は成功した。マタ・ハリの『ダンス・ドゥ・フー』はパリの『ル・マタン』紙に「会場に笑い、緊張、感動が絶え間なく広がる素晴らしい舞台だった」という記事が載った。

パリの『コモエディア』紙の記事の冒頭には、パリのアポロ劇場での大みそかの慈善公演に出演した際の彼女を「過去のダンサーとは比べようのない存在」と絶賛の言葉が登場し、ダンサーとしての能力を疑う者はいないように思われた。

しかし、アントワーヌは、その疑念が消えることはなかった。一月にモンテカルロに彼女を呼んだ後、彼は自分の劇場であるパリのオデオン座で『アンタル』の準備に入っていた。リハーサルに入った途端、アントワーヌはマタ・ハリには荷が重い役だとわかった。遅刻も多く、「自尊心の高い性格」は演出を許さなかった。彼がマタ・ハリをすぐに降板させると、マタ・ハリは契約不履行で彼を訴え、三千フランの契約金と五千フランの損害賠償の支払いを求めた。

決着にはほぼ二年かかり――マタ・ハリが勝訴した。マタ・ハリを手に負えないと訴えたアントワーヌが彼女のモンテカルロでの成功を否定する発言を口にしていなかったのだ。マタ・ハリの弁護士のジュール・ユングはスクラップした新聞記事を見せ、リビエラでの依頼人の公演を絶賛した記事と、一晩二百フランの報酬で十五回の公演を行っていた事実を訴えることができた。一九一一年十二月二十三日、弁護士は裁判がいい結果に終わったことをミランのグランドホテルにいる彼女に（恭しく立派な）電報で知らせた。

アントワーヌにとっては悲惨な敗北だった。八年近く後、マタ・ハリが処刑されて二年経ってから、パリのオランダ領事館は弁護士アンドレ・レニエが一九一九年八月十四日に書いた手紙を受け取ることになる。アントワーヌの代わりに調査を行った弁護士がマタ・ハリの遺産がないか情報を求めたのだ。彼女はスパイの容疑をかけられ、その評決の結果、処刑されることとなっていた。アントワーヌの推測では、そんな行為をする女は判事をだまして彼に不利な裁判の結果を得ていたに違いないというわけだった。残っている財産があれば、パリの法廷に五千フランの返金を求めることができるという理屈だ……。

しかし、彼女が全面的に勝利したわけではなかった。雄弁に語った甲斐なく、賠償金の五千フランは獲得できていない。

「判事殿」と彼女の弁護士は法廷で語った。「依頼人は謎に満ちたオランダ領東インド諸島のボルネオで生まれました」と。そしてメートル・ワイルがアントワーヌの弁護にとって不利な証言をいくつも繰り返す一方で、マタ・ハリは自分が五千ドルを受け取ってしかるべき理由を説明した。

「アントワーヌが必要としたのは名の通ったダンサーの存在だけでなく、観客に本来のヒンズー教のダンスを見せることだったはずです。文字に残さず、代々体で継承されてきた秘密のダンスを。私は本当の秘密を継承し、その古代ヒンズー教のダンスに対する知識は私の貴重な財産なのです」

彼女はさらに不満をぶつけ、アントワーヌが「勝手に自分のダンスにアレンジを加えようとした上、厚かましくも他のダンサーが見ている前でリハーサルさせた。見ていたマリキータ夫人は踊りをじっくり見ることができてしまった」と語った。

判事に感銘を受けた様子はなく、おそらくは――ある新聞の記事にあったように――「裸で踊っているダンサーが簡単に守れる秘密などあるはずがないと考えたのかもしれなかった」。

《訳註》

◆1　リヒャルト・シュトラウス（一八六四年六月十一日～一九四九年九月八日）ドイツ後期ロマン派の作曲家。指揮者としても知られる。彼による『サロメ』は大きな評判を呼んでいた。

◆2　シャルパンティエ（一八六〇年六月二十五日～一九五六年二月十八日）ギュスターブ・シャルパンティエ、フランスのオペラ作曲家。パリの労働者階級の日常を描いた『ルイーズ』で知られる。

◆3　サラ・ベルナール（一八四四年十月二十二日～一九二三年三月二十六日）フランスの女優。「ベル・エポック」の時代を代表する女優であり、最初の国際的なスターとも呼ばれる。

第７章

有名なインドのヒンズー教のダンサーだったマルガレータの人生にとって、重要な時期が訪れる。マタ・ハリが突然姿を消したのだ。所在がまったく不明だった期間があり、彼女の過去の知られざる部分を探った多くの記者や作家にも謎のままなのだ。一年以上、完全に沈黙している。海外に行っていたのか？　病気だったのか？　どこに行っていたのか？

バーナード・ニューマンは自身の著作『マタ・ハリを求めて』の中で、ミステリーと旅行記を書いてきたキャリアの中でも最大のミスを意図せず犯している。最終段落で、ポール・アラールが一九一七年の軍事法廷で取り調べ担当判事だったブーシャルドン大尉に一九三三年に行われたインタビューについて言及している。その最後をこのように結んでいる。

「答えの出ていない質問や驚愕の質問が数多くあった裁判でも、最も驚くべき発言が存在する。アラールがブーシャルドン大尉にインタビューした際、大尉は亡くなったマタ・ハリがオランダ人のマルガレータ・ヘルトロイダ・マクラウド旧姓ツェレではなく、（アンドル県の）ビュザンセ出身のフランス人、ルソー夫人であるか質問しているとわかったのだ！」

確かに、アラールはニューマン同様、ブーシャルドン大尉の発言を一笑に付している。しかし、実際、マタ・ハリが一九一〇年から一九一一年にかけての「失われた」数ヵ月間のほとんどを、正式な名前ではないが、ルソー夫人として過ごしていたのは紛れもない事実だった。

ルソー家は実際フランスのアンドル県のビュザンセ出身だった。マタ・ハリの義理の母と思しきルソー夫人は一九一〇年から一九一一年にかけて、まだ存命中で当時六十五歳だった。

何年もの間、私はスクラップブック中の「モン・シャトー・デ・ラ・ドレ」と呼んでいる邸宅の写真をずっと見られないかと思っていた。私を信頼してオランダに本を持ち帰らせてくれたアンナ・リンチェンスが、まさにその邸宅のポストカードを渡してくれた。

一九六二年に私はマタ・ハリ関連の書類を本格的に調べ始め、アンドル・エ・ロワール県エヴルの村長に手紙を出し、邸宅がまだ存在するか、そして一九一一年頃の所有者は誰だったか教えてくれるよう頼んだ。M・ジェルマン村長はすぐに返事をくれた。「一九一〇年から一九一四年はマタ・ハリー夫人（綴りは Mata Hari でなく Mata Hary）だった」と答えてくれた。そして、邸宅はずっと存在しているともつけ加えてあった。

一九六二年の末にローマからパリへの移動中、私は大邸宅の多いトゥールの南に位置するエヴルに立ち寄ることにした。その邸宅は確かに存在し、魅力的な十八世紀の建物で、五〇〇メートル以上もある立派な並木道の端にあった。

村長は農家を営む気のいい人物で、マタ・ハリに実際会ったことはなかったが、彼女に関する話はいろいろ耳にしていた。そして、邸宅の所有者についても、マタ・ハリがエヴルにいた時期についても間違っていた。彼女がその邸宅の所有者だったことはなく、一九一〇年の中頃から――一九一四年ではなく――

一九一一年の末くらいまでエヴルに滞在していたのだ。

村長の自宅の素朴な造りの居間で話を伺っているうちに、マタ・ハリの知り合いだった人がいないのか気になった。すると村長の奥さんがある女性の名前を挙げてくれた。村長は「確かにそうだ。ポリーヌはマタ・ハリの邸宅で働いていたな」と教えてくれた。

その晩とさらに翌朝にも、ポリーヌ・ベシに会って、長時間、話を聞かせてもらった。彼女は会った当時、ピエボウ家の未亡人だったが、マタ・ハリの家のメイドだった頃はまだ二〇歳で、結婚もしていなかったそうだ。

マタ・ハリに食事を出し、朝食を持って行き、靴を磨き、食後のコーヒーを出すのが彼女の仕事だった。雇われたのは一九一〇年六月頃で、翌年の末頃にマタ・ハリが離れるまで働いていた。そのとき、マタ・ハリは「二週間で戻ってくるわ」と言っていたそうだ。しかし、実際には二度と戻ることはなかった。もしマタ・ハリからパリに来て働いてほしいと言われたとしても、その気はなかったそうだ——私が会った一九六二年にもパリには一度も行っていなかった。

マタ・ハリの写真は美しいものばかりだったが、記録には反対意見もいくつかあった。いちばんはっきり主張したのは先ほどのニューマンだった。「マタ・ハリは美しくなかった」と彼は書いている。「彼女の写真は本当の姿ではない」と。私はポリーヌに意見を求めた。彼女は何ヵ月もの間、化粧しているときもしていないときも含め、毎日会っていたのだから。彼女の意見は否定的な意見を跳ね返す、きっぱりとした肯定的なものだった。「彼女は美しい女性でした！」

その邸宅はニマ・タイユ・トレタンヴィルが所有していた。一九一〇年に、それをルソーという名の、パリの銀行家（実際には株式仲買人だった）に貸して、その直後、ルソー氏はルソー夫人に使わせている。そのルソー夫人は有名なダンサーのマタ・ハリで、本物のルソー夫人はパリにずっと住んでいたことがわかった。

ルソー氏はミュージシャンだった息子が演奏していたソワレ（夜の公演）でマタ・ハリと出会っている。ふたりの関係はマタ・ハリの恋愛遍歴の一ページを飾る出来事だったはずだ。でなければ、いくつものヨーロッパの首都で拍手を受けてきた彼女が、なぜフランスの片田舎に突然引っ込んだのか説明がつかない。もちろん、邸宅の周りの環境も素晴らしかった。彼女は毎日、「馬小屋に飼っていた四頭の素晴らしい馬の中の一頭に」乗馬していた。ポリーヌはその馬小屋が「赤いベルベットの――まるで宝石のような色だった」と教えてくれた。

しかし、日課はそれ以外、ほとんど何もなかった。平日はエヴルに一緒にきていた家政婦のアンナ・リンチェンスをのぞけば、完全にひとりで過ごすしかなかった。三歳年上のルソー氏に会えるのは週末だけだった。金曜の夜、彼はパリから列車に乗ってトゥール駅に着くと、そこからタクシーに乗ってきた。月曜の早朝に邸宅の御者がトゥールまで送り、マタ・ハリは五日間また彼が来るのを待った。そのとき、乗っていたお気に入りの馬がラジャという名前だった。

マタ・ハリの乗馬の腕は多くの作家や記者に否定されてきているが、モリエールのサーカスにいたことから考えても上手だったはずだ。ある日、エヴルで彼女の乗馬の腕を示す出来事があった。邸宅の所有者の親戚の十六歳の少年がパリからマタ・ハリに手紙を持ち帰り、馬に乗ってトゥールからやってきた。そこまでずっと馬に乗ってきたとマタ・ハリに誇らしげに伝えると、彼女は突然、馬の鞍に飛び乗り、邸宅の階段を馬に乗ったまま、上がり下りして、驚く少年に手綱を返すと、こう言ったそうだ。「このくらいのことができて初めて、乗馬をたしなんでいると言うことよ」

ルソー氏とつき合っていた頃のことを聞くと、ポリーヌはこう教えてくれた。「ふたりの関係は素敵でしたよ。口げんかすることもなく、よく一緒に乗馬していました」そして、こんなことまで教えてくれた。「寝室は別々だったけど、お互いのことをずっと気にかけていました」

マタ・ハリの寝室は広くて四・八×六メートルほどの大きさがあった。「部屋の真ん中の高い壇の上に藤色の天蓋つきのベッドがありました。ベッドに上がるには階段を上がらなきゃならなかったんですよ」

贅沢に慣れていたマタ・ハリが浴室も、水道も、電気も――ガスさえも――ついていない邸宅の大きな寝室にずっと住んでいたのだ。ルソー氏は間違いなく愛人の心をしっかりつかんでいた。彼の母親はマタ・ハリについて――後に私が調べたところでは――彼の妻までもがよく知っていた。ビュザンセに住んでいたルソー氏の母はある日、息子の愛人を訪ね、息子のことを諦めるよう説得させようとした。

ポリーヌによると、「実際には説得しませんでした。マタ・ハリに会ってすぐに、すっかり心を許されてしまって、半年くらいしょっちゅうお見えでしたから。お母さまがいらっしゃらなくなった後も、マタ・ハリはそのまま住んでいました――ルソー夫人になったんですよ」。

ルソー氏は邸宅を借りるとき、実際、マタ・ハリを妻だと言っていたそうだ。邸宅の所有者に息子から来た手紙によれば、彼女がどんな人間か説明した際、「正直で真面目で、物静かな伴侶だ」と説明したそうだ。

一九〇八年から個人銀行の長官で、運転資金の一部として自身の所持金から十二万五千フランを出していたルソーは「東インド諸島の元総督でイギリス人のマクラウド伯爵（と思われる）の未亡人マダム・ツェレンと二度目の結婚をした」と宣言している。

マタ・ハリは優しい人だった、とポリーヌは言い、こうつけ加えた。「彼女は私たちにとてもよくしてくれました」――ポリーヌ、コック、庭師、御者、馬丁にまで。そして、当然、屋敷のみんなから「アンナ」と呼ばれていたアンナ・リンチェンスに対しても。しかし、使用人たちとうまくつきあっていた一方で、決してそうでなかった使用人もいたようで、デラコートという使用人は一九一〇年七月三十一日に邸宅の所有者にこんな手紙を送っている。「私たちはルソー氏と愛人との契約が終わったことを嬉しく思っています。そう思うのは私たちだけではありません。邸宅の中はひどい状態でした」

当時十五歳の少年で、現在ニューヨーク在住のギー・ドールビは父親がエドワード・マリオンという名前で知られるマタ・ハリのバレエの作曲もしている人物で、マタ・ハリに頼まれて寂しさを紛らわすため、エヴルの邸宅に一ヵ月滞在したことがあったそうだ。ルソー氏が彼女に大人の関係にある友人を持つことを許したとは思えないが。

エヴルでマタ・ハリは耐えがたいほど寂しかったはずで、ルソー氏を愛する気持ちがあったからこそかろうじて我慢できていたのだろう。アンナさえ彼女と一緒に食事はしていなかった。マタ・ハリは古いオランダ流のしっかりした朝食はとらず、コーヒーしか飲まなくなっていた。理由はよくわからないが、朝のコーヒーに関してはやけに経済性を重んじ、午前九時から十時の間に自分が飲むまで、他の使用人たちには絶対飲ませなかった。

「コーヒーはすべて一度に入れていました」とポリーヌは言った。「それから大きな声でみんなに叫んでいました『今、入りました!』――声が聞こえるはずなのに、絶対返事はしてくれませんでした」マタ・ハリがエヴルに住んでいた間に邸宅で唯一困ったことだそうだ。

彼女が娘について話したことがあったかどうか尋ねてみた。

「一度」とポリーヌは言った。「金の腕時計を買って、アンナに頼んでオランダに送らせましたが、彼女の夫が送り返してきたことがあります」

「ルソー氏は？」

「一九一四年の戦争で亡くなりました」銀行家のルソー氏について、さらに詳しく知ろうとした私は、この最後の情報に振り回され、大変な目にあった。ポリーヌと話した数日後、パリの証券取引所で、大理石のプレートに第一次世界大戦で亡くなったすべての銀行家と為替代理人の名前が書かれているのに気づいたのだ。Rのところの名前を見ると、「ルソー――オーギュスト　国のために死亡」と書かれていた。

半年後にようやく、フランスの相当な数の町長や村長と手紙のやりとりを重ね、マタ・ハリの愛人のファーストネームがオーギュストではなくてシャビエルだと判明し、第一次世界大戦ではなく、一九四六年に自宅のベッドで穏やかに息を引き取ったというのが事実だとわかった。ビュザンセでフェリクスという名で生まれ、ずっとシャビエルと呼ばれてヴィヴィエンヌ通り四一でシャビエル・ルソーという名前で仕事をしていた。一九六三年、彼の妻が夫のマタ・ハリとの関係をはっきり認めてくれた。「女癖の悪い人だったの。とってもハンサムな人でした。マタ・ハリとは最終的にケンカ別れして、やっと私の所に戻ってきたときには破産状態でした」それからエドシックのシャンペンのセールスマンになったけど、「私には一ペニーの遺産も残さなかったわ」と彼女は苦々しげに言った。

まだ、これもマタ・ハリにとって楽しかった時代の話だ。一九一一年にはエヴルからパリに時折戻り、いずれも有名な競馬場で撮られた写真が新聞や雑誌の紙面を何度も飾っていた。一九一一年八月にはヴィッテルでの贅沢な暮らしをやめ、馬術ショーに参加している。六年後、同じ場所にマタ・ハリが生涯三度目で最後のパリの裁判に――スパイ容疑で――登場したとき、何度も、この地名が登場することとなる。

彼女は見栄を張った暮らしをやめ、パリのすぐ外れの、ヌイイ・シュル・セーヌの郊外のウィンザー通り一一にある、こぢんまりとした家に引っ越していた。ルソー氏が引っ越しの手はずを行っていたが、妻が後に語ってくれた通り、家具代を工面する経済的余裕はなく、最終的に彼女が出廷命令書を受け取った――結局ふたりとも未払いのままに終わっている。

その家は新しい住居を建てるために撤去される憂き目にあわず、一八六〇年頃に建てられたままの建物がその後も残っている。ノルマンディ風の建築で、漆喰の壁に梁が交差していて、両開きの扉を開くと小さな中庭に出られる。一階にはかなり広めの二部屋があり、片方の部屋には暖炉がついていて、どちらの部屋も庭に面している。その庭が二階のどの寝室からも見え、数年前までずっと、居住者が「マタ・ハリの使っていた浴槽で、朝の沐浴を楽しんでいた」そうだ。そして、不思議な偶然だが、調べた範囲で最新の居住者の名前はマタレル公爵という名前だった。

大きな庭は、マタ・ハリが借りていた当時、一八×三〇メートルほどの広さで、他の家にも囲まれていなかったため、お客を呼んでダンスを披露するのに十分な広さだった――必要があれば、裸になっても。

世の中のあらゆる贅沢を堪能しつくした後、彼女には再びオランダにいる娘のことが気にかかるようになっていた。金の腕時計は送り返されてしまった――なぜ、もっと別のことをしてあげなかったのだろうか？　娘のノンは十三歳になり、母とは赤ん坊のとき以来一度しか会っていない。パリで成功を収め始めて間もない頃、マタ・ハリはオランダに短期間滞在し、変わった場所――アーネム駅――で待ち合わせをして夫と娘に会う約束をした。マタ・ハリには馬の世話役の使用人がついてきた。夫はボロボロの服を着ていた。会話は短かった。上品な装いの女性が誰なのかわからない幼い娘に彼女は一緒に暮らしたいかどうか尋ねた。「お父さんが良いっていうなら」とよくしつけられた娘は答えた。父は許さず、さしあたって、その問題に結論が出た。

しかし、ときが経ってマタ・ハリの元夫は二番目の妻と別居し、娘はその状況に巻き込まれ、その二番目の母親と一緒に暮らしていた。自身の娘をパリに引き取り、一緒に暮らすわけにはいかなかったのだろうか。思い切った行動をとる衝動に駆られがちなマタ・ハリはアンナをオランダに送り、彼女にお金がかかってでも、娘を連れ帰ってくるように頼んだ。父親の目の前で娘を誘拐したとしても問題ないというのだ。夫はドイツ国境から遠くない、アーネムの近くの小さな町、ヴェルプに住んでいた。アンナはマタ・ハリの娘を車でアントウェルペンまで送って、そこから電車でパリとヌイイに行くことになっていた。

当時五〇歳代前半だったアンナは強引なやり方をする気になれず、どうすればいいか途方に暮れたと、後で打ち明けてくれた。自分の好きに生きた人生の中でも、子どもの誘拐なんて初めてで、それまでの五〇年の人生の中で、警察の世話になるような真似は一度もなかったのだ。

ヴェルプに到着すると、アンナはマタ・ハリの娘の通う学校の近くで自分のつけている腕時計を外し、学校の出口付近にいる人物に渡した。本人が来たら教えてくれるよう頼んだのだ。それからどうするか決めかねていたが、少なくとも、最初の行動だけは決まっていた。使者として、女の子の興味を惹くためにキャンディを買っておいた——もし一緒にきたがらなくても、少なくとも話だけはできるようにと。

彼女に運は味方しなかった。夫が娘を迎えにきたと、頼んでいた人物に言われたのだ。オランダではよくいう表現だが、オランダでは——というよりアンナには——困ったことがよく起こる。

彼女はおそらく最悪といえる行動をとった。マタ・ハリの元夫のところに行き、「夫人」から娘へのプレゼントを預かったと伝えたのだ。怪しんだ夫は最高位の部隊長並みのドスの利いた声で不機嫌に言い放った。「プレゼントをあげるのは、私の役目だ」娘の腕をしっかりつかんで、大股で闊歩していった。真っ赤な顔になって、時速百マイルのスピードでこの地を離れたいと打ちひしがれるアンナがただひとり残された。この不快極まりない苦境の解決策はひとつしかなかった。ヴェルプを出て、急いで帰ることだ。彼女は走った——そして、そのままパリに帰る電車に飛び乗った。

第8章

マタ・ハリの経歴の中でも最も称賛を浴びた時代が訪れる。ガブリエル・アシュトルックはミラノのスカラ座に出演する手はずを整えるのと同時に、バレエ・リュスとの共演の機会を作ろうと努力した。初めてのモンテカルロ公演を行うバレエ・リュスを、アシュトルックとラウル・ギュンズブールの協力の結果、フランスに呼ぶことに成功した。画家で舞台美術担当のレオン・バクスト[◆1]は、素晴らしい装飾でダンサーに活力を与える存在で、セルゲイ・ディアギレフの親友で共同制作者でもあったが、マタ・ハリのミラノ公演衣装を制作する予定だったようだ。しかし、ルソーの財政的な問題が発生して、現金の持ち合わせが急になくなったマタ・ハリは、ヌイイの自宅から断りの手紙をアシュトルックに送っている。「バクストの力は必要ないわ」と。同時に、宣伝能力に長けた彼女は、ミラノに行く前にスカラ座でのヴィーナス姿を写真に収め、「海外の新聞に送っておく」ように進言している。世界最大のオペラハウス出演を勝ち取った彼女は、同じ公演を他の国でも行う心づもりだった。

彼女は、自分がトップクラスのアーティストになったと感じていた。モンテカルロが別格の契約だったとすると、ミラノ座の舞台に立つのは玉座に招かれた気分だった。実際、そこまで「上り詰めた」と言っていいだろう。一九〇五年にキャリアをスタートしたときは何の訓練も受けていないただの素人だった。それからわずか七年半ほどの間に、名声はパリの個人宅のサロンからミュージックホールにまで達し、今やミラノの頂点までたどり着いた。観客をエロティシズムで刺激するからではなく、ダンスの――プロとしての――力で、ついに誰からも認められるダンサーとなったのだ。

一九一一年から一九一二年のシーズンに、マタ・ハリはスカラ座で二つのバレエを踊り、アシュトルックに伝えている通り、当時最高のバレリーナのひとりプレオブラジェンスカに会って、「貴重なアドバイスをもらって」いる。そのシーズンのオープニング公演で、一七七七年にグルックが作曲した、現在でも有名なファンタジー『アルミード』の第五幕「王女と魔法の花」でマイムを披露した。一九一二年一月四日、マレンコの音楽を使ったバレエ、『バッカスとガンブリヌス』ではヴィーナスを演じている。マタ・ハリは自分の姿に大いに満足していた。当然のごとく、スクラップブックにはこの時期の素晴らしい写真が何枚か貼られている。写真についている註釈には、自分を客観的に見ているように、あえて第三者的な描写で、「ミラノのスカラ座でマタ・ハリ、ヴィーナスを演じる」とだけ記している。

彼女がイタリアに行くのは二度目だが、舞台に立つのは初めてで、また新たな自分の過去を作る必要が出てきた。先祖代々、軍人の家系。祖母はオランダ領東インド諸島の摂政の娘で、将校と結婚した人物。母も将校と結婚し、彼女自身も将校と結婚した――最後の話だけには真実が含まれている。ミラノの新聞には、自分がジャワ島出身で、十二歳で孤児になり、親戚の援助のお陰で国際的な教育を受け、イギリス、ドイツ、フランスでそれぞれ一年ずつ教育を受けたと話している。

イタリア最有力の日刊紙、『コリエーレ・デラ・セラ』紙とのインタビューでは、少なくとも「フランスで一年」過ごした成果を見せている。記者によれば、彼女は「きれいな、申し分のないフランス語」を話していたそうだ。ミラノにきた直後の真冬に行われたインタビューで、記者は彼女の「ヴィーナス」が期待通りの舞台になると読者に請け負っている。「毛皮のコートと帽子を身につけていても、ヴィーナス役が彼女以外考えられないのは誰の目にも明らかだ」と書いている。

インド人のダンサーだという彼女の肌の色には疑問符をつけている。「肌は黄色じゃないのか?」と、信じられないとばかりに疑問を呈し、すぐに自ら答えを出している。「少しも黄色くないのは、先祖の血がヨーロッパだからなのだろう」と。

すると、マタ・ハリは含蓄のありげな言葉を口にしている。「インドでよく言われる言葉があります。完璧なダンスを見せられると、不埒な観客の邪な気持ちさえ自然と鎮るものだという」

そんな格言めいた言葉を聞かされた記者は読者にこう疑問をなげかけている。「まあ、インドでは、そうかもしれませんが」

スカラ座での公演初日は、まだ三十三歳でありながらすでに著名のトゥリオ・セラフィンが指揮をした。一九六三年に、八十四歳で依然、イタリアのオペラ指揮者のトップに君臨し続けていた彼に話を聞いた。彼はマタ・ハリのことをよく覚えていた。彼女は「可愛い人だったよ」と私に語ってくれた。「教養もあって、生まれながらの芸術家気質で、上流階級の人間の雰囲気が漂っていた」という。その上、「芸術にストイックだった」ということだが、彼女を一言で説明すれば、「一本気な性格だった」そうだ。

ミラノの新聞は、すっかり不意を突かれ、マタ・ハリの公演をどう評価していいかわからずにいた。自分たちの知るバレエとあまりにかけ離れていたからだ。『コリエーレ・デラ・セラ』紙は彼女のダンスはややスローだが、「動きはしなやかだ」と評価していた。しかし、「独創性と巧みな表現力を活かした、物まねの上手い舞踏家」という記述もあった。一九一二年一月五日付の『ロンバルディア』紙は、その緩やかな動きを「完璧な調和のとれたダンスで、称賛に値する」と評価している。

マタ・ハリはすぐにアシュトルックに成功を伝えた。「どの新聞も私を理想のヴィーナスと評価している」と手紙に書いている。実際の新聞記事と比べると、彼女の言葉にはいささか誇張があったが、その誇張こそ彼女の弱点のひとつであり、長所でもあった。自分がどんなダンスをして、ミラノの観衆やスカラ座のトップにどんな印象を与えられたかアシュトルックに説明している。「カツラをつけずに、自分の黒髪のままヴィーナスを演じています。みんなに驚かれましたが、ヴィーナスは美そのものを象徴する抽象的な存在で、茶色でも赤でもブロンドでも構わないはずだという私の主張が認められたのです」

かなりユーモアの利いた週刊誌、『ウオモ・ディ・ピエトラ』誌は違った見方をしている。「ほかのダンサーが行う数多くのマイムと同じで、スカラ座は、マイムのできるダンサーをまたひとり海外から連れてきたにすぎない」と。同時に、スカラ座はマタ・ハリを太らせて、ベリーダンスを踊らせるつもりではないか、と疑っている。

マタ・ハリはミラノでのチャンスを逃した可能性がある。スカラ座のディレクターに『サロメ』でダンスしたいと切望していれば、その機会が与えられていたかもしれなかった。しかし、それ以上のことができると確信していた彼女は、自分のために作曲された音楽を使って、自身のインドでの生活に基づいたバレエを創りたいという考えが頭から離れなかった。最初はマスネに依頼していたが、このときには『アンドレア・シェニエ』をはじめとする数多くの素晴らしい作品で知られるウンベルト・ジョルダーノに声をかけていた。しかし、ジョルダーノも忙しかった。約束してくれてはいたが、結局——アシュトルックへの手紙に書いたように――カミーユ・サン＝サーンスに紹介すると約束した。[2]

アシュトルックはただじっとしていた訳ではなかった。自分の抱えるアーティストのスカラ座出演を達成し、さらなる成功を求めるべき状況が訪れていた。ディアギレフのバレエ楽団への参加の話を彼女がイタリアに向かう前から始め、継続して交渉していた。マタ・ハリは準備万端で契約の詳細をあらかじめ確認し、ミラノからパリのマネージャーに送っていた。前もって自分の書類にサインを済ませ、あとはアシュトルックがディアギレフのサインをもらえばいいという状態だった。

アシュトルックはベルリンの興行主とも契約を結び、マタ・ハリに新しい状況を知らせるために手紙を送っている。しかし、ベルリンの状況をわかりすぎるくらいわかっていた彼女はそのことに懐疑的だった。アストリュックにはこう返事を書いている。「ベルリンの件ですが、これまでに創作したダンスをぜひ演じたいという気持ちはあるのですが、舞台に不可欠な植物と月光の舞台小道具を用意できないかと心配しています」

そんな訳でしばらく、マタ・ハリはベルリンに戻らなかった。代わりに、すぐにローマに行き、ついに『サロメ』を演じ、個人宅での公演ではあったものの、大きな成功を果たした。

公演はサンファウスティノ王子の自宅で行われた。クアトロ・フォンターネ通り沿いの、その後、絵画館になっている、パラッツォ・バルベリーニの荘厳な建物だった。「時期尚早で、オランダ人による『サロメ』の誕生はまだあり得ない」と一九〇五年に書いていたパリ在住のオランダ人新聞記者の予想に反し、彼女はここでも成功していた。もちろん、彼女の望んでいた形とはいえなかったが。五年前にアシュトルックへの手紙に書いていたときとは異なり、彼女の「このダンスの意味」の解釈に拍手喝采を送る大観衆もいなければ、大会場でもなかった。しかし、公演にはシュトラウスの「力強い音楽」が使われ、オペラ自体はオスカー・ワイルドの戯曲に基づいていた——ワイルドがフランス語で書いた後、イギリスの検閲に差し止められ、サラ・ベルナールが初演をパリで行った舞台だ。

マタ・ハリは個人の邸宅という舞台をうまく活かし、ダンスを極力減らしていた。彼女に熱を上げた王子は後世に残すべく、彼女がローマにいる間に、絵を描かせている。スクラップブックにはカラーで、やや斜に構えたオランダのサロメが、羽織っている半透明のベールに隠れて腰から下はほとんど見えないものの、大きく描かれた胸や腹部が強調され艶めかしく描かれた姿が確認できる。

ルソー氏と別れてパリに戻った彼女は、自分の財政状態がかなり逼迫しているのに気づき、一九一二年二月八日にアシュトルックに助けを求めている。ヌイイの自宅から送った手紙には、突然、財政的な危機が訪れたと伝え、小さな金額に関心のない彼女らしく、自分の家を担保にまとまった金額を欲しがっている。

「どなたかアーティストの援助に関心のあるお方に心当たりはありませんか。投資に興味のある資産家の方は。かなり困った状況で、すぐにでも三万フランが必要です。安心してアートに専念するにはどうしても必要です。こんなことで足止めをくうとは思ってもみませんでした。お金を貸していただけるなら、馬や馬車を含め、自宅のすべてを担保にしても結構です」

手紙で、全額を二、三年のうちに返せると言い続けていた。そして、アシュトルックに迷惑がかからないようにしたいので、契約書には代理人の手数料を払い戻しの金とは別に支払うと明記すると書いている。

アシュトルックがパトロンを見つけたという記録は見つからないが、確かに一九一二年にはかなりの資産を持っていたようだ。ヌイイの邸宅の馬小屋にはシャトー・デ・ラ・ドレーから連れてきたサラブレッドがいたが、それを三万フラン分の担保にするつもりでいた。完璧な服装でブローニュの森の近くまで乗馬している様は、マデゥラ島の摂政が先祖のヨーロッパ人を連想させた。

黒と純白の二頭の馬を日替わりで横乗りする彼女は、シルクハットか山高帽で豊かな髪を覆い、颯爽とした姿でボワの小道に登場していた。そこでは――ある雑誌によれば――「美しい馬に乗った彼女の姿を毎日目撃し、騎士を思わせる優雅さと高貴さとに感銘を受けた人々は、その美しき女性戦士が聖なるダンサー、マタ・ハリに違いないと確信を抱いていた！」とある。

準備を進めていたディアギレフとの話は、マタ・ハリ本人がモンテカルロに訪れる段階まできていた。現地に足を運んだ彼女は、三月にディアギレフだけでなく、フォーキン[3]やニジンスキー[4]にも会っている。結局、話が実現することはなかった。先の見えない状況の中、ディアギレフが契約を結んでくれると信じ、突進するマタ・ハリの素直すぎる性格に驚きを禁じ得ない。彼女のダンスやマイムは自分の才能を活かせる範囲のオペラやバレエなら非常に魅力的だが、ロシアのバレエでは別のことが要求される。要求されないのは『シェヘラザード』や『クレオパトラ』くらいだ。結果、ディアギレフはまず彼女のダンスの力量を見ることにした。彼女にとって、これまで問題にされたことのない要素だった。アーティストとしての地位を確立したものとしては、なぜ自分がダンスの能力を試されるのかわからなかった。その当惑と不満をアシュトルックへの手紙に書いている。ディアギレフは最初に仕事ぶりを見せてからでないと契約はしないと考えている――「モンテカルロまで無償で来い」と言われているようなものだ――と。

マタ・ハリはディアギレフが待ち合わせの約束に現れず、ホテルにメモを送ってきただけで、リハーサルが長引いて「女神のダンスに取りかかれなくて申し訳ない」と知らされたと書いている。

ここで、レオン・バクストが実に奇妙な形で再登場する。女神の役にはマタ・ハリのヌードか、少なくともセミヌードが必要だったようで、バクストは自分が衣装を着せる――あるいは脱がせる人間の身体を見ておきたかったのだろう。四月二日付の手紙で、彼女はアシュトルックに詳しく知らせている。「私の部屋でバクストを前に、一糸まとわぬ姿をご覧に入れました。ですから、もう十分なはずです。関係者が自由に出入りするボーソレイユの舞台でもう一度しなくて済みました」

バクストにヌードまで見せたということはバレエ・リュスとの共演が実現寸前まで行っていたということだった。パリに帰った女神はすっかり打ちひしがれていた。当時の西ヨーロッパで最大のセンセーショナルを巻き起こしているバレエ団との共演を果たすつもりでいた彼女は、いつもながら饒舌に、大きく吹聴した結果、自分の口が招いた事態の後始末に追われる羽目になった。四月三〇日には、アシュトルックに次のような手紙を出している。「正直なところ、バレエ・リュスの話ではとっても居心地の悪い思いをしています。もう少し黙っていればよかった」

それでも人生は続く。彼女は旅行前にしていたことを再開した。イースターには共和国大統領賞オートゥイユ競馬場のレースに姿を見せた。五月にはスクラップブックに馬に乗った自分の写真を貼り、「一九一二年五月三日のブローニュの森の朝、カカトゥズに乗って」と記している。カカトゥズ（「ウパスの子ども」と別の写真の下に書いてある）と可愛いラジャは依然として、彼女のお気に入りの馬だった。六月にはもう一枚、ボワで乗馬している写真も加えられ、その直後には、オートゥイユでのパリ大障害にも姿を見せている。

しかし、こうした姿を見せていたのは、贅沢で十分お金がある生活ぶりを印象づけるためだった。完全に破産するまで貴族のように振る舞い続けた父親同様、大成功しているアーティストらしい笑顔と振る舞いを見せ続けていたのだ。しかし、その裏では、バレエ・リュスとの契約の可能性も消え、アシュトルックに借金の相談をして、仕事をとるよう頼み続けていた。今度はウィーンに興味を持っていたが、成功の兆しは見えず、新天地を求めて、五月十六日にアシュトルックに手紙を出している。「ウィーンが駄目なら、ロンドンやアメリカで仕事がないかしら。でも、面白いと思うの、私が一番大きな拍手を受けた場所だから」

しかし、他にも大きな仕事をたくさん抱えているアシュトルックに一アーティストに大きく時間を割く余裕はなく、不満を抱えたマタ・ハリは、自分が彼のところに行くたびに（少なくとも彼女の解釈では）忙しいから帰れと言わんばかりに、すぐに椅子を立ち上がるという不満を手紙に書いている。状況はさらに悪化し、六月二十一日には、彼が彼女のマネージャーだった何年も前に結んだ契約の解除を申し出ている。

アシュトルックは自分の非を認め、すぐに彼女を説得した。そこから、多くの契約をもたらされることはなかったが。

スカラ座での公演がまだ彼女の頭からは離れていなかった。ウィーンでは成功せず、ロンドンもアメリカでもバレエの仕事がなかったとしても、ベルリンなら？　ドイツ首都のどこかの劇場というだけでなく、特にベルリン・ドイツ・オペラだって、きっとうまくいく！

一九一七年、フランス軍事裁判所では、一九〇六年からマタ・ハリにはベルリンに大きな力を持つ友人たちがいたと主張されている。しかし、一九一二年までに彼女はドイツとの契約をすべて失い、オペラ出演の機会を得ようとベルリンにいる古い友人に自分を売り込んでいるのが現状だった。ヴィルヘルム二世の裁判の際、フランス大使だったジュール・カンボンに手紙を書いている。

一九〇六年にマドリッドで会ってから、すでに六年が経過し、彼は自分の言葉が文書の形で残るのを嫌った。そのため、一九一二年七月二十六日にベルリンの大使館の便箋に書かれた返事は、非常によそよそしい言葉遣いになっていた。

「マドリッドでお目にかかったことを覚えています。クリュネ氏からの紹介の手紙を通じて、訪ねて来られたと記憶しています。ベルリン・ドイツ・オペラでダンスをしたいとのことですね。オペラはコート・シアターであって、完全に王室の管轄になっています」タイミングの悪いことに、真夏には王家が避暑に出ているため、ベルリンにいなかった。しかし、お望みであれば、オペラの責任者に伝えて、何かできないかお願いしておきますとカンボンは記している。

少しでも可能性があれば迷わず行動に出る彼女はアシュトルックにカンボンからの手紙を送り、「ベルリンの（カウント・ジョージ・フォン・ヒュルゼンがプロイセン・コート・シアターの責任者だった）ヒズ・エクスレンシー・フォン・ヒュルゼンに手紙を出して、カンボンの手紙について伝えてください。私は新しい都市に移るつもりです。成功を心からお祈りください」。

彼女はヌイイの自宅でそれまで通りの生活を続けることになった。ベルリンで契約を結ぶ努力は結局、実を結ばなかった。十月九日、彼女は何人かの友人に声をかけ、豪華なガーデン・パーティーを開き、明るい演出を加えた『マジック・フラワー・ダンス』を披露している。長い三つ編み姿で——「南インドのドラビダ人の中でも最も美しい女性たちのよく知られた髪型」——そして、彼女自身が書いたように——「イナヤット・カーンの指示のもと、私のオーケストラの演奏も加えられた」ものだった。スクラップブックには、魅力的で優雅に、二枚の長いチュールのベールを羽織ったまま、つま先旋回する彼女の写真が十枚ほどあった。彼女の有名な――この頃には、少々肉がついて膨らんでいたが――お腹の中心部はベールで覆っている。その夜のパーティーは大成功で、一年後の一九一三年九月になってから、ロンドンの『タトラー』誌が二ページにわたって、その際の写真を載せ、次のような見出しをつけている。「マクラウド夫人、友人たちの見る中、月明かりの下でダンスを披露」そして、読者にダンスの様子を伝えるため、写真の下には短い説明文がついていた。「まるで夢のようで……蜘蛛の糸のように繊細で、そよ風のように爽やかだった」

十二月――正確には十四日――に、『ル・マタン』紙で音楽批評を書いているポール・オリヴィエに、パリのアナール大学から日本、インド、ジャワの寺院の祝祭というテーマの講義の依頼があった。マタ・ハリは彼の言葉をチェックするのに一番適任のアーティストと考えられた。ハイデラバードのマハラジャの音楽監督という触れ込みのイナヤット・カーンが指揮するオーケストラとともに彼女は講義に参加している。[◇1] マタ・ハリは――彼女の演目の中では古くからの定番――『プリンセス・アンド・ザ・マジック・フラワー』をダンスしただけでなく、月明かりの下で踊る『チャンドラ』という新しいダンスも見せている。

講義中に、ポール・オリヴィエは彼女がパリに来た最初のインドの舞姫ではないと紹介した。一七六八年に美しいバーバイオルンという女性が彼女の先達としてやってきている。マリー・アントワネットの親しい友人になり、パリの貴族とも結婚をするところだった――実際結婚していたら、彼女もギロチンにかけられ、思いがけないときに死を迎えていたはずだ。代わりにベールの種類を変えて、カルメル会の修道女になった。

修道女の話に何の感銘を受けなかったであろうマタ・ハリが紹介された。オリヴィエは、出席者のみなさんから、まもなく称賛の拍手を浴びることになる、こちらの女性が非常に高貴な家柄の出身で、名前は芸名だということもみなさんよくご存じのことと思います、と話し出した。ガンジス川の岸近くで生まれ、最初は遠い南の島、その後、動物と花に囲まれながらバラモン教の教えを守り、ひとりでヌイイの小さな別荘で暮らす日々を送ってこられました、と紹介は続いた。

実に見事な語り口で、オリヴィエは『マジック・フラワー』を、インドで最も人気のある詩的な話のひとつであると説明した。「若い巫女が花の咲き誇る庭を歩く。『私は生命あふれる庭を歩いている』と彼女が歌う。突然、彼女は美しい花に、愛を表す花の存在に気づく。その花を摘むことは許されるのか。両手を覆うベールの動きがその感情の揺れを表現する。ついに、彼女のためらいの心が消えていく。ついに王女は花を摘む……そして、ベールが落ちる」

その晩、おかしな出来事があった。アナール大学の学長、ブリッソン夫人はベールが落ちて露出の多い場面があると公演直前になって知って、出席しているお堅いご婦人方がショックを受けないか心配になった。マタ・ハリはすでに舞台裏で出番を待っていた。カーンは登場の音楽をスタートさせていた。大慌てで舞台裏を探し回った学長はマタ・ハリが舞台に出る前に何とか間に合い、手にしている布を身に着けさせた——長い赤のフランネルの布を、おむつをつける要領で、急いで取りつけたのだ。その布はブリッソン夫人の父で『ル・タン』紙の著名な文学と演劇の評論家、フランシスク・サルセーのものと言われている。それまで、おそらくは夢うつつの状態で客席にいたサルセーは寒さ対策にいつも羽織っているフランネルを見て、さぞかし満足だっただろう——彼は常々、女性の魅力を見せすぎることに反対していたというのだから。

講義後に時間のなかったオリヴィエは、翌日マタ・ハリに絶賛の手紙を送っている。彼女は「優れたユニークなアートをテーマにした短すぎるフェスティバルにおいて、忘れがたい魅力を与え、中心的存在だったあなたは、舞台の上から、観るものすべてに忘れがたい強烈な印象を与えてくれました」。手紙の締めくくりはフランス人ならではの思いやりに溢れた、素敵な言葉だった。「マダム、あなたの足元にひれ伏すしかありません。心から敬意を表します。私が献身的に続けてきたことを信頼してくださったことに、感謝するばかりです」

《原註》

◇１　イナヤット・カーンとマタ・ハリの結びつきは非常に興味深く、自身の娘ヌールのためにイナヤット・カーンは第二次世界大戦中にイギリスの諜報員になっている。ＷＡＡＦ（婦人補助空軍）の将校になったヌールは後にフランスの秘密無線の通信士となり、一九四四年にダッハウ強制収容所でドイツ軍兵士に銃殺されている。さらに興味深いことにヌールの親友だったイギリス人作家（であり、ヌールの伝記の著者である）ジーン・オーヴァートン・フラーはイナヤット・カーンのオーケストラでマタ・ハリがダンスする写真を見た後、マタ・ハリとヌールが見間違うほど似ていると言っている。

《訳註》

◆１　レオン・バクスト（一八六六年二月八日〜一九二四年十二月二十八日）ロシアの画家、舞台美術家、デザイナー。ディアギレフ主催のバレエ・リュスで舞台美術を担当。

◆２　カミーユ・サン＝サーンス（一八三五年十月九日〜一九二一年十二月十六日）フランスの作曲家、演奏家。詩、絵画、天文学など他分野で才能を発揮した。

◆３　フォーキン（一八八〇年四月二十三日〜一九四二年八月二十二日）ミハイル・フォーキン、ロシアのバレエダンサー、振付師。バレエ・リュスには結成時から参加。バレエ・リュス初期の傑作の振り付けを行った。

◆４　ニジンスキー（一八九〇年三月十二日〜一九五〇年四月八日）ヴァーツラフ・ニジンスキー、ロシアのバレエダンサー、振付師。ディアギレフとは同性愛の関係だった。ディアギレフと別れた後は悲劇的な人生を送っている。

第9章

アナール大学での公演から一週間もしないうちに、マタ・ハリは――報酬の多少にかかわらず――もっと踊ることが必要だと感じていた。二月二〇日には再びアシュトルックに手紙を出し、私的な集まりでダンスを披露してもいいと書いている。アシュトルックはあなたが普段手にしている高い報酬では無理だと返事を送った。彼女は「お金なんて二の次なの。千フランが高すぎるなら、六百フランでも構わないわ」と書いていた。

彼女が望んでいたような夜会に登場する機会はさほどなく、アシュトルックはまだ試していない分野への進出を考えていた。ミュージカル・コメディだ。ルネッサンス劇場はジャック・リシュパンの『ル・ミナレ』の上演が非常に好評で、後の有名な映画俳優アリ・ボールがムスタファの役を演じていた。公演五〇回を前に、プロデューサーのコラ・ラパルスリー夫人は観客に何か特別なもてなしをしたいと考え、第三幕の結婚式の場面を盛り上げるためにマタ・ハリの出演を要請し、了承したアシュトルックにお礼を述べている。

彼女の「圧倒的な優雅さと美しさと調和のとれた動き」に対し、拍手喝采が贈られた。日刊紙『エヴェヌマン』紙で芸術批評担当だったレオ・マレティスは彼女に絶賛の手紙を送っている。「ブラヴォー、ブラヴォー、最高だ！　目の当たりにしたあなたのダンスには、他に言葉がない！」

この成功でラパルスリー夫人は一九一三年四月十八日から五月十八日の一ヵ月間、マタ・ハリの起用を決めている[◇1]。

同年六月、マタ・ハリは大衆の前に出るのに飽きたと発言している。コメディ・デ・シャンゼリゼ（アシュトルックはシャンゼリゼ劇場のディレクターで、後に有名な映画監督になるレオン・ポワリエが同じ建物のコメディ・デ・シャンゼリゼという演劇用の小劇場を運営していた）の楽屋で行われた『シアター・モニター』誌のウジェニ・ド・オービニーとの会話の中で、ヒューズ・レ・ルーに頼まれた講義に、その日出演するのは話し手をがっかりさせたくないからだけだと説明した。

「一般の観客には理解できないものですから。動きを見ているだけで、意味はわかってない。私たちのダンスには三千年という時間を通じて創られたものを学ぶことが必要なのです。本当は月光と椰子の木が必要なのに――舞台にはどちらもないんですもの」

さらに彼女は空想の羽を広げ、椰子の木の下に暮らす同郷の人々を例に挙げ、性に関する習慣や欲望にまつわる、面白おかしい情報を聞かせている。「我々の国にも、男性の喜びに奉仕する女性ダンサーがいるわ。でも、本物のダンサー、聖なる女性たちは敬意を払われて、体に触れられることさえありません。ヒンドゥー教徒は踊っている女性を見て性的な感情を抱いたとしても、自分の伴侶のことしか考えないようにするのです」

ド・オービニーは、コメディ・デ・シャンゼリゼの舞台に月光も椰子の木もないと聞かされた後、公演をわざわざ観る価値があるか悩んだが、好奇心に負けて確認することにした。彼が失望することはなかった。以前も見た『マジック・フラワー』が上演された。彼女が「インドに初めて訪れたスペイン人が見たダンスのひとつ」と紹介した作品だ。彼は「すっかり魅了され」て「象徴的かつ理想的な詩を膨らませた舞台だ」と心を奪われている。マタ・ハリのダンスは「表現力にあふれた動き」だったという。

その後、突然、舞台装置に大きな変化があった。一般の人々の前でダンスをしないと決めたために、劇的な変化が訪れたのだ。「夏のシーズンに向けた」六月二十八日のフォリー・ベルジェールでの新しいレヴュー・ショーに登場したのは誰あろう。もちろん、マタ・ハリだった。

そのショーは「レヴュー・アン・シュミーズ」というタイトルだったが、マタ・ハリ自身のシュミーズは今回、かなり長くなっていた。東洋のダンスもなくなっていた。インドとジャワの寺院は忘れられていた。スペイン風のダンスで、初日の夜公演の観客は——非常にシックで、ブラジル大使をはじめ、観客席には王子、伯爵、一流俳優、女優、パリの識者といった面々の姿があった——ゴヤ[◆1]の絵を使った背景を前にハバネラを踊るのを目にした。しかし、その動きは相変わらずスローで、ファンには寺院のダンスを連想させた。身体はしっかりとコルセットで締められ、たっぷりしたスペイン風のスカートが脚を覆い隠していたが、幸運にも、批評家のひとりはこう書いてくれている。「蔓のようにしなやかな腕が私たちの前で動き続け、大きな瞳と整った唇が目に映った」再び、満員の観客たちは目の前の演技に魅了され、マタ・ハリはアンコールを求められた。

「これぞアートだ」と評価が載った。「美しく純粋なアート。大文字のＡを使ってＡｒｔと書きたいアートだった。見るべきは、『動くゴヤの絵画』といった荘厳なシーンで、それだけで、フォリー・ベルジェールに行く価値があった」インドからスペインに変わったことは大した変化に見えなかったが、マタ・ハリのしていることに間違いはなかった。

しかし、次の一歩はもっと驚くべきものだった。彼女は九月十五日の公演後、二週間にわたって、シシリアのパレルモのトリアノン・パレスで公演を行ったのだ。イタリアとヨーロッパ南端の町は、地理的にもアーティストとしての環境においても、ミラノのスカラ座と真逆の場所だった。トリアノンは映画上映もできる、歌の聞けるカフェで、当時流行していた施設だった。彼女は一日に二回公演を行ったが、一公演で十曲のダンスがあった後、犬が芸をする「プロジェクション映像」がずっと映された。

なぜ彼女は遠く離れたイタリアの町まで行ったのか？　考えられる理由はふたつだ。ひとつは本当にお金がなくなったから、もうひとつは、裕福な知人がアシュトルック経由で仕事の手はずを整えてくれたから。パレルモは、第一次世界大戦前までは、造船業を営む、イタリアでも最も裕福な人物のひとりのフローリオの妻が社交界を牛耳っていた。歴史あるシシリアの貴族、ランツァ・ディ・トラビア家出身の美貌のプリンセスだった彼女は、海外社交界のセレブが有名なフローリオ家のパーティーに出ようとわざわざシシリアにくるほどの求心力があった。夫のイグナシオ・フローリオはトリアノンのオーナーでもあった——内容はどうあれ、マタ・ハリはそこで観客全員が満足する公演を行っていた。

シシリアの太陽の下での業務を終えて、マタ・ハリはパリに帰った。三曲のジャワのダンスの準備に取りかかり、ガリエラ美術館で一九一四年一月か二月に一般の観客を前に披露したいと考えていた。ファッション雑誌『ヴォーグ』に彼女のインタビューが掲載され、見出しには「一般の西洋人に聖なるダンスを紹介したマクラウド夫人、マタ・ハリが今気になっていることとは」とあった。

マデゥラ島の摂政だったという祖父の自宅で過ごした幼少期の話について、真実を知らない記者がまたしても彼女の物語を書かされている。感化された『ヴォーグ』誌記者はこう記している。「最も神聖な寺院に入ることが許され、秘密の儀式を目の当たりにすることができました。地元で生まれた子どもと同じように、いろんな寺院に足を踏み入れ、多くの神や驚くような儀式に土地の人間のように馴染んでいったのです。少しずつ、将来のキャリアなど当時はまったく考えず、純粋に美しいものを愛する心と、アーティストとしての自我が芽生えていき、自らを高めるうちに、仏教の深い影響力と奥義を習得したいと考えるようになっていきました」

その後、彼女は「十七歳の若さでマクラウド公爵と結婚し、生まれ故郷を離れてスコットランドに行った」と書かれている。しかし、今度は事実のままだが、結婚生活はうまくいかず――スコットランドというのはまったくの創作だが――「自分の力で生きることを迫られ、無意識に行ってきた努力が実を結んだのだ」。マタ・ハリはスペインでの体験を語っている。スペインでは「女神と崇められていた」という。ウオルター・ローリー風の見事な話を作り上げている。「彼女が道にいるだけで、通りかかった紳士が、必ず足元の水たまりにコートを敷いてくれる。『だから、マドリッドで足を汚したことがなかった』とマタ・ハリは語った」

しかし、記事が載った一九一四年の初めは記録的な暑さが襲っていた。マタ・ハリは結局、活躍の場を変え、戦争の足音が大きく聞こえる都市から、同じ状況にある別の都市に住まいを変えた――パリからベルリンへ、二月末にはベルリンに居を構えている。

彼女は新たな構想を抱き、エジプトのバレエに臨もうとしていた。きっかけがつかめなかった彼女は、最初にパリにいる支持者のギメに手紙で相談し、三月九日に返事をもらっている。

「愛しいマダムへ」九年前にマタ・ハリを公式デビューさせた、当時七十四歳の美術館館長はこう書いている。「エジプトのバレエというのは素晴らしいアイディアだと思います。本物のエジプトのバレエでないといけませんが。パリにいらっしゃった折には、できる限りの情報をお教えします。ベルリンにいらっしゃるとのことですね。どうかベルリン・エジプト博物館のエルマン教授をお訪ねください」

新しいバレエにすっかり入れ込んでいたマタ・ハリは、すぐに教授の住所を調べ、それがギメの手紙に鉛筆で書きこまれている。その後、手紙はスクラップブックに残され、「エルマン教授殿、ダーレム・ペーター・レネストラッセ七二」と書かれているのが確認できる。

マタ・ハリがベルリンの博物館の館長に実際に会ったどうかはわかっていないが、彼女がエジプトのバレエを踊らなかったのは確かで、自身が書いた次のバレエの脚本はほとんどいつもと変わらない、『シメール・ウ・ヴィジョン・プロファーン』というタイトルだった。女性の幻影にとりつかれたヒンドゥー教の僧侶の不安を描いたバレエだ。世界的な事件が公演の実現を妨げた――世界的な事件がマタ・ハリの人生にもうひとつの突然の変化、最後の最も悲劇的な変化をもたらすことになる。

しかし、一九一四年の春の時点では、まだ生活は順調に見えた、少なくとも表面上は。マタ・ハリはついにベルリンでダンスをすることになった。何年も前から言っていたように、ダンスをするのはもはやお金のためではなかった。その上、昔の友人、キーパートにも再会している。彼にはシャトー・エティオルを買ってもらうことになっていたが、結局、実現には至っていなかった。

ベルリンの新聞によれば、ふたりは「町で最も洗練されたレストランのひとつで、生き生きと親密に話しているところ」を目撃されている。記者はマタ・ハリが「K氏と別れる際の手切れ金として受け取った数十万マルクを使いきったのか、それとも再び愛情を抱いたのか」と疑問を投げかけている。

ベルリンの新聞記者に「K氏」とされている友人が誰だったかについては、諸説存在している。中には皇太子（ドイツ語でクロンプリンツ〔Kronprinz〕なので「K」になる）だったのではないかという説まで出ている。皇太子はポツダムのツェツィーリエンホーフ宮殿に暮らし、彼女と恋愛関係があったという噂もあったが、真偽のほどは定かではない。

一九一四年五月二十三日、マタ・ハリは九月一日から始まるベーレンストラッセのメトロポール劇場での公演の出演契約をディレクターのシュルツと結んでいる。すぐにそのことをスクラップブックに記録し、普段通り、フランス語でメモを残している。アレマン（ドイツの別称）、ベルリン、メトロポール劇場、ディレクター、シュルツ。彼女の出演する舞台は『ダー・ミリオネンディブ』というタイトルだった。

マタ・ハリはカンバーランド・ホテルに宿泊し、ベルリンでどうやって知名度を上げるか画策していた。ある雑誌に載った記事が興味深い。これまでのように、過去の話が好き放題に変えられている。

「マタ・ハリはもうベルリンに住んでいるんですか？」

「もちろん――今注目の存在の――彼女はメトロポール劇場に初めて出演します」

「彼女の本名は？」

「マクラウド夫人です。夫はスコットランドの氏族の末裔だそうです」

「まだ、籍は入っているんですか？」

「それはなさそうです。ジャワではとんでもない話がいろいろあったようです。本当のところは誰も知りませんが。夫が彼女の友人を銃で撃ち、その結果別れることになったとだけ聞いています」

「決闘をしたんですか？」

「いや、違うんです。平然と彼女の目の前で撃ったそうです。彼女自身も肩を撃たれたとか。でも、後遺症はなくて、今でもダンスできています」

確かに踊るのに問題はなかった。しかし、ベルリンでそれ以上踊ることはなかった。メトロポール劇場の公演が始まる数週間前に、戦争が始まってしまったからだ。

《原註》

◇1　一九二一年十二月三日、Charles-Henri Hirschの舞台『ラ・ダンシーズ・ルージュ』は同じくルネッサンス劇場で上演されている。一九二〇年に出版された自著*La Chèvre aux Pieds d'Or*を原作とする舞台は、スパイに強く共感を寄せた物語で、登場人物の名前は変えているものの明らかにマタ・ハリをモデルにしている。

《訳註》

◆1　ゴヤ（一七四六年三月三〇日〜一八二八年四月十六日）フランシスコ・ホセ・デ・ゴヤ・イ・ルシエンテス。スペインの画家。スペインを代表する宮廷画家。『裸のマハ』、『着衣のマハ』などで知られる。

少女時代のマルガレータの肖像写真。

1897年5月1日にS・S・プリンセス・アマリア号に乗船し、東インド諸島に向かうマルガレータ（座っている一番左側の人物）と彼女の夫（立っている左から2番目の人物）。

（左）ジョン・マクラウドとマタ・ハリの娘ノン。（右）東インド諸島に向かう前夜のマルガレータと夫。

マタ・ハリの父、アダム・ツェレの肖像画。国王ヴィレム３世訪問に際してレーワルデンの儀仗騎兵隊の騎手となった際の姿。

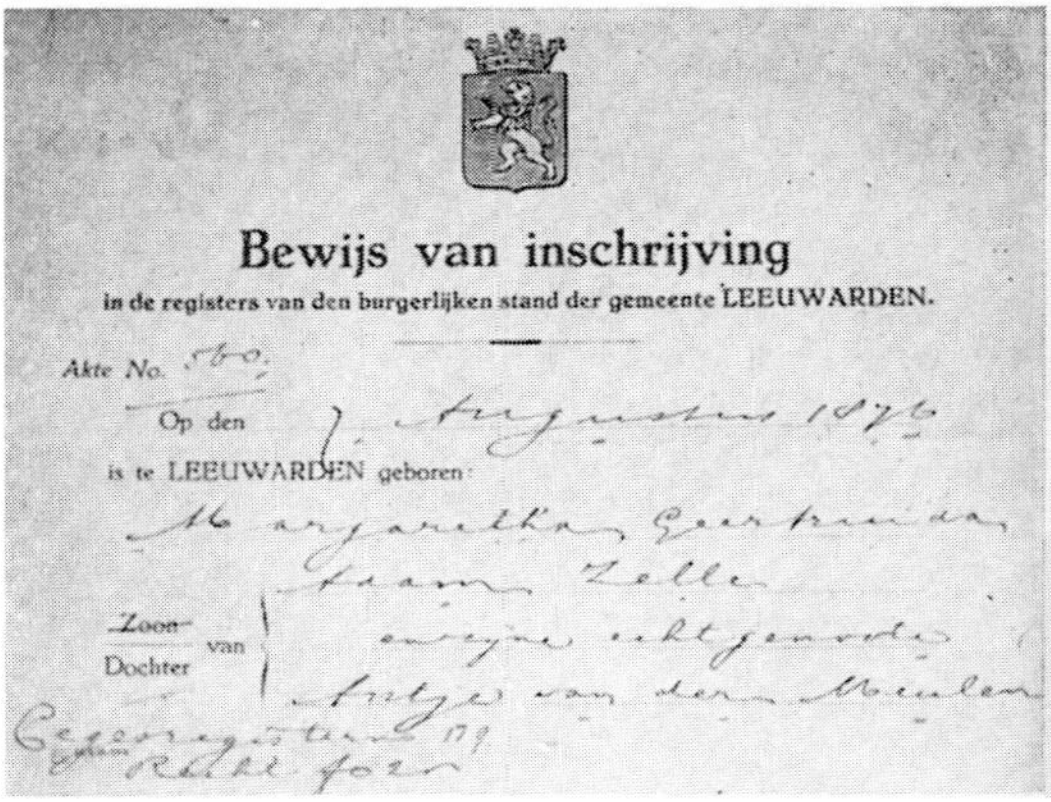

（左）マルガレータの友人、イベルチェ所有の詩集に書かれた1889年２月16日にマルガレータが書いた詩。（右）出生証明書。次のように書かれている。「1876年８月７日レーワルデンで出生、マルガレータ・ヘルトロイダ、アダム・ツェレとその妻アンチェ・ファン・デル・ミューレンの娘」

チョコレート王、ムニエの自宅でのマタ・ハリのダンス。

1905年パリでのマタ・ハリのダンス。

1905年２月、パリ。

（左下）1905年３月13日ギメ美術館でのマタ・ハリ。

（右下）1905年パリ。

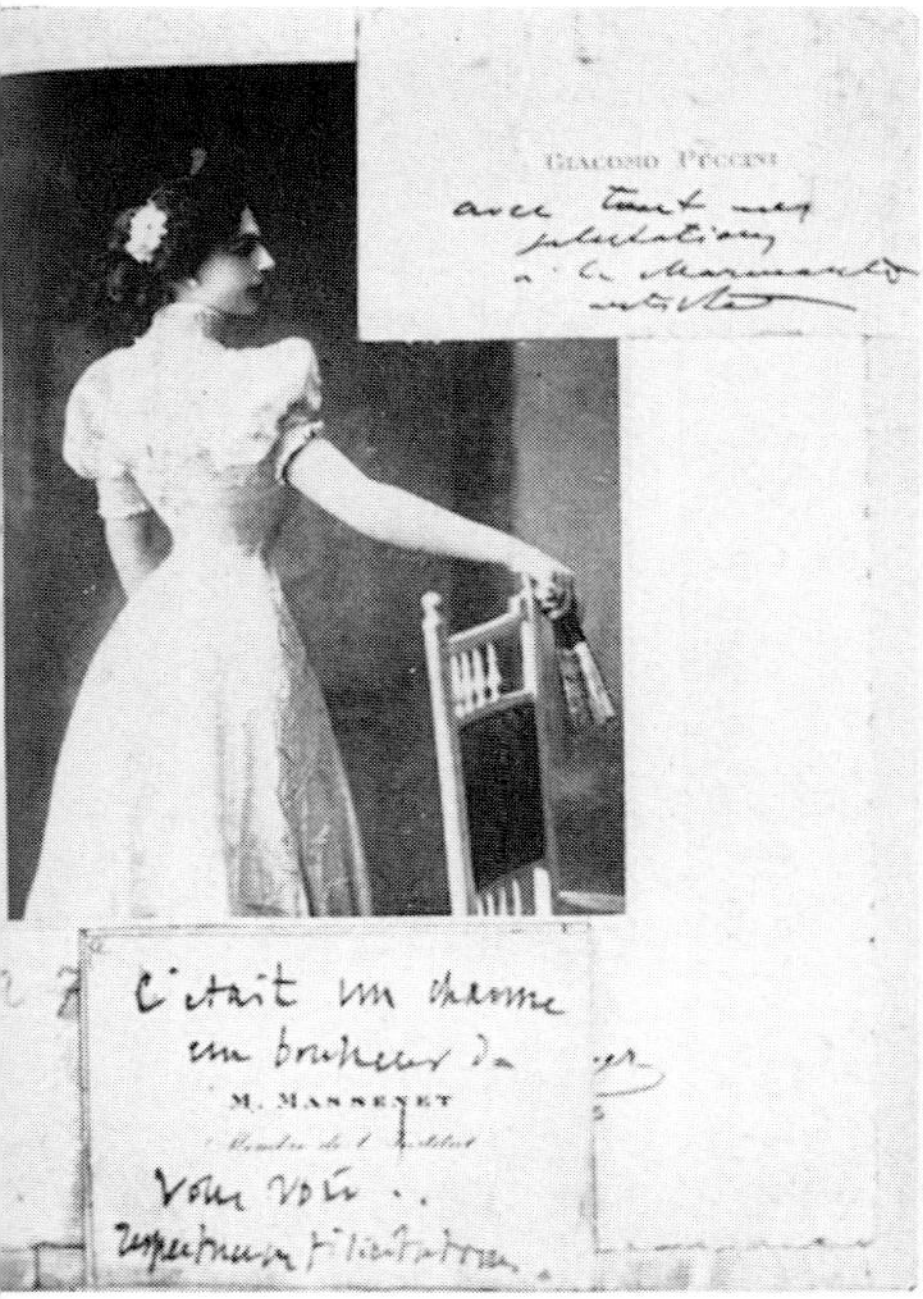

（左上）マタ・ハリのスクラップブックの１ページ。マスネとプッチーニから送られた名刺が貼られている。プッチーニは「チャーミングなアーティストに心からの敬意をこめて」、マスネは「チャーミングな君へ。お会いできて、本当にうれしい」と記している。

（右上）1906 年 12 月 ~1907 年 1 月ウィーン。

（左下）1908 年パリ。

1905年パリのマタ・ハリ

「ダンスは詩であり、ひとつひとつの動きは単語だ」マタ・ハリのスクラップブックの１節。

1910~1911 年にマタ・ハリが住んでいたエヴル・シュル・アンドルのシャトー・ド・ラ・ドレ。

1911 年、ヌイイ・シュル・セーヌのマタ・ハリの家の庭。

1908年10月4日、秋大賞が開催されたロンシャン競馬場。

1912年5月3日、お気に入りの馬、キャキャトズ（オウムの意）に乗ってブローニュの森に姿を見せたマタ・ハリ。

1912年10月9日、ヌイイ・シュル・セーヌの自宅の庭でイナヤット・カーンの指示でオーケストラの演奏でダンスを行うマタ・ハリ。

1912年1月、ミラノのスカラ座。

1913年、パリの『ハバネラ』のコスチューム。

1909年、パリの画家ポール・フランツ・ナミュールによるマタ・ハリの肖像画。

1911~1912年シーズンのスカラ座。彼女のスクラップブックに載っていたもの。

スカラ座のオープニングを取りあげたイタリア週刊誌『イルストラツィオーネ・イタリアーナ』の記事。本人と指揮者のトゥリオ・セラフィンの場所を鉛筆で記したマタ・ハリ自身の書き込み。

（上段）1913年9月24日、『ヴォーグ』誌の記事。ヌイイでのダンスの4つのポーズを写す。写真は1912年に撮影。

（左）1913年9月、イタリアのパレルモに登場する際の広告。

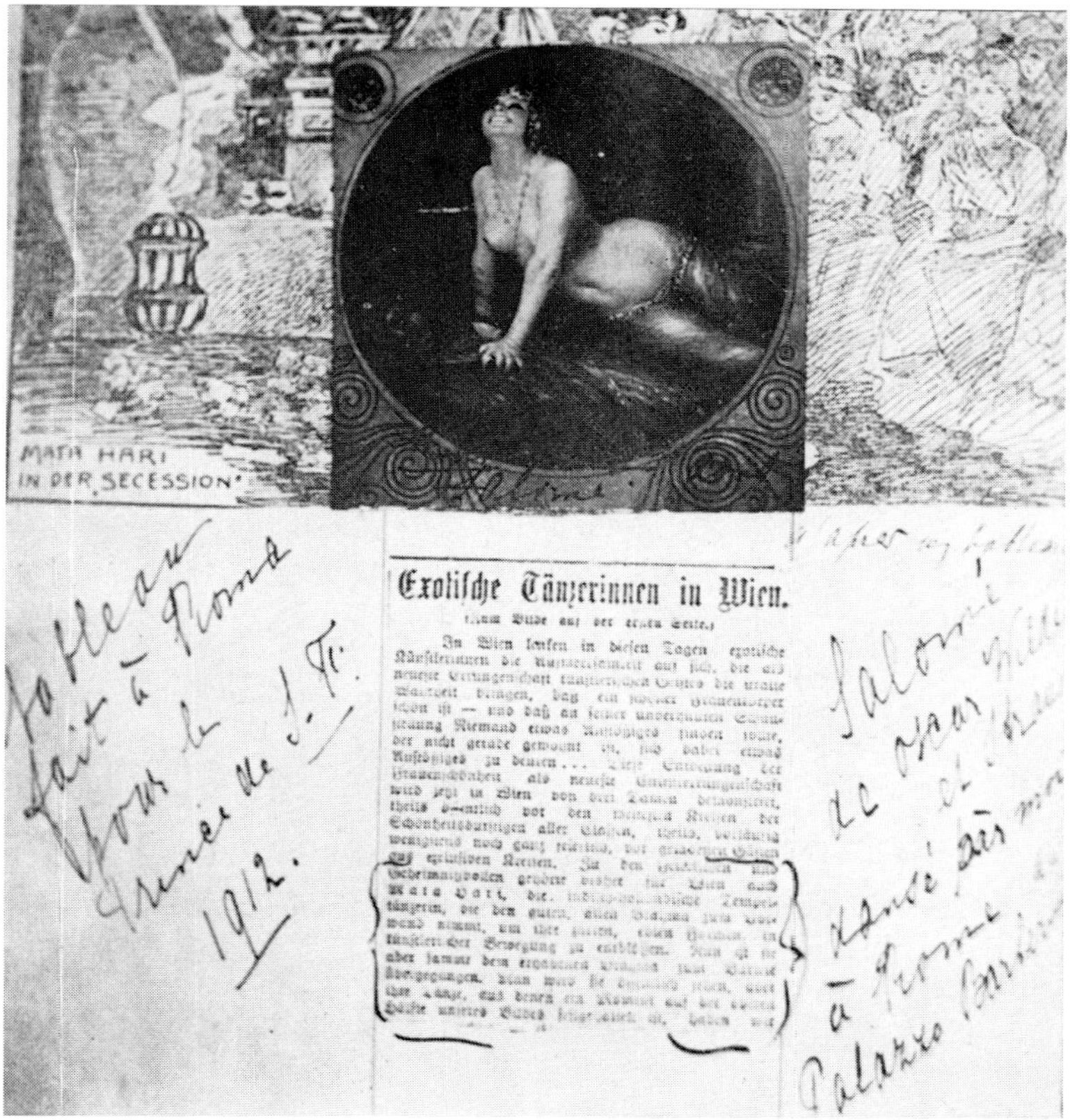

(上段) スクラップブックより。『サロメ』を演じるマタ・ハリ。彼女のウィーンでの公演の批評とともに。

(右) 1913年12月21日『ヌーヴェル・モード』誌の表紙を飾ったマタ・ハリ。

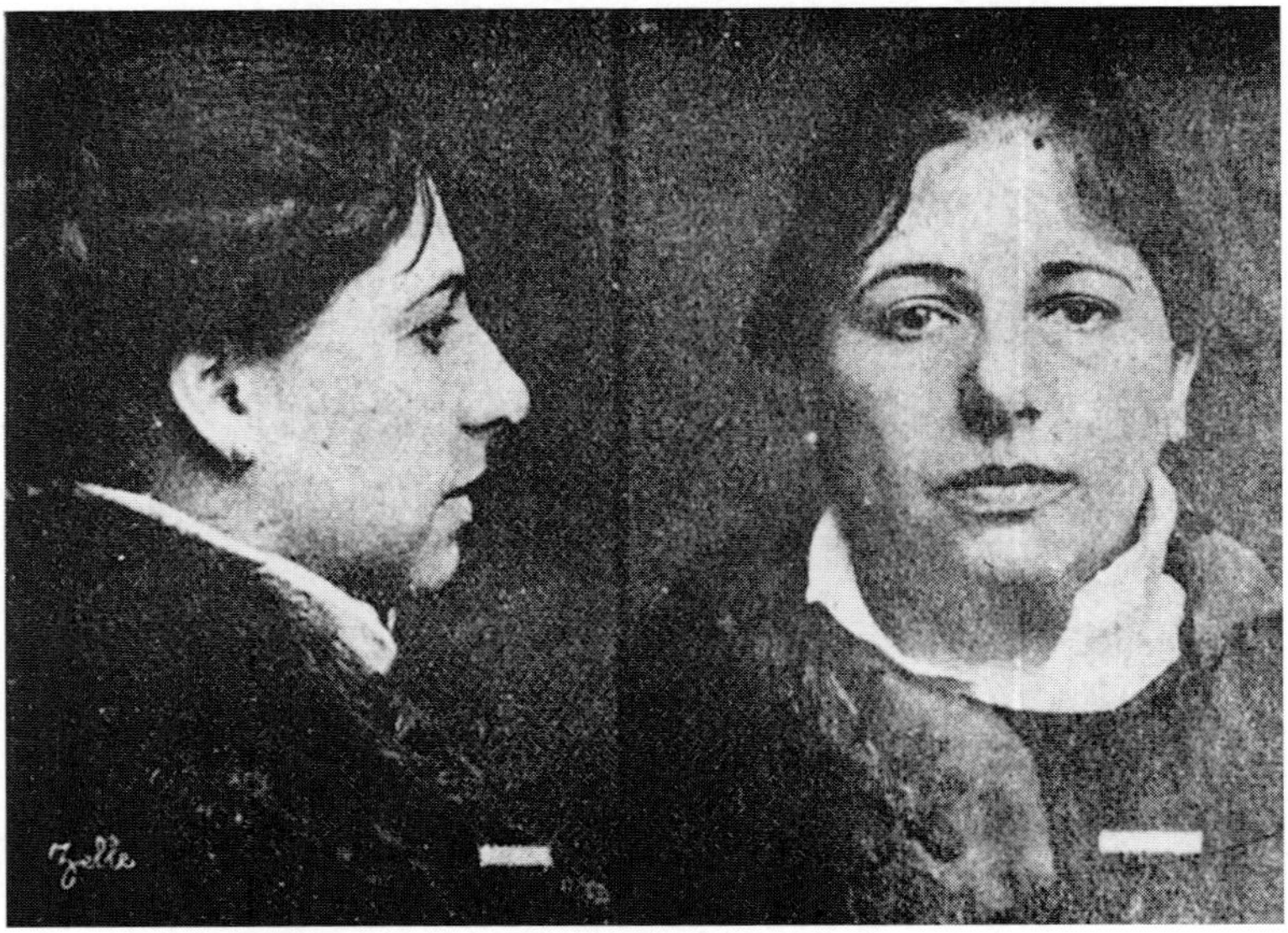

処刑前日のマタ・ハリの刑務所内の写真。

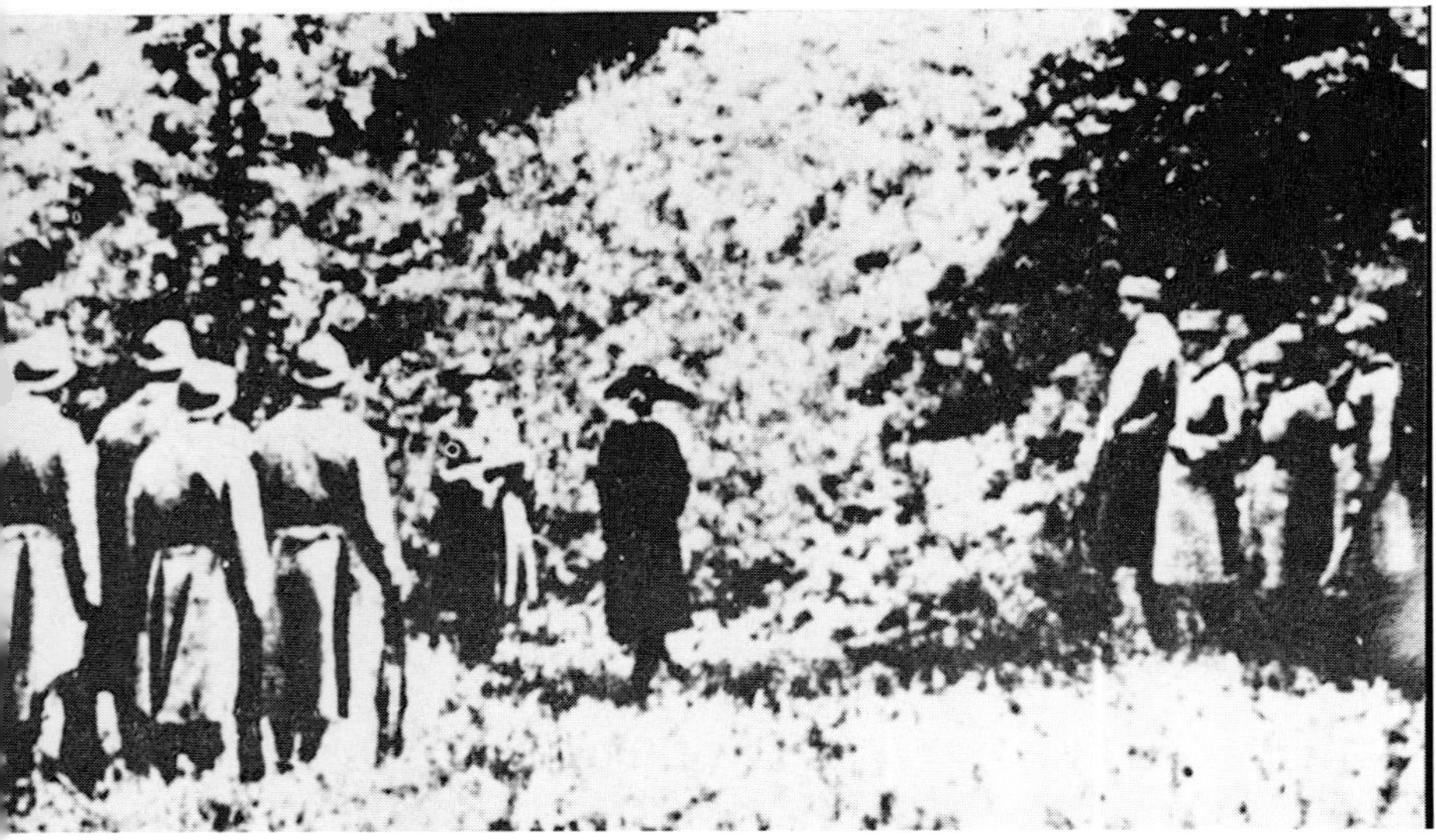

ヴァンセンヌ、1917 年 10 月 15 日のマタ・ハリの処刑。

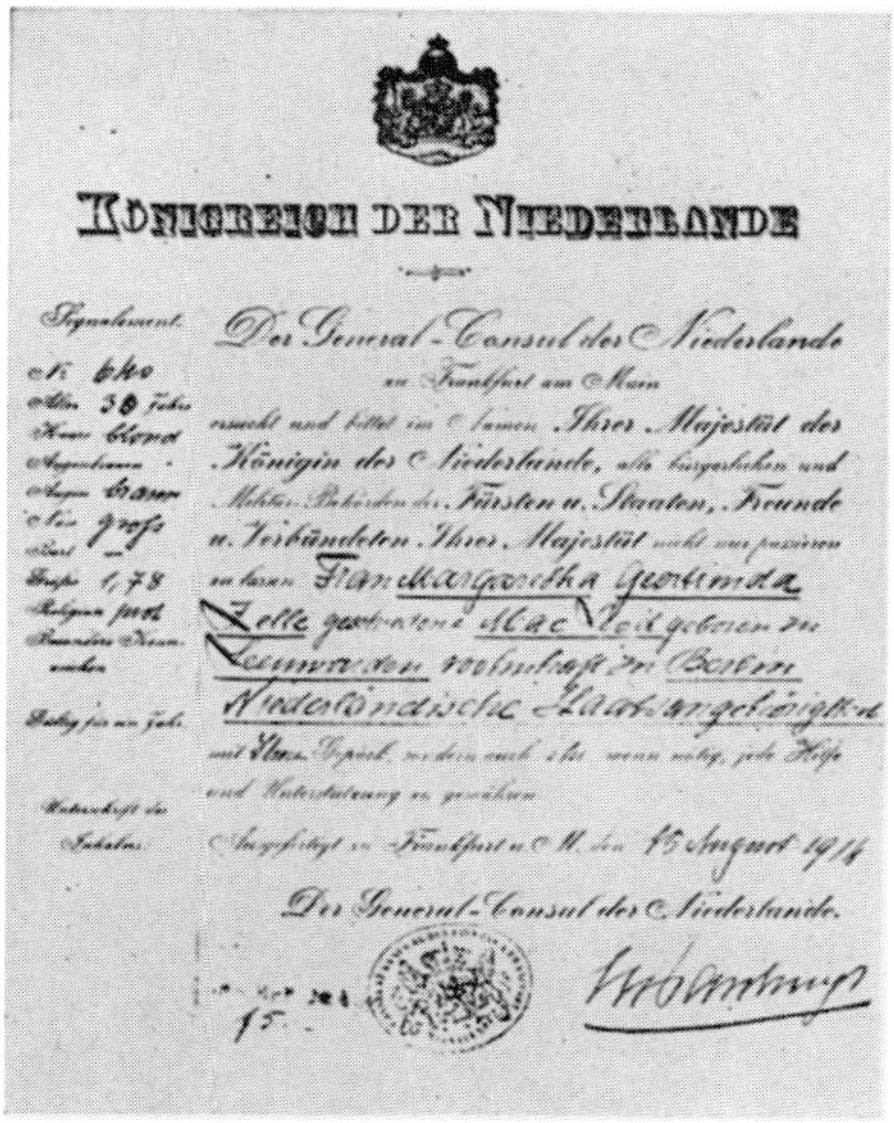
KÖNIGREICH DER NIEDERLANDE

Der General-Consul der Niederlande zu Frankfurt am Main

ersucht und bittet im Namen Ihrer Majestät der Königin der Niederlande, alle bürgerlichen und Militär-Behörden der Fürsten u. Staaten, Freunde u. Verbündeten Ihrer Majestät nicht nur passiren zu lassen Frau Margaretha Geertruida Zelle geschiedene Mac Leod geboren zu Leeuwarden wohnhaft in Berlin Niederländische Staatsangehörigkeit

Ausgefertigt zu Frankfurt a. M. den 15 August 1914

Der General-Consul der Niederlande.

1914年8月15日、フランクフルト・アム・マインのオランダ領事からマタ・ハリが受け取った「パスポート」。

1915年、ハーグ在住のオランダ人画家ピアー・ファン・デル・ヘムによるマタ・ハリの肖像画。

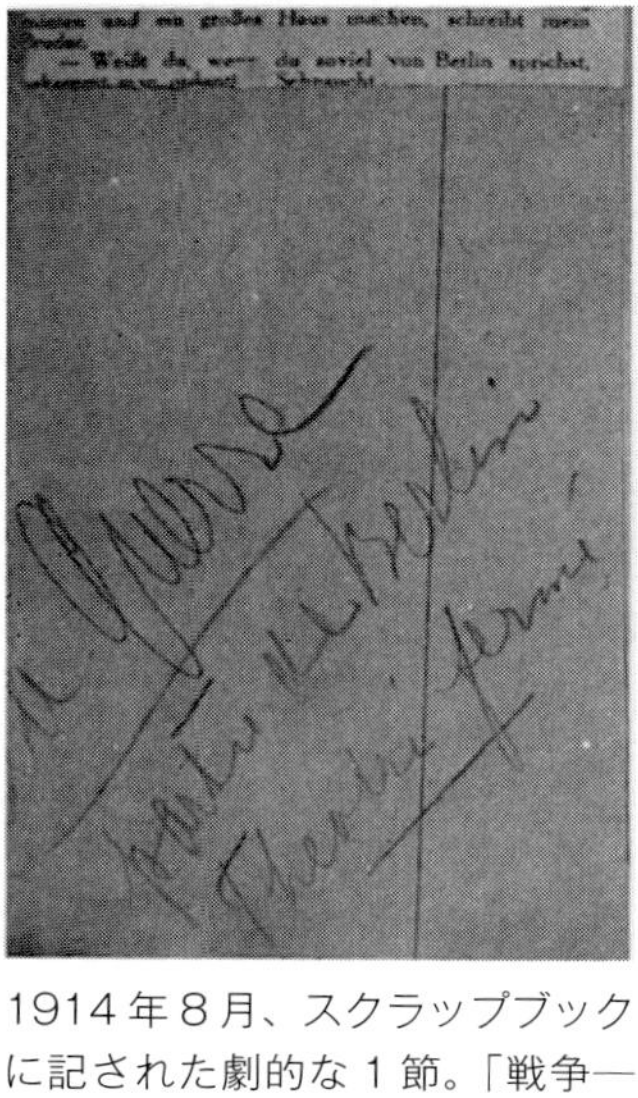
— Weißt du, wenn du soviel von Berlin sprichst,

1914年8月、スクラップブックに記された劇的な1節。「戦争―ベルリンから退去―劇場は閉鎖」

1915年3月13日、オランダ。スクラップブックのマタ・ハリの最後の写真。

第10章

第一次世界大戦が始まった当初のマタ・ハリの生活ぶりについて、数多くの作家が憶測を述べている。それにストップをかけることはできない。わからないことに出くわした作家の多くは話を想像で書くものなのだ。できなければ——人の創作を拝借する。マタ・ハリの物語は数多く存在しているが、事実と思われるものはほとんど見当たらない。

真実を探すよりも、創作してしまう方が当然ながらはるかに簡単だ。第一、誰からも批判を受ける心配はない。真実をわかる者がいないからだ。第二に、書くべきことがほとんどない。わかっていることが少なすぎるのだ。

ＯＢＥ（大英帝国勲章）を持つ、トーマス・クールソン少佐は『マタ・ハリ——売春婦とスパイ』という多くの作家たちのバイブルとなっている本の作者で、「ヒンドゥー教徒の両親ではなく、ユダヤ人の祖先からやや黄色い肌を受け継いだ」という風変わりな憶測を書いている。フランス人少佐エミール・マサールの著書『パリの女スパイ』を参考にしたに違いない。その本の中には、彼女が「ユダヤ人の家系でプロテスタントに改宗した」という主張が書かれているのだ。クールソン少佐はマタ・ハリの母、ずっとプロテスタントだったアンチェ・ファン・デル・ミューレンが娘を「カトリックの女子修道院に」送り、「十八歳になるまで、修道院にいた」ということになっている。

アーティストとしての彼女について、クールソン少佐は「裕福で尊敬されていた中産階級の父は（実際、そのときには破産していたのに）彼女の初めてのパリへの旅行費用を貯めてくれて」いて、後に彼女がロンドンで見せたダンスは、「パリでの成功を反映したものになっていた」とある。少佐にとって不運なことに、ここには真実がかけらも見いだせない。マタ・ハリは生涯で一度しかロンドンに行っていない――投獄されたときだけだ。ロンドンの舞台に立ったことはなく、イギリスではまったく踊っていないのだ。

少佐の作品には決定的な表現が登場する。「彼女からにじみ出る毒素からは、ヨーロッパ中のほとんどの首都が逃れられなかった。爬虫類や蛇を思わす、粘着質の体をねじり都市から都市へ巻きつき、放蕩生活や裏切りや密告の跡を数々残している」

まだ第二次世界大戦の前、マタ・ハリの死から十年か二〇年ほどしか経っていない時期にここまでの作り話があったとは、にわかに信じがたい。もちろん、真実の可能性はゼロだ。一九五九年になって、ある女性がモニク・サン・セルヴァンというペンネームで、パリのガリマール出版社から出した本（『マタ・ハリ――スパイとダンサー』）の中で、「マルガレータは母方の姉妹である叔母のアストリッドのいるアーネム近くのカミンハスターテと呼ばれる屋敷で週末を過ごしていた」と書いている。そこで「父親はレーワルデンの裕福な毛皮商、アントン・ツェレ。母親はヴィンジェバーゲン男爵夫妻の娘で、美貌の、裕福な女性、ガートルード」とも書いている。物語はオランダを舞台に始まり、優美なオランダの雰囲気が持ち込まれている。ツェレ家は「運河の見えるチューリップストリート沿いに」暮らし、マクラウドとの婚約後、彼は「レーワルデンの義理の父と毎晩、カードゲームをして過ごしていた」そうだ。

これだけでは足りなかったようで、若いカップルはその後、S・S・スフラーフェンハーへ号（ハーグ号の「公式な」名前ではあるが、残念ながらその船にふたりは乗っていない）という素晴らしい船に乗り、オランダ領東インド諸島に向かう——そして船が出たのは「Het ei」（ヘット・エイ）という地名の港だった。オランダ語に馴染みのないフランス人読者のために作者が翻訳してくれている。「Het ei」（ヘット・エイ）とはオランダ語では「卵」という意味だと。オランダの格言を使えば、鐘の音は聞こえていても、教会がどこにあるかわからない。アムステルダムの港は実際には「Y」、「エイ（Eye）」と発音される。オランダ語の「ei」の発音と同じ——卵とたまたま同じ発音——になるのだ。「Y」だけでは卵とは無関係だった。

セルヴァンの本名がわかったので、私は手紙を出し、その本のいくつかの驚いた事柄について情報を求めた。彼女の返事は興味深く、わかりやすく、どうやってマタ・ハリの歴史——残念にも彼女自身といえない歴史——が作られたのかわかった。「私はマタ・ハリの本をまったくの創作として書きました。時間のかかる研究をしていたので、すぐにお金が必要だったのです……とっぴな細かいエピソードを楽しみながら集めましたが、それがまったく事実と異なるものになってしまったのでしょう」

数々のマタ・ハリに関する創作の中でも、最も馬鹿げた代物はスパイ小説のエキスパート、カート・シンガーによる作品だ。『世紀の女スパイ　マタ・ハリ』の中で、彼女は娘をジャワ島のバタビア（現在のジャカルタ）で育てたことになっている。無垢な島育ちの娘の名前はノンではなく、バンダとなっている。

一九一七年十一月のある日、可哀想なことにバンダは母親から、最後の手紙を受け取って、自分が孤児になることを知らされた。「彼女の眼に涙はなく……家を出ると、教会に向かった」シンガーは手紙の全文を引用しているが、そのことに驚く人もないだろう。

バンダは日本のスパイになり、第二次世界大戦中はインドネシアの愛国者となって、韓国で中国共産党員に射殺される。「時間は午前五時四十五分だった。母、マタ・ハリが銃殺されたのと同じ時間」となっている。マタ・ハリの銃殺された時間さえ間違っている。

もちろん、ピーター・ブランデスを取り挙げない訳にはいかない。私は自著の調べものをしているときに、フランス語版のオリジナルを何年も前にすでに読んでいた、その後、ドイツ語版のヘイマンス著、『真実のマタ・ハリ』を読んだ。ポケットブック版を出すにあたって、オランダ人編集者のニジェペスは作品が完成した一九二九年以降に明るみになった事項を註釈として数多く加えている。註釈全てにわたって「専門家」のブランデスの意見が書かれ、一九五一年のドイツ雑誌に載った一連の記事からの引用がついている。驚いたことに、ブランデスは一九三二年頃、MGMのための仕事をしていたと自らを語り、グレタ・ガルボ[1]の映画の材料を集めるためヨーロッパに赴き、マタ・ハリのスクラップブックに遭遇したと書いている。私はただただ驚くばかりだった。

その後、私にも事態が把握できてきた。一九五〇年に私は古い友人のひとりクルト・リースの援助を受け、ドイツの雑誌に発表する、マタ・ハリに関する事実を数多く集めていた。その後、私は半年間アフリカ旅行に出て、記事は旅行中に出版された。友人はピーター・ブランデスという偽名で、九回の連載を続ける必要に迫られ、材料が尽きてしまうと、創作だらけの、いろいろなマタ・ハリ関係の本を調べたのだ。

オランダ人のニジェペス氏はマタ・ハリ関係の本では珍しくないことだが、架空のブランデスという「専門家」の意見を読者に紹介し、読者の方はわずかな真実と、一部の思いつきと大量の創作に基づく「本当の真実」を提示されることになった。マタ・ハリ本人でさえ舌を巻くやり口だ。

しかし、一九一四年に話を戻すと、変化はすでに訪れ、ベルリンに居を構えていたマタ・ハリは、人生で初めて世の中がどうなるかまったく読めない事態に遭遇していた。戦争、あるいは少なくとも戦争が引き起こす影響が不意に訪れた。ベルギーへのドイツの侵攻が起こるとは、ひとりのダンサーに知る由もなかった。マタ・ハリのスクラップブックの中でも最もドラマチックなのがこの日に書かれた文章だ。長い年月記録され、しっかりと覚書が入り、かつてミス・バイスの学校で身につけた、強くはっきりと彼女の自筆とわかるインクで書かれた文字が残されている。それがこのときには、突然、鉛筆を手に取らざるを得ない状況に追い込まれ、落ち着きを失っていることがはっきりわかる文字が、新聞記事の切り抜きのすぐ右側に書き込まれているのだ。「ミラノのスカラ座、初のキャラクター・ダンサー、マタ・ハリがメトロポール劇場九月一日から舞台に出演」「戦争――ベルリンを離れる――劇場閉鎖に」

マタ・ハリの生涯を調べた者の多くが、戦争の始まったとき、彼女がドイツの軍隊にいたと断言している――そして、実際、その頃には働くようになってかなりの時間が経っていたと。私自身の情報によれば、それは誤りだ。

開戦の日、マタ・ハリは一九〇九年以降ベルリンの警察本部長を勤めていたトラウゴット・フォン・ジャーゴウとベルリンでランチを共にしたという記録がある。彼は知的で、決断力があり、よく話す人だったという。彼の口癖だった言葉のひとつに「出入り自由なのは通りだけだ。ルールはしっかり順守しろ」というものがあった。

一九一四年に彼は四十九歳になり、一八九五年以来ずっと現役の公務員だった。ベルリンの警察本部長になる前に、すでに責任ある地位に就いていた。一九一七年のマタ・ハリの裁判の際、彼女がドイツ人と昼食をとったことがスパイ容疑を裏づける重要な証拠と考えられた。

ふたりの関係をどの作家たちもスパイ容疑との関連で登場させているが、そのランチのメニューを書いた作家はひとりもいない。「これは伝説となっている」と「これは紛れもない真実だ」が常套句のバーナード・ニューマンはこう語っている。「彼女がベルリン警察本部長フォン・ジャーゴウと昼食を食べているのは事実なのだ」そして、その後には「彼女もそのことを認めていた」とつけ加えている。

ニューマンをはじめとする専門家たちにとって都合の悪いことに、マタ・ハリには一度としてその事実はなかった。食事をしたのは認めているが、ベルリンでは昼食ではなく、つねにディナーだった。警察関係の人間と食事をしたのは認めているが、警察本部長とは一度もない。フォン・ジャーゴウのことも口にしていない。理由は実にシンプルで、相手が彼ではなかったからだ。相手の警察官の名前はグリーベルで、警察本部長ではなく、主任巡査部長だった。

フォン・ジャーゴウに関する誤解が半世紀近く続いているが、それはchef de policeと誰かが発言したのを聞き違えたところから始まったのだろう（フランスでは警察本部長をpréfet de policeとも呼ぶ）。一九一四年にベルリンの警察本部長だった人物を調べているときに、フォン・ジャーゴウにあたったのだ――彼がその人物ではなかったのに。

マタ・ハリは警察官との食事をスパイ容疑に結びつけたことを馬鹿げていると否定している。グリーベルとは知り合いだが、昼食や夕食や、ときに朝食をともにした過去の無数の人物のひとりに過ぎなかったと発言している。ほとんどの作家が、彼女が適切な衣装で舞台に立っているか警察本部長が見に来たと書いている。典型的な捏造された話だった。（マタ・ハリ自身が語っているように）一ヵ月後に、彼女の愛人のひとりだったグリーベルと知り合いになるまで、しばらくダンスで舞台に上がっていないからだ。

パリで逮捕された後、ブーシャルドン大尉の最初の取り調べで、そのときの夕食についてマタ・ハリはこう言明している。

「一九一四年七月の末頃、私が愛人のひとりだった警察官のグリーベルとレストランの個室で食事をしていた夜、騒がしい音が耳に入ってきました。そんな集会があると知らされていなかったグリーベルに連れられて現場に向かいました。ベルリン王宮の前でデモを行う大きな人だかりがあって、『ドイツよ、ドイツよ、すべてのものの上にあれ』を叫んでいました」

私は、ベルリンの警察から一九六三年六月に手紙をもらっている。「前警察官の職員データは大部分、前の戦争の間に破壊されてしまいました。残されているデータに、グリーベル氏に関するものは存在しません」（手紙を書いた人物はフォン・ジャーゴウと同じ警察本部長ではなく、恐らく課長なのだろう）

しかし、グリーベルがどんな地位にあったにせよ、何らかの形でスパイに関与していたなら、自分の部下——もしくは彼の国に協力する——スパイといるところを人前にさらすような危険は冒さなかったはずだ。最初からレストランの個室で一緒に食事する様な真似は。

マタ・ハリに関する誤りがさらに増える中、作家のクルト・シンガーはノン・マクラウドを有名なインドネシアのスパイ、バンダに仕立て上げていたが、フォン・ジャーゴウを調べた際には百科事典の間違ったページを見ていた——もちろん、完全に違う人物を取り上げていることなど知る由もなかった。彼は同じフォン・ジャーゴウという名の別の人物をドイツの外務大臣に仕立てあげた。ファーストネームはゴットリーブだったが、警察本部長はトラウゴットと呼ばれていた。

ベルリンで大変な目にあった影響か、ドイツ軍に対する彼女の記憶はあまり好ましいものではなかったようだ。その後の一年半にわたってオランダにいた彼女を知る人物が、ドイツ軍の話題が出るたびに「けがらわしいドイツ野郎」とよく嘆いていたと教えてくれた。

しかし、ベルリンで戦争が始まった直後、さらにその後に、実際、どんなことが起こっていたのだろう？マタ・ハリは戦争で混乱状態のベルリンを逃れ、パリに戻ろうとした。八月六日にすべての荷物を持って、スイスに向かっていたが、新しい国境の規制がスイスに敷かれていたことを知らなかった。後にパリで公判前での聴聞によれば、彼女の――積み荷として送られた――荷物は国境を渡ったものの、彼女自身が入国を許されず、有効な文書も持っていなかった。そして、十七日の夜にベルリンに戻っている――着替えの服さえもない状態だった。

（スイスの連邦警察局によると、国境の制限に関する法律は――捺印のある身分証明書含めて――一九一七年十一月二十一日にはベルンでしか必要なかったそうだが、戦争が始まって以来、公式な身分証明書が必要になったそうだ）

そのとき、マタ・ハリはかなり絶望的な気持ちになっていた。仕事でベルリンに赴き、戦争が起こったために帰国の遅れていたオランダ人K氏はホテルのロビーで彼女に会った。グレーの髪のチャーミングなK氏の奥さんにアムステルダムで会った際、そのときの話を伺っている。

マタ・ハリはかなりの興奮状態で、いらいらしながらホテルのロビーを歩いていたそうだ。K氏はその異国風な顔立ちと美しさから彼女がマタ・ハリだと気づいた。何か手助けできることがあるかと声をかけると、オランダ人ダンサーでフランスに住んでいると知られている自分は、あらぬ疑いをかけられドイツ警察にマークされないか心配だと話したそうだ。スーツケースと洋服を失ったことも打ち明けている。それだけでは済まず、マネージャーにお金をかすめ取られ、高級洋服店がなくなり、高級毛皮までなくなったのだと。その場に持っている服しか着替えもなかった。

長くパリに住んでいた者に注意するよう言われたはずのグリーベルが、命令に逆らって彼女を守ったりできただろうか？　理由はいずれにせよ、ベルリンとドイツ軍を飽きるほど堪能した彼女はオランダに帰ることを望んだ――しかし、列車の料金さえなかった。

K氏は自分もオランダ人だと説明し、喜んで彼女を助け、ホテルのロビーでその晩出る列車のチケットを差し上げると申し出た。同日、しばらく時間が経つと、ドイツ軍から目をつけられ、旅の際中や列車に乗る瞬間に逮捕されないとも限らない女性との同行は、賢明でないことだと感じてきた。それに、こんな美しい女性との旅を妻は認めないだろうとも思った。悩んだ挙句、彼はホテルに彼女のチケットを預け、早い時間の列車でひとり、オランダに向かった。

マタ・ハリは後にパリでの取り調べの際、八月十七日までベルリンにいたと話している。審理の間に何度かあったことだが、彼女は日付を間違って記憶している。彼女は十四日にベルリンを出ていたはずで、その翌日、フランクフルト・アム・マインにたまたま立ち寄り、オランダ領事官に旅行証明書を要求している。

今日のようなパスポートがまだ広く使われていた訳ではなく、マタ・ハリには国境横断を許可する公式な書類が必要だった。八月十五日付の書類はわずか一枚。確かに身分証明の手段となるものだが、写真も貼られていない。写真が必要になったのは後のことだ。書類には名前やその他の詳細な情報の記入が必要だった。

「フランクフルト・アム・マインのオランダ総領事はすべての友好国政府に対し、女王陛下の名の下に、以下のことを要求する。マルガレータ・ヘルトロイダ・ツェレ夫人、夫マクラウドと離婚し、レーワルデン出身でベルリン在住の人物を――彼女の荷物を含め――通行を許可するだけでなく、必要な場合、可能な限りの援助を与えていただきたい」H・H・F・ファン・パンフィスという署名がある。「彼女の荷物を含め」の「彼女の」という言葉は手書きで加えられていた。マタ・ハリには使い道のない要求だった――もう荷物はなくなっていたからだ。

渡航文書は一年間有効で（領事館が発行した六四〇号の書類）気になる細目がふたつあった。ひとつはマタ・ハリの年齢に関する記載だ。元々は三八歳と書かれ、実際の年齢のままだ。一八七六年八月七日生まれで、領事館に行く一週間前に三十八歳になっている。その後、八を〇に書き換えられているが、彼女にとってその方が喜ばしかったからなのだろう。

宗教がプロテスタントと書かれている他、身長一八〇センチ、大きな鼻に茶色い瞳、毛髪はブロンドと身体的特徴が書かれている。マタ・ハリは実際、一九一六年にパリにいたとき（再び）ブロンドの髪だったという記録がある。彼女に変装の意図はなく、名前はマタ・ハリ、マルガレータ・ヘルトロイダ・ツェレのままだった。単に髪を漂白しただけで――少しグレーの髪の残ったまま――そうなったのだろう。しかし、後に書かれた彼女の信憑性のない伝記では短絡的に別の結論に結びつけられている。彼女はフリースラント生まれで、フリースラントの女性はみんなブロンドだというのだ。間違った結論だが、一見論理的に聞こえなくもない。茶色からブロンドではなく（本当は真っ黒――「青みがかった黒」――だったと、レーワルデン時代の友人が証言してくれた）、ブロンドから茶色になったということだ。

《訳註》

◆1　グレタ・ガルボ（一九〇五年九月十八日～一九九〇年四月十五日）スウェーデン生まれのハリウッド女優。サイレント時代およびトーキー映画初期に活躍。『マタ・ハリ』に一九三一年出演し、大ヒットを収める。三十五歳で引退している。私生活を隠し、神秘性を保った。

第11章

身分証明書を手に入れたマタ・ハリは、まもなくアムステルダムに到着し、直後にK夫妻のアパートを訪ねている。父、アダム・ツェレは一九一〇年に亡くなり、兄弟とも一切やりとりはなかった。町に知り合いがなく、貯えもなかった彼女がK氏の家に長く宿泊できたのは幸いだった。K夫人はとても不幸で寂しそうな人だという印象を彼女にもったそうだ。実際、彼女を取り巻く環境は激変していた。少なくとも当時、パリは彼女にははるか遠く、知り合いの上流階級の人々とも離れたままで、近々に舞台にかかわれるとはとても期待できなかった。

夫人はマタ・ハリと仲良くなると、ベルリンでなぜ自分の夫を口説かなかったか尋ねてみた。彼女の答えはおかしくなくらい率直で示唆に富んでいた。「下着が一枚しか残っていなくて、荷物がみんななくなっていたから——本当のところ、汚くてそんな気にはなれなかったの……」

生まれてから一番お金のなかった時期の彼女だが、その後、アムステルダムのヴィクトリアホテルに移っている。しかし、これまでと同じく、ひとりの男性に救われた。その話はK夫人から聞いたものだ。ある日、町を歩いていたマタ・ハリは自分がつけられている気がした。目に入った教会に足を踏み入れ、再び通りに出ると、男がまだそこにいた。男は近寄ってきて、フランス語で話しかけてきた。助けてくれるかもしれない。しばらくの間、彼女は助けを必要としない生活を送っていたが、チャンスには敏感だった。オランダ語で答えたら、きっと魔法は解けてしまう。そう思った彼女はフランス語で答え、自分はロシア人で、大昔ピョートル一世が訪れた土地を見に来たのだと説明した。紳士然としたオランダ人はファン・デル・スハルクという名前の銀行家だとわかった――オランダ人ならピョートル一世を誰でも知っていますよ、と言葉を返してきた。一世は造船を見学するために一七〇〇年になる直前にオランダに来ていた。マタ・ハリは頷いた。一世はアムステルダムから近いザーンダムに暮らしていました。まだ家は残っています。オランダ人なら必ず知っている家で、小さい建物ですが、ピョートルの家と呼ばれていますよ。マタ・ハリは再び頷いた。ザーンダムにいらっしゃいますか。喜んでお連れしますし、ご案内しますよ。また別の機会に、とマタ・ハリは答える。

数週間後のある日、愛人と一緒にいるファン・デル・スハルクを見かけた友人が、彼女がどこの出身か説明した。彼にとってショックな話だった。オランダ人にとって、ロシア人女性相手の浮気は、当時あこがれの対象だった。オランダ人同士の浮気にそういう要素は皆無だった。K夫人の話では、それでもその人物は紳士的に、ホテルの宿泊代や一切の費用を払ってあげたそうですよと教えてくれた。少なくとも、しばらく彼女は経済的に一息つくことができた。娘と同じ国に再び住むことになったマタ・ハリは突然、母性愛に目覚めた。離婚して八年が経っているが、その間に娘のノンに会ったのはアーネムの駅での数分間だけだった。

ノンはそのとき、十六歳になり、母親の名前を言われることもかなり少なくなっていたし、時折、耳にする話にあまりいいものはなかった。そのため、彼女がまだ子どもの頃、父親が毎日のように元妻の名をそこかしこで聞かされるほどの有名人だったとは、説明しても理解できなかっただろう。マタ・ハリという煙草の後、オランダのビスケットの会社が彼女の写真をすべての面につけた贅沢な入れ物に入ったビスケットを販売した。ノンはハーグにある学芸大学を卒業後、フェルプの学校の先生になって一年が経っていた。デ・ステーフの近くに父親と一緒に暮らし、路面電車に乗って、母親の写真の写ったビスケットの箱にお昼のサンドイッチを入れて通っていた。義理の母のフリッツェに私がお話を伺ったときにもビスケットの缶はまだそのまま残っていた。

マタ・ハリは友人に助言を求めた。どうやって娘に会うのがベストか。友人からは元夫に手紙を書くように勧められた。どんな形であれ、彼と連絡を取りたくなかったマタ・ハリは娘に直接手紙を書き、自分のいろんな噂を耳にしているはずの、大きくなった娘に自らの立場から説明しておきたかった。

当然の展開だが、娘は父にその手紙を渡し、父は離婚の際にパリにいるマタ・ハリを訪ねた弁護士のハイマンスにその手紙を送った。マクラウドは手紙の最後に「なんて姑息な真似を！」と書き加えている。

夫は娘に代わって返事を書き、娘に会いたいのなら父親に送ってくるようにと書いた。マタ・ハリはその言葉に従い、フランス語で書いた手紙を彼に送った。一九一四年九月十八日にアムステルダムのヴィクトリアホテルで書かれたもので、悲しい感傷的な文面だった。

親愛なる友人へ

あなたからの申し出通り、娘に会わせていただくよう心からお願いを申し上げます。すっかりパリジャンになってしまった私には何かと配慮に欠けるところがあるかもしれません。どうしたらいいか教えてください。こちらの知りたいことをあらかじめ書いてくださったことに感謝します。

かしこ
マルガレータより

さらに追伸としてこう書き加えている。「返信にはマタ・ハリという名をお使いくださるよう」

彼からの返事には、生まれ故郷のオランダ語を忘れてしまったことに驚いていたという記述がある。本当は、他の――ノン宛の――手紙を読んだとき、オランダ語が完璧に使えることはわかっていた。時間の経過によって、かつての苦々しい思いは消え去り、憎しみの感情を持つことなく、娘に会わせられると、彼女の望みを受け入れた。彼はハーグかアムステルダムは避けて、ロッテルダムで会うようにしたいと提案している。

マクラウドの三番目の夫人が語ってくれたところでは、マタ・ハリが娘に会いたがっていた理由を元夫は、娘が自分と同じように美しい女性になり――足が長く、肌の色も同じで、黒い髪だと聞いて、それを確かめたくなったに過ぎないと考えていたそうだ。その上、自分が知られているアムステルダムかハーグで会って、知名度を見せつけようとしていたのだと。それに対し、彼はロッテルダムなら誰も彼女のことを知らないと考えたのだ。

その後の手紙のやりとりの中でマタ・ハリはノンの勉強の面倒をみたいと書いている――しばらくスイスに連れて行きたいと。元夫は再びこれに反対している。マタ・ハリがお金を使いたいのなら、銀行口座に五千ギルダー預けてくれた方がいい。そうすればノンの歌やピアノのレッスンに使える――わずかな年金と新聞に記事を書く原稿料で生活している彼にはそんなことをさせてやる余裕はとてもなかった。彼はアーネムのシティホールで友人にマタ・ハリとの話を進めるよう強く進言されている。「金になる話だ」と。しかし、マクラウドにはまったくそう思えなかった。「ツェレ家の財政状態はよくわかっているよ」

しばらく交渉が続いた。最終的に、彼が年金の支払いが遅れているのでロッテルダムに行けないと知らせたところで、マタ・ハリは諦めている。彼女は二度と娘に会うことはなかった。

マクラウドは娘が毎日、マタ・ハリの写真を携えて学校に行くことは気にしなかったが、直接、話をさせたくなかった。ハーグの学芸大学に通っていた頃、母をどう思っているか友人に聞かれたことがあった。「自由に母の話はできないわ。パリでの噂はいろいろ耳に入ってくるけど、母の話を聞くたびに、父はますます口を濁すようになってるの」

とはいえ、彼女は母がハーグにいることには関心があったようだ。マタ・ハリは一九一五年にハーグに引っ越している。フリツェ・マクラウド・マイヤーによると、家にこんな手紙を送っている。「昨日、その家の横を通りました――誰もいない様子でしたが窓には素敵なカーテンがかけられていました」しかし、自分から母に連絡しようとした様子はなく、マタ・ハリの方も――娘がハーグの学校に行っていると、はっきりわかっていたのに――何もすることはなかった。

一九一四年の秋のオランダに話を戻そう。同国人に囲まれる中で、生活を立て直すのは難しかった。戻ってきた母国は十年前とはすっかり様変わりしていた。中立国だったにもかかわらず、戦争が始まった影響でオランダにもパニックに近い状態が訪れていた。ドイツ軍はベルギーのおまけのようにぶら下がる細く長いリンブルフ州（オランダ南東部）を抜けて進軍の機会をうかがっていた。オランダ政府はそれを拒否し、その拒否を強く主張する力もあった。オランダを迂回しながらも、ドイツ軍は進軍を続けると、すぐにベルギーの亡命者が国境を越えてオランダに逃げ込み、何万人もの人々が温かく迎え入れられることになった。イギリス軍兵士がオランダに抑留されていた。ドイツ軍兵士も抑留されていた。難民キャンプは早朝のクロッカスの花のようにどんどん膨らんでいった。学校が閉鎖されることに生徒は喜んでいたが、不穏な空気の吹き荒れる中、平時なら子どもたちが人生の基本原則を学ぶ場所で、急遽集められたオランダ軍兵士が眠り、子どもたちは校庭の前の炊き出しの食事を羨ましそうにじっと見つめていた。

開戦が伝えられると、オランダ中に買占めが起こった。戦争の公報と地図がどのタバコ屋でも夜明けとともに貼り出された。多くの店はその後もオランダに残っている。オランダの大臣ポストマーがまもなく厳格な綱領を実行すると、オランダ中の人々は顔をしかめて、歌で抗議の声を挙げた。「木曜にはおかゆを食べ、金曜もおかゆ、土曜もおかゆ、日曜にもう一度おかゆ、ポストマー、全部あんたのせいだ！」

戦争が始まったことをのぞいても、マタ・ハリを受け入れにくい空気感があった。オランダを長く離れている間に、彼女はすっかりフランス人になってしまっていた。かつてオランダにいたのは、ふたつの時期だけ――ひとつはまだ少女の頃、もうひとつは不幸な結婚生活を送っていた頃。仕事関連の書類をのぞけば、オランダの親しい友人にさえフランス語で手紙を書いていた。

ダンスを生業としていた彼女は劇場のプロデューサーとの接触を取り、ローゼンというフランス・オペラのディレクターのオランダ人に契約を取りつけていた。オランダ人とフランス人の歌手が混在するカンパニーはオランダで非常に人気が高かった。ローゼンは十二月十四日月曜日、ハーグの王立劇場でのバレエ公演に彼女のダンスを加え、マタ・ハリはすぐさまスクラップブックに「テアトル・ロワイアル・フランセーズ」とフランス語風にアレンジした劇場名を書き込んでいる。

オランダ人は好奇心が強いが、植民地に長く滞在し、退職後ハーグで生活している元軍人となると特にその傾向が強かった。人々が大挙して劇場に押し寄せ――新聞によれば――「今シーズン最高の動員数」を記録した。マタ・ハリのバレエは、ドニゼッティの『ランメルモールのルチア』に続く演目で、ニコラ・ランクレの『踊るカマルゴ』に基づく「動く絵画」作品だった。オリジナルの絵画、『踊るカマルゴ』は当時、ドイツ皇帝、カイザー・ヴィルヘルムのコレクションだったが、現在はワシントン・ナショナルギャラリーのメロン氏のコレクションになっている。バレエには『フォーリー・フランセーズ』というタイトルがつき、フランソワ・クープラン◆[1]の音楽が使われている。

マタ・ハリはそのダンスとマイムで八つの心的状態を表現した。その中には無垢、情熱、純潔、貞節といった彼女の得意とするテーマが含まれていた。キャリアの初めに行った七枚のヴェールをまとったダンスのように奇妙なものだったが、今回はヴェールを取ることはなかった。ハーグの舞台には黄色い衣装で登場し、その上には白とダークレッドのヴェールを羽織っていて、「彼女の身体にまとわりつくようにしながらはためくヴェールから、中が透けて見え」ていた。

ハーグの新聞には「のどかで牧歌的な戯れ」のようなダンスで、マタ・ハリは「舞台でつまずき、以降、観客はずっと固唾《かたず》をのんで見守っていた」とある。アムステルダムの『テレグラーフ』紙は「見ていて心地よいダンスで、様々な要素が散りばめられている内容だった」と高く評価している。

数日後の十二月十八日、アーネムの市立劇場でのバレエ公演では、『セビリアの理髪師』の後に登場した。アーネムの郊外に住んでいた元夫のジョンは「彼女の姿はもう見飽きた」という言葉通り、観覧に訪れることはなかった。しかし、別れた妻が有名なダンサーとなって、自分の家の近くで公演したことになんらかの感慨は間違いなくあったはずだ。

マタ・ハリはランクレの絵画の複製――地元の舞台装置のデザイナーのマンソーが作った背景の見本――をスクラップブックに貼りつけている。そして自分自身について、こう記している。「マタ・ハリによるバレエ・フォーリー・フランセーズ、シアター・ロイヤル・フランセーズにて」と。

そのページはスクラップブックの最後から二番目にあたる。最後のページに貼られているのは自身の大きな写真がフューチャーされたオランダの雑誌の表紙だった。長いイヤリングと真珠のアクセサリーをつけた成熟した美しいマタ・ハリの姿があった。エレガントでつばの広い帽子をかぶり、白い襟ぐりの深いドレスを身に着けている。雑誌は一九一五年三月十三日号。感慨深い思いを込めた文字が写真の上に記されている。「一九〇五年三月十三日～一九一五年三月十三日」。彼女がパリのギメ美術館でデビューしてすでに十年の月日が経過したのだ。

しかし、一九一四年十二月にときを戻すと、ハーグでの月曜の夜公演が終わった二日後の水曜日、マタ・ハリは――同じレーワルデン出身の――画家で親しい友人ピアー・ファン・デル・ヘム宛の手紙には、彼女の商才とユーモアのセンスが垣間見える文章が書かれている。

手紙はフランス語で書かれている。「拝啓　ピアー。あなたがここにいないのが残念です。公演は大成功に終わり、花束をたくさんいただきました。マックス・ランデーのコメディ映画より上品な舞台だということは、一般の観客にも伝わったようです。◇1 チケットは完売。ローゼンも経理も大喜び、これ以上の成功は望めませんわ」

オランダの恋人と偶然再会してよりを戻す直前の一九一四年九月までに、彼女はハーグで生活を始めようと考え、静かな運河沿いのニューアウトレフ一六に家を借りた。しかし、引っ越す前にかなり手を入れないと住めない状態の家だった。業者の作業が終わるまで、一九一五年の初めにアムステルダムを出ると、ポーレス・ホテルに部屋を借りた（ホテルは第二次世界大戦中に戦火に遭い、一九五九年以降はその場所に、アメリカ大使館が立っている）。

ニューアウトレフの家はかなり古く、装飾を直し、浴室をつけ、家具を取りつけるには、マタ・ハリの予想を大きく上回る時間が必要になった。現金で支払いができれば、もっと早く終わらせられたのかもしれないが。しかし、その間の彼女の財政状態はかなり厳しいものだった。オランダにいても自分のダンスに未来がないと気づかされていた。「フレンチ・オペラ」は毎日、演目が変わる上に、バレエを披露する機会がほとんどなかったのだ。

ところが、マタ・ハリに関する本を必死に書き上げた多くの作家たちは、この時点ですでに彼女はスパイだったと主張している――大きな報酬を得たスパイだと！　現実には明らかにそんな状態になかった。マタ・ハリはハーグに住み始めた最初の八ヵ月間、ほとんど所持金がなかったのだ。家の修理を請け負い、家具の取りつけを行っていたスット氏は代金がもらえるかどうか疑心暗鬼になりながら、ダラダラと仕事を続けていた。

前年の九月、マタ・ハリは彼と口頭で契約を結び、仕事が完了し入居できるようになった段階で、支払いをスタートさせて、二年の間に完済すればいいということになっていた。加えて、いつになればいくら支払えるのかわからない彼女は払える分の金額を払っていけばよかった――支払いの日は彼女が自由に決められるという訳だった。後になって、建築業者はマタ・ハリに借金をはっきり認める契約書を作るよう求めてきた。しかし、彼女から書類を手に入れる前に、複数の友人の連署を書かせ、銀行の約束手形として使えるようにしようとした——いつでも現金にできる保証を手に入れようとしたのだ。

それを聞いて激怒した彼女は、一九一五年八月八日、同じニューアウトレフの数軒先に事務所を抱える、ヒーマンという弁護士に——今回はオランダで——八枚にわたる手紙を書いた。

「ヒーマン氏へ」という書き出しの手紙にはポーレス・ホテルの便箋が使われていた。

大工からきた請求書を同封しました。スット氏宛になっていますが、私に送り返してください。ポーレス・ホテルの部屋まで、その書類を持った人たちがやってきて当惑しました。面識のない人たちに突然来られて。とにかく早く話を決着させてください。スット氏が約束を守りたくないなら、持ち込んだものをすべて持ち帰ってもらって結構です。彼の赤字分はせいぜい四百ギルダーなのに、こちらは四千ギルダーもかかっているのです。ヴィクトリア・ホテルとポーレス・ホテルの領収書を見せることができます。もめると厄介なタイプの人たちだと思いますし、私も訴訟を起こしたくて、ここに引っ越したわけではありません。でも、私を信用して作業を始めたのに、一年後の今になって、書面と保証が欲しいなんて、とても納得できません。書くと決まってもいない書類で現金を受け取ろうとしていますが、そんな目的の書類に名前を書いてくれる友人なんているわけがありません。もちろん、これから、誰かが署名する心配はありません。ちゃんとみんなに知らせておきましたから。

スット氏は心配なんていらないのです。約束さえ守っていただければ、誠実に、契約通りの料金を受け取れるのですから――私がその家に引っ越して二年以内に支払われるという約束で。すべてが完成してからの話ですが。

金額の増減にかかわらず、料金の支払い方法については私に権限があります。K夫人の立ち会いのもと、アムステルダムで彼の申し出を受けたときの条件だったからです。彼には約束を守る義務があるし、そうしないなら、すべて持ち帰っていただいて結構です。そして――私には損害賠償を求める権利があります。

ブルフバインのオフィスで侮辱されたことに対し
料金を取るだけの仕事ができていないことに対し
ホテルに長期滞在させられたことに対し

昨日からガスが使えるようになりました――そして、ヴァンバーグが浴槽をつけてくれました。ガス会社がメーターを直してくれました――でも、スット氏とどこで話し合いをつければいいかわからないと、引っ越しできません。こんな仕事がどれほどフェアじゃないか指摘してくださるようお願いします。

敬具
マタ・ハリ

E・ヒーマンは三日後の、一九一五年八月十一日には事態を解決してくれたようだった。その日付で人口動態統計局にハーグの住民として登録され、記録が一九六五年現在も残っている。再び、彼女は自分自身の家を所有するようになった。[◇2] それと同時に、彼女の不安定な財政状況がすぐ改善されることはなかった。というのも同じ年の十月八日――ポーレス・ホテルから彼女が出てから、ほぼ二ヵ月後――に彼女はホテルの支配人に手紙を送って、宿泊費の清算のため「近日中、おそらく来週には立ち寄らせて」いただきたいと伝えているからだ。一つ前の、九月二十八日付の手紙では、ホテルの簿記係が何度も新しい家にやってきたことに対する不満を書き、支配人に自分を「十分信頼して」大丈夫だと請け負っている。十月の手紙は、さらにこう続く。「重々ご承知のこととは思いますが、確かにお金の問題は誰にとっても悩ましいものではありません。とはいえ事態はほぼ解決したと考えていただいて大丈夫です」（マタ・ハリは家の所有権を持ったことは一度もないが、まるで所有者のような発言が複数残っている。ハーグの家と同様、ヌイイ・シュル・セーヌの家はそのオーナー、マゲットから借りたものだった――一方、シャトー・デ・ラ・ドレはルソーと一緒に暮らし、ルソー氏が――彼自身の名義で――コンテス・デ・ラ・ドレタンヴィーレから借りていた）

マタ・ハリと建築業者にできた溝は、手紙を書いた日から家に入る日までの三日間がクライマックスだった。何年も前に、しばしば「突如衝動に駆られる」ことがあると、自らパリ在住のオランダ人特派員に語っていた言葉の正しさをはっきり示す出来事が起こっていた。この時期、ハーグでマタ・ハリと一緒にいたアンナ・リンチェンスから一九三二年に聞くことができた。

家中くまなく最終チェックした彼女の気に障ったのはベッドだった。自分がずっと愛用してきたものと違うとスット氏に訴えた。ベッドについて一家言持っている彼は、それが上等なベッドで、オランダで手に入る最上の馬毛を使っていると主張した。マタ・ハリの方も折れなかった。議論は白熱する一方で、主張を曲げない建築業者に業を煮やしたマタ・ハリがキッチンに走って、大きなナイフを手に戻ると、マットレスを大きく切り裂き、あっけにとられたスット氏の鼻先に馬の毛をつきつけ、「これのどこが上質なの?」と言い放った。

一九六三年に七十七歳になったアンナ・リンチェンスの息子さんの聞かせてくれたエピソードも興味深い。またしてもマタ・ハリの気性の激しさが垣間見えるものだが、彼が母親から聞いた、同時期の話だそうだ。建築業者の面々が階段の一番上まで衣装ダンスをようやく運び上げたところに、マタ・ハリは別の部屋に移動してくれと頼んだというのだ。

スット氏はドアを開いて大きさを確認すると、「無理です、マダム」と答えた。マタ・ハリは大丈夫だと言い張り、再び、スット氏と意見が衝突した。話し合いが続いた挙句、マタ・ハリはまたしても癇癪を起こし、衣装ダンスを思い切り押すと階段の下に叩き落してしまった。そして、唖然としているスット氏に顔を向けると、「無理ですって？　これでもう解決よ！」と言い放ったという。

その後の数ヵ月は、しばらく不思議な空白期間になっている。マタ・ハリに関する記事や作品によって、この年にあった出来事の順番はまちまちなのだ。彼女が戦争中にオランダからフランスに一度旅行して、逮捕に至っていることは良く知られている。しかし、それ以前にもフランスに旅行している――一九一五年十二月の話だ。彼女がこの二度目の旅行で（実際には一度目だが）ハーグをどうやって、いつ出たのか、ずっと謎のままだ。本人さえ、ブーシャルドン大尉との聴聞の中で、フランス旅行の時期を取り違えている。一九一五年五月に戻り、三ヵ月間滞在して、イギリス経由で移動し、英仏海峡を渡ってディエップ（北フランス）に行ったと発言していた（ベルギー経由の移動はありえない時期だ。一九一四年八月以降、ベルギーはドイツ軍に占領されていたからだ）。完全に彼女の間違いで、ずっと後に、一九一五年十二月だったと訂正しているが、そちらが正しい。一九一四年の春にパリを出てベルリンに行った後ずっと、一九一五年十二月の旅行まで、フランスには一度も旅行していないのだ。

しかし、戦時中初めてパリに足を踏み入れた日付は、フランス軍にとっては大した意味はない。一九一七年七月二十六日宣告された判決では、彼女は十二月にパリにいたと記されているだけだ。軍事裁判のメンバーが結論を問われた最初の告発は次の通りだった。マタ・ハリが「一九一五年十二月に、塹壕《ざんごう》で囲まれたパリのキャンプ地に侵入した」かどうか。出された答えはイエスだった。

レオン・ビザールという、一九一七年にマタ・ハリが収監された施設の医師だった人物だけが、『医師の記念に』という著書の中で、彼女が一九一五年のいつパリにいたのか言及している（ビザール医師はパリの売春宿で戦争前に彼女と会っていたとも記しているが、彼女が経営者だったのか、客としてきていたのか言及がない。信憑性は薄く、マタ・ハリは当時、ずっとお金を必要とはしていたものの、そこまでの貧困状態にはなく——何らかの「報酬」を得ていたにしても、間違いなく家を使っていたはずだ）。

ビザールの著書によれば、一九一五年に彼女がパリに着くと、警察は彼女をベルギー出身で監視が必要だという間違った情報を載せたファイルがあったことがわかる。警察は指示に従って目を光らせていたが——ビザールによると——疑わしいことは発見できなかったそうだ。「頻繁に買い物に行き、たくさん靴を買っていた。[◇3] 結局、しばらくして、警察は監視を辞めてしまった」と言う。

その記述はおそらく正しいのだろう。しかし、この年については、いろんな作家たちの手で——完全なでっちあげの——単なる思いつきの記述が書かれ、そのいずれも正しいと受け取られた結果、元々新聞に書かれたエピソードを基にした間違った噂話が無数に作られていった。その新聞のエピソードはゴメス・

カリージョが引用し、『パリのアンダーワールド』の中でアルフレッド・モレインがフランス語で取り上げ、『秘密諜報員の物語』の中で一九三八年にリチャード・ウィルマー・ローワンが英語に翻訳して引用している。一九五四年にはエドモン・ロカールの『マタ・ハリ』にまたしても使われ、その後、実在しないマタ・ハリの娘バンダの生みの親、クルト・シンガーも長々と扇情的に、間違った方法で引用し、彼の著作のひとつでわざわざ大文字を使って言及し、重要性をしっかり強調している始末だ。

一九一五年七月、マタ・ハリはまだハーグの自宅の家具の取りつけに奮闘していた。しかし、同時に、ナポリにもいることになっている。というのも、多くの作家たちが、その年の七月、イタリアの諜報機関はパリに次のような秘密のメッセージを送ったと記しているのだ。「ナポリにある日本の船舶の乗客リストを調べると、マルセイユからきた演劇界の名士の名前が確認できた。その名はマタ・ハリ——ヌードも辞さない秘密のヒンズー教のダンスを紹介した有名なヒンズー教徒のダンサー（当然ながら、これはすべて諜報部員のメッセージである）。彼女はインド生まれで、ベルリンの住人になったという自らの主張を否定している。彼女の話すドイツ語にはわずかにオリエンタルな訛が感じられる」

私はローマの陸軍省にファイルを調べ、電報の存在を確認して欲しいと依頼した。歴史部門のトップであるブロッキ大佐から、可能な限り探したが、謎の電報は見つからなかったという連絡を受けた。私はそこまでの状況を総合的に判断した結果、迷いなく、まったくの創作なのだという結論に達した。

ルネ・ピュオーというパリの新聞『ル・タン』紙の特派員は、一九〇七年の初めにS・S・シュレスヴィッヒ号で——マルセイユから——エジプトに旅行した。その際、ナポリでマタ・ハリに会ったことを記事の中で記している。記事は一九〇七年三月二十一日付の『ル・タン』紙の附録紙に載り、先ほど引用した秘密のメッセージとそっくりの表現で書かれている。

その後、誰か別の作家がその記事を読んで、イタリアの諜報機関という要素も加えて、ドイツの船を日本の船に変更し、記事の中の二ヵ所をこっそり差し替えている。ひとつはその出来事の起こった年で、もうひとつはおそらくフランス語に対する知識の欠如が理由で起こった変化だ。一九〇七年が一九一五年に変えられ、もともとのフランスでの記事で「彼女は現地の人と聞き間違えるほどのドイツ語を話している」と書かれていたものが、「彼女はわずかにオリエンタルなアクセントのドイツ語を話している」になっている。物語はそこから作られ、その後ずっとマタ・ハリは一九一五年にナポリで日本の船に乗ったところを目撃され、オリエンタルなアクセントのドイツ語を話すことにさせられたのだ。

さらにこの物語を手直ししたのが、マタ・ハリについて書いた作家、ラエル・タッカー・ワーテンベイカー夫人で、一九六四年の初めにアメリカで出版された小説『獅子の目』には、パリでのマタ・ハリの裁判の場面で、このナポリのエピソードを使っている。他の場面でも、夫人はクルト・シンガーが発明したマタ・ハリの実在しない娘バンダまで登場させている。

しかし、七月にはナポリにいなかったマタ・ハリだが、十二月にパリに来ていたのは確かだ。その旅行は短期間で、翌年の初めにはまたオランダに戻っている。マタ・ハリ自身が後にはっきりとこう言っている。「ジョンキエール通り二九のメイプルという会社の倉庫に預けておいた私物と家財道具を取りに帰りました。十個の荷物を持ってスペイン経由でオランダに帰ったんです。イギリスとの国境は部隊の移動があって、しばらく封鎖されていました」。後に、彼女はヌイイ・シュル・セーヌを離れて倉庫に預けていた荷物はほとんどが銀食器とリンネルだったと話している。

ハーグの新しい家に必要な家財道具しか頭になく、世界の衝突をまるで意に介さず、戦争の影響を被ったヨーロッパを平気で横断してパリに向かったマタ・ハリだが、滞在を続ければ、もう一度パリの舞台に登場するチャンスがあるかもしれないと、すぐに気づいた。彼女はディアギレフがフランスにまだいると聞いて、チャンスがあると感じたのだ。三年という月日がすでに経過し、ロシアン・バレエと彼女自身のオリエンタルなダンスは交わりようがないというのは明らかだったが。

グランドホテルに滞在した彼女は一九一五年十二月二十四日にホテルの便箋で手紙を書き、昔からの友人であり擁護者であり興行主でもあるアストリュックに送っている。自分には新しいものを（おそらくはオランダで行っていた「動く絵画」のことだと思われるが）提供できるし、加えて、お金のために復帰したい訳ではないと念を押している。自分はオランダの良家の出身なのだと。その上、まるで子どもじみた言葉だが——彼ならマタ・ハリのようなレベルのアーティストでも対処できる——とディアギレフに伝えるようアストリュックに頼んでいる。

「ほんの短期間ですがパリに滞在しています。数日後にはオランダに帰るつもりです。ディアギレフがまだこちらにいるのは知っています。新しい、見たことのないようなダンスを用意しているので、連絡を取っていただけますか」

「ご存知の通り、私は今までのダンスをすべて自分で作りました。お金は関係ありません。オランダでは女王の副官である方の庇護を受けていますから。芸術を追い求める探求心を満たし、純粋に名誉を求めて取り組んでいます。彼（ディアギレフ）を後悔させたりはしません。これまでに見たことがないものを提供できるからです」

返事はホテルに送るようアストリュックに頼み、さらに宛名は必ずマクラウド・ツェレとするよう指定している。旅行中はパスポートに書かれている正式な名前を使っていたからだ。

もちろん、ディアギレフが彼女を使いたがることはなく、スペインとポルトガルを経由して、マタ・ハリはハーグにいる裕福な恋人のもとに戻った。その人物は前述の、時折会っていた友人だったが、後のパリの聴聞でその存在が明らかになっている。オランダの上流階級の中でも特に有名な、エドゥアルト・ファン・デル・カペレンだった。一八六三年に生まれた彼はジョン・マクラウドよりも七歳年下で、マタ・ハリと二度目に会ったとき五十二歳になっていた。彼女が魅力を感じたのは——お金に加えて——またしても、制服だった。第一次世界大戦中のカペレンはオランダ騎兵隊の陸軍大佐で、所属していた軍隊支部に、英国陸軍士官学校に入学した一八七九年以来ずっと配属されていた。

一九一四年五月、軽騎兵隊の指揮官カペレンは少将になり、一九二三年に軍人としてのキャリアを終えた後、ニューアウトレフの愛人の家に頻繁に通うようになっていた。自身も一九一六年に兵士としてハーグに駐留していたアンナ・リンチェンスの息子は、彼のことをよく覚えていた——そして、マタ・ハリのことも「明るいブロンドではないが、ブロンドの髪だった」と記憶している。彼によると、マタ・ハリは愛人のカペレンに対して同じ不満をずっともらしていたそうだ。「オランダには劇場が少なすぎる」と。

しかし、マタ・ハリにはオランダに対する不満が募っていった。その静けさが嫌いで、戦争中にもかかわらず、ハーグの小さな町は何事もないような落ち着いたたたずまいに包まれていたからだ。彼女は大都市の喧騒を欲し、パリや一九一五年十二月にグランドホテルで会ったマーキス・デ・ビューフォートという人物が懐かしくて仕方ないようだった。ずっとその記憶はお互いの心に鮮明に残るものだった。

彼女はオランダ政府に新しいパスポートの発行を要請して、一九一六年五月十五日に受け取っている。それが今もフランス陸軍省の秘密のファイルにしっかり残っているのを私自身、確認している。たった一枚のまっさらな便箋に、一枚の写真が添えられている――マタ・ハリがスクラップブックに貼っている最後の写真と同じものだが、サイズが小さい。羽のついた大きな帽子にイヤリングと真珠を身に着けたマタ・ハリの姿があった。

《原註》

◇1　フランスの喜劇映画俳優マックス・ランデーはヨーロッパの初期の映画ではチャールズ・チャップリンに並ぶ人気があった。

◇2　一九二三年から三八年にかけて、ニューアウトレフ一六の住居にはオランダの女優 Fie Carelsen が住み、彼女は一九三二年の女王即位二十五年祝典の際に、オランダの舞台――『マタ・ハリ』の主役を演じた。

◇3　マタ・ハリは自分の靴をスマートという店名の靴屋に頼んでいた。フランスの美大の学生 Lucien Grandgérard ルシエン・グロンジェラードがオーナーの店で、後に「女王御用達の靴屋」とでも言わんばかりに、マタ・ハリのお気に入りの靴屋と自称した。一九六五年に会ったムッシュ Grandgérard は、年齢はやや重ねたものの現役の画家で、マタ・ハリの愛人ザビエル・ルソーの名刺をまだ持っていた。マタ・ハリはなかなか期限内に借金を返してくれなかったそうだが、彼女の偽りの称号に長く敬意を払っていたことがわかる。彼のカードに、ムッシュ・ルソーはその靴屋に「レディ・マックレオドに請求書について相談する」と知らせていた。

《訳註》

◆1　フランソワ・クープラン（一六六八年十一月十日～一七三三年九月十一日）フランスの作曲家で、バロック中期から後期の代表的音楽家。

第12章

マタ・ハリはオランダのフランス大使館でフランス渡航の入国ビザを簡単に手に入れたが、イギリスの方は違っていた。イギリスに短期滞在できるビザを請求したが、ロッテルダムの領事館に拒否されてしまった。

納得できなかった彼女は、パスポートを受け取りに行く五月十五日の前に、ハーグの外務省に助けを求めていた。お陰でビザはすぐに手に入り、一九一六年四月二十七日にオランダの外務大臣ヨンクヘール（爵位を持たない貴族を表す言葉）ルードンの署名が入った一通の電報がロンドンのオランダ領事館に送られた。署名入りというのは、マタ・ハリに個人的に便宜を図ったという意味ではない。すべての外務機関の電報に必ず入っているもので、事務局長のルードンかハンヌマの名前のどちらかが使われていたというだけだ。

ロンドンのオランダ領事館長、ヨンクヘールのデ・マレー・ファン・スウィンデレン宛の電報の内容は以下の通りだった。「有名なオランダ人アーティストのマタ・ハリ、本名マクドナルド・ツェレという者です。戦前住んでいたパリに個人的な理由で訪れることを希望しています。ロッテルダムのイギリス領事はフランス領事と違って、渡航ビザを発行してくださいません。ロッテルダム領事がビザを発行するよう、イギリス政府に頼んでいただけないでしょうか。電報にて」オランダ外務省の整理番号は七十四番だった。

翌日の二十八日には、領事館に届いていたが、受け取った担当者は六日後の五月三日まで――電報に「H.

O.」と手書きで記している人物によれば――内務省に行くことはなかった。イギリス領事が答えを出すのに二十四時間かかり、そのことはマタ・ハリが被るトラブルの最初の兆候ともいえるが――彼女には知る由もなかった。一方、返事を読んだオランダ政府の役人はその内容に驚いただろう。

その際のイギリス領事からの返事はその後起こるすべてのことに重要な意味を持つ内容だったが、マタ・ハリの本を書いた作家たちからは完全に見過ごされて――というよりも存在自体知られないままになって――いる。フランスよりもずっと先にイギリスがマタ・ハリを容疑者として扱っていたことが明らかになる内容だったのだ。フランスの情報局、第二情報部のトップのラドゥーが後に、ロンドンの同僚に「一年以上の間」レポートを送らせていたと確かに言及しているが、それ以上のことは言っていない。イギリス領事には何の具体的な情報もなかった。入っていればラドゥーに知らせていたはずだ。しかし、後に本人が語っている通り、一九一六年八月の段階で、ラドゥーはマタ・ハリを有罪と見なす情報を何も持っていなかった。英仏海峡の両側の国が彼女を容疑者と考えた――そして、最初にそう考えたのはロンドンだったのだ。

一九六三年六月、スコットランドヤードとイギリスの外務省に何度か手紙で問い合わせた後、私はその両方を訪れた。どちらもマタ・ハリ裁判にイギリスがどう関与していたかまったく知らず、内務省でも変わらなかった。

スコットランドヤードが第一次世界大戦中にはイギリス諜報機関の管理をしていたが、後になって作られた別の局に記録は引き継がれたと聞かされた。ファイルにマタ・ハリに関する書類が存在していたとしても、別の場所に移されていることになる。イギリス各省の文書は「五〇年経過後」に公文書館で見ることができるが、「政府の安全にかかわる文書、及び公開がふさわしくないと判断された文書は、さらに長い期間、公開を控える可能性がある」と伝えられた。イギリスがマタ・ハリの裁判に関与していた場合、公開がふさわしくないと判断される可能性があるということだ。しかし、スコットランドヤードで話を聞いた限りでは、（後に外務省のスポークスマンからも聞いているが）イギリスはマタ・ハリの裁判に何も関与していないということだった。

そこで、私は公式なスコットランドヤードの便箋に書かれた手紙の写しを見せた。スコットランドヤードの文書なのは確かで、内容もはっきりマタ・ハリについて書かれている。相手はその書類に驚いたが、本部では誰も知らない書類だと断言した。外務省の答えも同じだった。

イギリスがマタ・ハリを容疑者としたのはおそらくオランダ在住の諜報部員のレポートが根拠となったのだろう。その人物は、第一次世界大戦中の最初のフランス旅行から戻った彼女がハーグで、ある人物の訪問を受けたとロンドンの上司に報告している。訪ねて来たのは、一年以上経ってからパリの公判前の聴聞での本人の言葉によって、アムステルダムにいるドイツ人領事だったとわかっている。イギリス諜報部は話の内容について一切伝えられなかった。実際、中立国のオランダでドイツ人容疑者と話すことは禁止されていた。イギリス諜報機関がそのことで容疑をかけたのは確かで、それ以来、ロンドンはマタ・ハリを容疑者として扱っていた。

ビザの発行が拒否されたこと、少なくとも拒否された理由は、マタ・ハリに知らされないままだった。ハーグの外務省がロンドンから受け取った電報の中身は伝えられなかった。結果、彼女は落胆することもなく、フランスに向かった。果たしてどうやって行ったのか。長い間、謎のままで疑問符が消えることはなかった。オランダの蒸気船ジーランディア号の名前が、一九一六年八月にパリでのラドゥーとの取り調べの際に登場しているが、私がフランスの秘密ファイルにマタ・ハリ自身の証言を見つけたことでようやく公式な記録が登場した。

ロイド社（海運会社の名前）のアムステルダムにある本社から受け取った情報によると、ジーランディア号はオランダを一九一六年五月二十四日に出港している。結果的にそれがマタ・ハリにとって運命的な航海に出た日付となった。新しい彼女のパスポートにはいくつもの日付が押されているのが、一九一六年五月十五日にハーグで押されたものがそのときのものだと確認できる。領事館や国境付近の検問所に行き、スペイン入国のビザを取ろうとしたことがシンプルな文書に押された六個のスタンプでわかる。そのうちの最初のスタンプの日付は一九一六年六月十二日で、その日にマドリッドにいたということになる。ジーランディア号がアムステルダムの港を出てから三週間近くが経過している。ヴィーゴからスペインに入国した際のスタンプはない。まだすべての港で必ずパスポートにスタンプを押すようになっていない時代だった。

別のスタンプからは、六月十四日にマタ・ハリがマドリッドを出てパリに向かっているのがわかる。パスポートに記された日付は十六日——アンダイエでの出来事があるまで、国境のフランス側に足止めされていたのだ。

パリの諜報機関は、これまでの話でわかる通り、イギリス軍に刺激を受けた結果、容疑者に眼を光らせ、彼女を国内に再入国させないよう指示していた。なぜ入れないのか、とマタ・ハリは腹を立てて尋ねた。検問所のフランス人職員は理由を答えなかったが、サン・セバスティアンのオランダ領事に助けを求めるよう助言した。マタ・ハリは激怒していた。自身の発言によれば、彼女は古くからの仲のいい友人で、アルジェリアの元総督、ワシントンにいる元フランス大使、マドリッドの元フランス大使、ベルリンの（一九一四年戦争が始まるまでの）元フランス大使、ロンドンに行っていた当時のフランス大使の兄、フランス外務省の当時の事務局長でもあったジュール・カンボンに手紙を送っている。手紙の中で、フランス国境で入国できなかった怒りを伝え、入国の手はずを整えて欲しいと頼んでいた。

彼女が本物のスパイだったら、フランスに入国できなかった時点で理由を考えたはずだ。彼女にその様子はなかった。戦前、たびたびドイツに入国していたために、フランスに疑いをかけられたかもしれないという考えは微塵もなかった。戦争中に不適切な個人的な事情による旅行を重ねていたが、中立国の一市民に過ぎず、結局のところ、自由に振る舞っていただけだった。その気ままな生活ぶりはスパイ活動を行っていると考えなくても――ドイツとフランス両方の――諜報機関のトップに警告があって、しかるべきものだった。彼女は確かに魅力的だった――そして語学に長け、ライン川をはさむ国々に地位の高い知り合いも数多くいた。しかし、ごく常識的な知識が欠落している部分があった。

私の古くからの友人のレオ・ファウストという名前の、一九一二年から戦争中も含めてパリの新聞の特派員だった人物は何度かマタ・ハリと話している。その彼も私の意見に完全に同意してくれている――彼は一九五九年、さらにその後も文書と口頭の両方で認めてくれた。彼がはっきり記憶している話に次のようなものがある。ドイツ赤十字病院として使われていたブローニュの森の中にあるレストラン、プレ・カトランで一九一五年の終わり頃に会ったときのことだ。（「冬だったが、雪は降っていなくて、それほど寒くなかった」というディテールまで記憶にあった）彼は妻と一緒にフォリー・ベルジェールで窮地に追い込まれた彼女に最後に遭遇している。「一九一七年の逮捕の数日前の話だ。軍服姿のポーランド人の男性が一緒にいたよ」

「彼女はスパイじゃなかったんじゃないかという疑問がときと共に強くなっているんだ」と彼は自らの意見を口にした。「スパイなら、それ以上、何かで稼ごうとする必要はなかったし、実際、大金を手にできていたはずだ。それに、スパイを雇うときに、彼女みたいな抜けたところのある人間を『合格だ』と判断するなんてどうかしてるよ。それどころか、大事なことを伝えたら、自分が窮地に追い込まれるのではないかと心配になってくる」

アンダイエに戻った彼女は、再び管制局に行ったが、前回とは別の男だったか、それとも指示されたことを忘れていたらしい。すんなりと、それ以上カンボンに手紙を送る必要もなく、列車に乗って何の気兼ねもなくパリに向かうことができた。

これまでずっと、彼女は数多くの男性と褥を重ねてきたが、女性としての品格は失われていなかった。惚れ込んだ男性を相手にすることもあれば、お金のためということもあった。オランダのカペレンとの関係はまだ続いていたが、遠く離れてしまっていた。それでも、ハーグの銀行からお金を送り続けてくれていた。その間にフランスで、ロシア人のヴァディム・ド・マスロフ大尉という心から愛する男性と出会った。しかし、彼はパリにいなかったため、かりそめに戦争前に知り合いになった男性ジャン・アロールとつきあうことで自分を慰めた。その男性も当時のほとんどのフランス人同様、軍に所属していた――彼女は若い頃から制服姿に弱かった。制服好きはこのときになっても変わっていなかった。

ヴァディム・ド・マスロフ（作家によって、Massloff でなく、Marrow や Marlow や Marzow などと表記が異なっているが）は第一特別連隊の大尉だった。マタ・ハリは彼に強く惹かれ、実際、生涯において誰よりも彼を愛していたと認めている。半年後、パリで逮捕された際、名刺と一緒にヴァディムの写真が何枚か

（名刺を記念にとっておくのを好んだ）彼女の部屋から見つかった。未発表の秘密のファイルに含まれていた写真の中の一枚には裏に次のような言葉が記されていた。「一九一六年ヴィッテル——生涯でもっとも素晴らしい日々の思い出に。誰よりも愛する私のヴァディムとともに」その写真は誰にも送られることはなかった。マタ・ハリ自身が持ち続け、ヴァディムに渡す機会を待っていたのか、それとも、未使用のままに終わった二冊目のスクラップブックに後で貼るための日付を記した覚書だったのか。真実は誰にもわからない。ともかく彼女が彼の写真をずっと持っていたのは確かだ。どの報告書を読んでも、その写真はヴァディムが片眼に眼帯をつけているもので、その左眼の眼帯は丁寧にインクで描き込まれたものだと書かれている。

八月半ばまでに、マタ・ハリはヴィッテルに行く構想を練り始めていた。旅行に行きたくなったのにはふたつの理由があった。ひとつは健康的な生活を送れることと、もうひとつはヴァディムと一緒に過ごせるかもしれなかったからだ。彼女はヴィッテルの地理に明るかった。以前、ヴォージュ山脈のふもとのスパに滞在したこともある。その水を飲むと関節炎などの疾患にいいという話だが、多くのフランス人には肝臓にいい水として知られている。一九一一年八月、ヴィッテルに滞在中の、可愛いレースのロングドレスに、パラソルと肘まで隠れる手袋、さらにはダチョウの羽が弧を描く大きな帽子を被った彼女の写真が残っている。

必要に応じて男の力を借りてきたマタ・ハリは、愛人を変えることで助けを得て生活してきたが、同時に心臓や肝臓の健康にも注意してきた。当時のパリ在住の友人、ジャン・アロールは戦争が始まった当初には中佐だったが、ギーズで怪我の療養をしていた。足を引きずり、すぐに任務にはつけない状態だった。彼の親しい友人、レオン・コールブレ船長は海軍に所属し、フランス陸軍諜報部の紛争調停者を務めていたが、陸軍省諜報部にいたアロールの新しいポストを見つけてくれた。諜報部はまだ作られて間もなかった。コールブレによると、ル・アーヴルの高名な公証人の息子で、非常に背が高くて容姿端麗だったアコールは、入隊前は仕事に就いたことがなかった。一九一四年に二十五歳だった彼は、戦後ニューヨークに住むアメリカ人女性と結婚し、フランスに帰国した後、残りの生涯をブルターニュのフィニステール県のサント・マリーヌの村で過ごしている。

ヴィッテルは軍隊の管轄地なので、入るのに特別な許可が必要だと彼はマタ・ハリに説明した。彼はサンジェルマン通りの外国人のための外務省に勤める友人に相談するよう助言した。彼が誘導したのか、それともマタ・ハリの誤解だったのかわからないが、彼女は間違った建物の扉を開けた瞬間、そのことに気づかされた――ラドゥーにつながる扉だったのだ。職業軍人の彼はフランス陸軍最高司令官のジョフルに任命され、そのポストを与えられていた。しかし、任命には援助が必要で、その援助をしたのが地位的には下だったアロールで、ラドゥーは彼より上級の秘書官になっただけでなく、彼のために大きく力を貸していた。

ラドゥー自身は著書『回想録』と『スパイ・ハンター』で、このときの会話について書いている。話は和やかな雰囲気で行われ、ラドゥーはアロールと彼女が友人であることを知っていると告げたそうだ。アロールがひどい怪我をしたことを伝えると、マタ・ハリは微笑んだという。彼の怪我についてよく知っていたからだ。

そこから会話は危険な領域に入っている。ラドゥーはヴァディムのことも知っていて（ラドゥーは自著の中でMarrowとMalsoffとMalzovといった複数の表記をしている）、そのことに初めて驚きを見せた彼女はこう言ったそうだ。「じゃあ、あなたは私の手紙をお読みになったのね」ラドゥーの本によれは、イギリス軍が彼女をスパイだと疑っていたが、彼はそれを信じず、彼女がヴィッテルに行くことを許可している。

しかし、さらにそこから、ラドゥーは話のトーンと会話の内容を変えている。フランスに対してどう考えているのか質問し、心から愛している国に力を貸す気があるか尋ねた。マタ・ハリが態度をはっきりさせなかったため、最終的にいくら欲しいのかと彼が聞くと、それはやると決めてからの話だと答えたという。その日の会話はそれで終わっている。

続いてマタ・ハリの行動には「スパイにしてはあまりにも間が抜けている」というレオ・ファウストの言葉がまさに当てはまる。二日後に再びラドゥーを訪れ、ヴィッテルに行く許可をもらうと、古い友人に会いに行ったのだ。彼女がパリでお金が必要になった一九〇一年から一九〇四年にかけてハーグのフランス大使館に配属されていたアンリ・ド・マルゲリという人物だ。当時の彼は一流の外交官になり、フランスの外務省の重要なポストに就いていた。そして、マタ・ハリはフランスから機密事項を探るスパイになる依頼を受けたことを隠しもせず、アドバイスをもらいに行っているのだ。

マタ・ハリは衝撃的な秘密を進んで彼に打ち明けた。自分の心の一番安全な場所にしまっておくべき秘密を。彼女は一九一七年二月の尋問の中で、こう答えている。「マルゲリは依頼されたミッションを受けるのはとても危険だと言いました。でも、フランス人として考えると、フランスのためにその任務に就けるのは、私しかいないとも言ったんです」

療養して体調を整えつつ、ヴィッテルで楽しい時間を過ごし、愛するヴァディムと何度も会うことができた——ラドゥーのスパイ防止活動担当のエージェントが、律儀にそのことを報告している。彼女がラドゥーやアロールに述べていた通り、旅行の主な目的は療養だったが、同時にヴァディムに会いたかったからだとは、ふたりに話せなかっただろう。

（バーナード・ニューマンはマタ・ハリがヴィッテルに二ヵ月滞在したと書いているが、実際には二週間だけだった。彼はイタリックの字体で強調し、間違った名前の綴りで「そして、（ヴァディム・ド・）マルロフはそこにいなかった」と書いているが、マスロフがヴィッテルにいたのは確かだ）

ラドゥーは、マタ・ハリが本当にドイツのスパイならヴィッテルからほど近い当時建設中のコントレクセヴィル空港の情報を探ろうとするだろうと踏んでいたのかもしれない。空港はマタ・ハリの滞在地から近かったため、多くの作家が取り上げ――ガルボが演じたマタ・ハリの映画で登場したように――過度に重視されてきた。第一次世界大戦中の飛行機や飛行場は、第二次世界大戦ほど重要な存在ではなかった。滑走路はなく、芝か土の上を離着陸する時代。飛行機はキャンバスをワイヤーで留めて作られていた。偵察には活躍したが、長距離の出撃ができるかどうかは未知数だった。爆撃は正確性に欠けていたので、ほとんどの戦いは空中戦、それもプロペラの動きとマシンガンの発射がシンクロするようになってからだ。ただし、パイロットになるのは血気盛んな制服姿の若者が多く、マタ・ハリ好みのタイプなのは間違いなかった。

しかし、ラドゥーの部下たちの努力は実らず――ラドゥー自身の主張によると――滞在中のマタ・ハリがヴィッテルやコントレクセヴィルで怪しい行動に出ることはまったくなかった。文句のつけようのない行動で、チェックされ続けていた手紙も――あぶり出しのインクや自らを罪に陥れるような記述はなく、パリに帰ったら、アンリ・マルタン通り沿いの家具のないアパートの部屋を借りると記されているだけだった。ラドゥーは新しい情報をなにひとつ手に入れられなかった――それでも怪しいという疑いは変わらなかった。ラドゥーがマタ・ハリを監視し始めたのは、すでに書いてきた通り、一九一五年だ――スコットランドヤードの要請によるもので、裁判で提出されたファイルには、ラドゥーの指揮下の諜報員が毎日記録していたレポートの写しも含まれている。マタ・ハリに関して、レポートに疑わしい要素は何ひとつ見つからない。買い物に行ったり、お茶を飲んだり、友人に会ったり、その他、一度だけ占い師のところに行ったくらいだ——しかし、ラドゥーの記憶と結論にもよくみられることだが、書いた人間たちに対する強い疑いの気持ちが投影された文章になっている。

たとえば、一九一五年十二月にパリにいた彼女は、二日連続で外出の準備をしていたが、いずれも計画だけに終わったと報告されている。ラドゥーの諜報員によれば、乗るはずだった船が魚雷で攻撃を受けて沈んでいるそうだ。彼女が逮捕された後で、この事件が重大事のように扱われている。彼女は船について何も知らないときっぱり否定しただけでなく——続いて彼女の言葉を引用するが——諜報員の主張がすべて捏造だと主張している。

「一九一六年一月にパリから旅行に出る日を遅らせた記憶なんてありません」とマタ・ハリは審理の中で答えている。「荷物を預けたまま、出発を変更したりもしていません。一月四日にパリでビザを取って、十一日にアンダイエの国境から国外に出ました。ビザを受け取った後、予定より何日か遅れましたが、喜んで出発しました。時間がかかったのはマダム・ブルトンの衣装の配達が遅れたからです。自分の乗る前の船が沈んだかどうかなんて知っているはずありません。そんなこと考えたこともありません。頭に過《よぎ》ったことすらない」

フランスの週刊誌『ヌーヴェル・キャンディード』にマタ・ハリについて、四回にわたる連載を一九六二年三月に書いているアラン・プレルとアレン・フレースレ・フランソワ・ブリーゴは次のように記している。「どちらの出港予定日も彼女がホテルからキャンセルした日と一致し、船は魚雷で攻撃されて沈んでいる」

マタ・ハリのファイルを調べると、一九一七年にマタ・ハリに死刑を宣告した陪審員たちはラドゥーの諜報員のレポートに強く感銘を受けていることがわかる。しかし、すぐにわかる通り、根拠はなく、確たる証拠のないまま疑わしいと思わせているだけだ。出発をキャンセルした日付と事故の日付が一致しているという諜報員の記録はただの捏造でしかないからだ。

マタ・ハリはパリのグランドホテルに滞在していた。戦争が始まり、フランスの海峡に面している港から出る中立国の旅客船はなくなっていた。そのため、ホテルを出て、列車に数時間乗ってル・アーヴルかシェルブールかボルドーに出て、その後、小型船でオランダに行くという方法が使えなかった。小型船を使うには、パリからマドリッドまで列車で移動が必要で、最短でも二十六時間かかった後、再び列車に乗って、ヴィーゴかリスボンに出る、一晩丸々かかる旅をするしかなかった。港で船に乗るまでには最低四十八時間経過している計算で、マドリッドで休んだ場合、さらに時間がかかる。

パリを出たことと沈没を結びつけたのが捏造だと証明する事実はそれだけにとどまらない。マタ・ハリは中立国のオランダの船に乗るつもりだったが、毎日は出ていなかった。はるばるラテン・アメリカから出発する船だったからだ。相当な数のオランダ船がドイツ軍に沈められた。荷物をホテルに預けたままのマタ・ハリがパリの秘密諜報員に緊急電話をかけ、「その船には乗るな——沈めることになっている船だ！」と言われたとはとても思えない。

ラドゥーが諜報員のレポートに齟齬があると気づかなかったのも不思議だ。諜報局そのものが完全に混乱し、彼自身の発言による申し立ても、諜報員からの情報から導き出した結論も、ときとして、完全な間違い、少なくとも非常に疑わしい内容になっていることはさらに不思議だ。『回想録』という著書に、彼は

「一九一五年一月以来、彼女はフランス国外に何度も旅行し、諜報部員たちの監視の目を集めていた」と書いている。しかし、一九一五年一月に彼女はフランスにいなかったし、一九一四年の早い時期からずっとフランスには一度も行っていなかった。そこに足を踏み入れるのは、一九一五年十二月になってからのことだ。一九一五年一月、マタ・ハリはまだオランダにいたのだ。

第13章

ヴィッテルから戻ると、マタ・ハリはラドゥーと再び和やかな口調で話を始め、冗談交じりに会話を進めることもしばしばだった。マタ・ハリは彼の事務所に行くまでの道で、自分がつけられていたと指摘し、ラドゥーの方も自分の部下だと認めている。見張りで疲れただろうから、今のうちに近くのカフェで一休みさせてあげたらと彼女は進言した。ラドゥーは全面的に同意し、疲れた諜報部員にとっていい休養になるよと答えた。

その後、会話の内容は真面目なものになり、彼女はラドゥーに喜んでフランスのお役に立つつもりです——十分な報酬さえいただければ、と口にした。彼女が要求した百万フランという報酬額に、ラドゥーは相当驚いている。しかし、お金の話にまったく臆しない彼女は、ヴァディムとの結婚にお金が必要で、十分な資産がないと彼の家から承諾してもらえないのだと説明した。ラドゥーはすぐに承服しなかったが、マタ・ハリは自分にはそれだけの価値があると言った——自分には広い人脈がある——たとえば、ブルフバインも知り合いだ。

その名前が彼女の口をついたのは、たくましい想像力を膨らませ、かなり前から使うチャンスを伺っていたからだろう。ブルフバインとは彼女がハーグの家の大工たちとひと悶着あったときの、建築業者の社長だった。彼女はその名前を弁護士に送った手紙に記していた。マタ・ハリはブルフバインが今現在、ブリュッセルに暮らし、自分のために力を貸してくれる存在だと言った（ブリュッセルの商工会議所に問い合わせたところ、一九一七年当時の彼の会社の所在地は不明だった。一九四四年にパレス・オブ・ジャスティスが火事に遭い、すべての公文書がなくなってしまったためだ）。あふれ出すようなたくましい想像力が生む思いつきを、真実味を与えるベストのタイミングで躊躇なく使える才能が、まさか自分で作った蜘蛛の巣に捉えられるようになるとは知る由もなかった。

しかし、ラドゥーはブリュッセルという地名に惹かれ、彼女はハーグに自宅があり、海岸にもかなり詳しいのだろうと考えた——体調を崩してしばらく大人しく過ごしていたにしても。フランス側の主張によると、ラドゥーは彼女にスペイン経由でオランダに行くためのパスポートを用意するよう伝えている。

マタ・ハリは公判前の聴聞中でも頻繁にパスポートという言葉を使っているが、いずれもビザのことだと思われる。外交官ではない彼女は外務省にパスポートを取りに行く必要はなかったが、ビザを手に入れて国境を超える許可を取る必要があった。マタ・ハリはハーグで受け取ったパスポートを持っていた。フランスのパスポートを渡す必要は必ずしもなく、実際、渡されることもなかった——オランダのパスポートにスタンプをもらい——国外に出るときには、そのパスポートを使っていた。

次に何があったかははっきりしない。容疑者を捕まえるためにラドゥーがひそかに膨らませていた計画については諸説ある。まずはラドゥー自身が考えたというもの、続いて、著書『レ・エスピオーヌ・ア・パリ』で書いているようにマサールに委ねられていたというもの、三番目はハーグで（再びラドゥーと）待ち合わせたというもの、四番目にイギリスの諜報員の話を巻き込んだというもの。フランス軍はイギリスの諜報員に関する知識がまったくなかった。彼が初めてイギリスの諜報員について知ったのはマタ・ハリ自身が何気なくもらした発言からで、フランス軍が彼女自身の証言を使って彼女に死刑を宣告しようとしたのは確かだ。

イギリスの諜報部員はアラールという名のベルギー市民だった。後の尋問の際、ブーシャルドン大尉に対して、彼女は一九一六年十一月にフランスからオランダに行くオランダのホーランディア号の中でアラール夫妻に会ったと話している。船長によると、アラールはイギリスの諜報員で、一方で、妻はドイツのために働いていたと言及している。スペインに戻ったマタ・ハリはヴィーゴでオランダ領事の秘書にその話をしているが、その秘書はたまたまフランス人だった。マタ・ハリがそのイギリスの諜報部員に関して知っているのはそれだけで、彼について聞かれたわけでなく、自ら話してフランスに情報を与えてしまったのだ。しかし、アラールの話は裁判で利用され、マタ・ハリが「イギリスの諜報員の名前をもらした」のかどうか陪審員が判断を迫られた。

ほとんどの作家たちが強く惹かれた話はマサールが書いたものだった。ベルギーで任務に就こうとしている六人のスパイが絡む話で、マタ・ハリは――ラドゥーの指示で――そのスパイたちにあるメッセージを伝えるよう命じられた。スパイのうちの五人は二重スパイで、フランスとドイツのために働いていたので、敵にも存在を知られていた。残った六人目のスパイだけがフランスのためだけに働き、数週間後、ドイツ軍に撃たれたことになっている。そこで、マタ・ハリが全員の名前をドイツ軍の諜報機関に伝えたために、知られていないはずのスパイが撃たれたことに対する容疑がかけられた。しかしマサールの著書や――最も正確であるはずの――ラドゥーの著書のどこにも、イギリスの諜報員が処刑されたという記述は出てこないし、広く知られているベルギーのスパイの事件に至っては、裁判でまったく言及されていない。

ハーグで会うというのはラドゥー自身の発案だった。彼女がパリから出てから数週間のうちに何がどういう順序で起こったかは、かなり込み入った話で、作り事が多く、信憑性も低い。

クールソンはそこにかなり踏み込んでいる。彼はシェマン・ド・ダームの急襲[1]やアルトワの戦い[2]は彼女のせいで起こったと言及しているのだ。どちらの戦いがあったのも「彼女がヴィッテルを出た直後」だったという。一九一六年九月に彼女がヴィッテルにいたということからすると、一九一四年にシェマン・ド・ダームで起こったドイツ軍の占拠、一九一七年十月にフランス軍によるその占拠の解放、もしくは一九一八年の春にドイツ軍の不成功に終わった反撃に何らかの彼女の関与があったとはとても考えられない。アルトワに関して言えば、戦いが激化したのは一九一五年五月と六月——マタ・ハリが初めてヴィッテルに行く一年以上前になってしまう。

マタ・ハリの罪に何とかリアリティを出そうとするクールソンの筆はその後、どんどんのっていく。スペインに向かう前、彼女はオランダ領事館に行って、オランダにいる娘気付の手紙を渡したというのだ。

クールソンによれば、彼女が話した男性はフランスの諜報員で、手紙を開けて解読したところ、「敵の見事な戦略によって受けた甚大な被害の修復を図るフランス諜報活動の準備にかかわる最重要機密」を含んでいるとわかった。そんな手紙や情報は明らかに存在しないし、クールソンの頭の中で繰り広げられた空想でしかなかった。

マタ・ハリが犯した罪として、よく取り上げられる別の容疑に、モロッコのメヒディア、地元ではメディアと呼ばれる地域のドイツ軍潜水艦の燃料空輸基地の情報をフランスに教えたというものがある。(元々ポールリヨルテと呼ばれていた）ケニトラの約六マイル北の場所に、ドイツ軍が秘密基地を作ろうとしたのか疑わしい。しかし、フランス軍はマタ・ハリから与えられた情報を聞き、「そんな情報はドイツ軍しか知らないものだ」と彼女をドイツのスパイと結論づけている。スパイ防止活動をしていれば、すぐに思いつく考えだ――すべての情報はドイツ軍から出たものだし、フランス参謀本部第二局がフランス人と外国人のスパイを使って得ているのは当然だからだ。

バーナード・ニューマンの著書『調査』には、同僚たち同様、モロッコの潜水艦に関するその点について書かれていない。ドイツ軍がメヒディアを使っていた可能性については議論している。そして、筋が通らないため――ほとんどの作家たちと同様――その事件全体については触れていない。しかし、この話で大事なのはドイツ軍がメヒディアを使ったか、モロッコのどこかに基地があったかではない。大事なのは本当にマタ・ハリがフランス軍に伝えたのかどうかだ。そして、実際、その情報を伝えていたのだ！　フランスのスパイだったからこそ伝え、情報の一部は、信憑性はともかく、フランス軍の要請に応えてもたらしたものだった。その出来事にかかわっていたフランス人が、公判前の聴聞に出廷して口にした疑わしい発言で、まったく逆のことを言っているのだが。そのフランス人はかつてマドリッドのフランス諜報機関の局長だったダンヴィニュだ。しかし、マタ・ハリがパリでラドゥー本人にドイツ潜水艦に関する情報を改めて告げると、ラドゥーはひどく驚いている。「信じられない――本当にびっくりだ！」ラドゥーは裁判でこのマタ・ハリの発言を、他の発言とは異なり、まったく否定しなかった。

オランダに戻ってフランスのスパイとして働く申し出を受け入れたマタ・ハリは、ラドゥーが『回想録』

で認めているように、故郷に帰ることをパリのオランダ領事館に伝える許可を求めた。ラドゥーはすぐに許可したが、彼女の要求から興味深い結論を引き出している。これまでも、この後も、一貫して続けられた性急で不合理な結論のひとつに挙げられるものだ。

ラドゥーは彼女がスパイだと「そのとき確信をもっていた」と書いているが、その理由は伝わってこない。自分が母国に戻ると領事館に伝えたがると、なぜスパイということになるのだろう。不可解な理由に基づいてラドゥーは確信していたことになる。フランス諜報機関の長は無理な理由をつけてでも、マタ・ハリをドイツのスパイに仕立て上げたかったようだ。

ラドゥーから報酬を受け取ることのないまま、実際、何も受け取ることなく、マタ・ハリはパリを出て、マドリッドとヴィーゴに向かった。彼女はそこからオランダの蒸気船ホーランディア号に乗る予定で、ラドゥーが客室を予約していた。日付については諸説あるが、十月の前半から後半にかけての間だ。一九一六年十月にフランスとスペインの国境を越え、パリのファイルの中の、ハーグで発行されたオランダのパスポートに押された六個のスタンプの四個目がそのときのものなのは間違いない。

ラドゥーは彼女から目を離させなかった。マタ・ハリはマドリッドからヴィーゴに行く八時十三分の列車に乗る予定だったので、七時五分にホテルのロビーに入った。スペイン側の国境、イルンから彼女をつけていたふたりの秘密諜報員の片方は自分で思っているほど賢くなかったようだ。マタ・ハリは男に詰め寄り、イルンでもお会いしたわね、とすぐに話しかけた。彼女は一日マドリッドに宿泊してから行くと言い、「二時から四時の間にオランダ人と会う予定」だから、今日の午後は着いてこないで欲しいと頼んだ。男は用心深く、後は着けないと約束した――が、結局、自分の同僚を送っている。ラドゥーが後に語ったところでは、課報員は彼女が馬車に乗ると、（実際は三十六歳だが六〇歳に見せる変装をして）自転車で後を追った。彼女はカフェ・パルマリオで電話を二本かけ、マドリッドのドイツ銀行とヴィーゴのドイツ領事のところに行ったと報告されている。

マタ・ハリが乗る予定だった船が沈んだという報告から、ラドゥーの部下の諜報員たちが思いついた単純な結論を考えると――不利になる情報をすぐ伝えないことは考慮しても――電話に関する情報の信憑性も低くならざるを得ない。ラドゥーがその後、自分の考えの信憑性をきちんと考えたどうかははなはだ疑問だ。

（スペイン国際電話に伺ったところでは、社内に存在していた当時の電話帳は一切保存されていないそうで、本部にパルマリオというカフェを覚えている人はひとりもいなかったそうだ。他にもマドリッドのＡＢＣ新聞という日刊紙からもらった情報も否定的なものだった。ベテラン記者にカフェの名前を憶えている人がひとりもいなかったのだ。スペイン首都の記者は相当な時間を町のカフェで過ごしていたはずだからだ）

著書『シャサール・デソピオン』の中で、ラドゥーはマタ・ハリがＳ・Ｓ・ホーランディア号に乗ったとはっきり書いている。しかし、『回想録』では、同じ話がまったく異なる記述になっている。マタ・ハリはその船に乗るつもりでいたが、イギリス軍からイギリスの船に乗るよう要請されたというのだ。ラドゥーはイギリス軍を非難し、理由をこう書いている。「アンダイの諜報機関の長だったポール氏は……マタ・ハリに対する容疑をイギリスの海事裁判所に伝えたが、裁判所は、マタ・ハリがロッテルダムに行くためにヴィーゴでオランダの船に乗った途端、フランスに相談なく、イギリス船マーヴェラス号に乗せてしまった。さらに」と興奮したラドゥーの勢いは止まらない。「その後、リバプールからオランダまで旅を続けたのだ」おわかりのことと思うが、マタ・ハリはマーヴェラス号に乗船したこともなければ、オランダに戻ることもなく、スペインに戻るために、リバプールに向かっただけだった——元ダンサーの生涯でも最も奇妙なエピソードのひとつだ。
創作で生み出された数々の話を排除していくと、フランスとイギリス両方の公式な文書でさえ、矛盾ばかりだとわかる。スコットランドヤードのレポートを信じるなら——それを信じない理由は何もないが——フランスとイギリスの両方がマタ・ハリに罠を仕掛け合っていたか、イギリスの諜報機関が混乱状態にあったかのどちらか、もしくはその両方だったのだろう。

《訳註》
◆1　シェマン・ド・ダームの急襲　第一次世界大戦中連合国軍が一九一七年に行い失敗に終わったニヴェル攻勢の一局面。シェマン・ド・ダームの尾根でのフランス軍による急襲。
◆2　アルトワの戦い（一九一四年十二月〜一九一五年一月）。フランス軍とドイツ軍が西部戦線で行った攻勢。フランスの失敗に終わった。

第14章

一九一六年、イギリス海軍にすでに七つの海を支配する力は失くなっていたとはいえ、英仏海峡をその手に収めていたのは確かだ。相当な数の中立国の船が積み荷と乗客の検査のために、頻繁にイギリスの港に立ち寄る必要があった。そのことが、オランダに向かう――ラドゥーに与えられた任務を果たすべく、さらにはブリュッセルに向かう――彼女の乗っていたホーランディア号にも思いもよらない事態をもたらした。コーンウォールのファルマスに船が停泊するまでは順調に旅は進んでいた。

フランスに先駆けて、イギリスがマタ・ハリに容疑をかけたことを確認しておきたい。一九一六年四月にイギリスがビザの発行を拒否しているし、実際のところフランスはイギリスからメッセージを受けてから、彼女を追跡し始めた。その結果、ファルマスでホーランディア号に乗った諜報員はマタ・ハリを含む容疑者のリストをポケットに入れていたはずだ。諜報員のひとりはヴィーゴから彼女が乗船すると知らされていた可能性さえある。ラドゥーが話したのではないだろう。

ところが、イギリスの諜報員は誰一人マタ・ハリに気づかなかった。本名がパスポートに書かれているのを目にしながら、それが彼女のこととわからなかった、と主張している――ひょっとすると、実際はマタ・ハリの本名と知っていたという可能性もあるが。しかし、それ以上に不思議なのは、マタ・ハリをぜひともイギリスが捕まえたいハンブルク出身のドイツのスパイ容疑者、クララ・ベネディックスだと思い込んで告発したことだ。

実にありそうな話だが、マタ・ハリは半狂乱になるほど我を失った。さらに悪いことに、捜査後、スコットランドヤードの警官のG・グラントが正式に彼女を逮捕した。イギリスの諜報員は彼女を船から降ろし、ロンドンまではるばる連れ出した。今日（一九六五年当時）でも最速の列車で六時間半かかる。スコットランドヤードにまっすぐ連れて行かれ、十一月十三日の朝に投獄された。

後にわかったことだが、マタ・ハリはファルマスで半狂乱になるのももっともだった。イギリスでの逮捕は、後のマタ・ハリの裁判での悲劇的な過ちにつながっていく。

私は一九六三年六月に初めてスコットランドヤードと接触をとったが、警官だったグラント氏は数年前に亡くなったと言われた。その後、彼は奇跡的に生き返ったのか、一九六四年十二月、グラント氏はまだ元気そのもので、ジョージ・リード・グラントという名前の七十八歳の非常に元気な紳士だとわかった。初めて会って話を伺わせていただくと、イギリスでのマタ・ハリのエピソードをよく覚えていた。

グラント氏がスコットランドヤードに戻ったのは一九一五年で、戦争中はずっとフランスにあるイギリス軍に所属していた。彼は当時、妻のジャネットとともにファルマスに赴任していた。彼の妻はイギリスの港に入ってくる中立国の船を調査し、女性容疑者がいないか確認する特別諜報員だった。

グラント氏はマタ・ハリをすでに知っていたことを認めた。彼は一九一六年一月上旬にフランスから荷物を持って帰ってきたマタ・ハリと会っていた。短い時間だが二度目に会ったのは一九一六年五月に海外に出港するSSジーランディア号に乗っていたときだった。どちらの場合もオランダ船はファルマスに寄港している。グラント氏はマタ・ハリに紹介されていて、「今までに見た中で最も美しい女性のひとり」で、「威厳のある」女性だったと教えてくれた。

グラント氏はマタ・ハリに対し何も不審に思うところはなかった。しかし、一九一六年の五月末に船がファルマスの港を出港し、スペインに向かい始めた直後、「ロンドンのスコットランドヤードからメッセージが届き、ある女性がファルマスを出ようとしたら拘留し、本部で尋問を行うよう指示を受けた」と語ってくれた。本人確認のために、メッセージには写真が添えられていた。拘留したい女性はクララ・ベネディックスだった。

写真を確認すると、グラント夫妻はすぐにマタ・ハリ――少なくとも彼らがそう認識している女性――だと思った。彼女にそっくりだったと彼は語っている。「特に、スペイン風の衣装を写真の女性は着ていた」グラント氏は写真をすぐ横に置いて、周囲の女性を見回した。

一九一六年十一月の第二週の夜遅く、南米から――ヴィーゴ経由で――アムステルダムに向かうホーランディア号がファルマスに寄港した。予定通りの遅い時間、グラント氏は通常の調査を行っていると、逮捕予定の女性、クララ・ベネディックスが乗船しているのを発見し、驚いた。間違いないという確信があった。何ヵ月か前に紹介を受けた、その女性がツェレ家に生まれたマルガレータ・マクラウドでマタ・ハリなのは確かだが、写真とうりふたつな、その女性がクララ・ベネディックスなのも確かで、おそらくマタ・ハリの偽名のひとつなのだろうと考えた。

翌日の早朝、グラント夫妻は再び乗船し、グラント夫人が「マタ・ハリの服を脱がせ、身体検査を徹底的に」行っている間に、グラント氏がマタ・ハリ――もしくはクララ・ベネディックス――の船室に船の職人の協力で木製の壁のパネルを開いて入り込み、書類が隠されていないか調べた。証拠になるものは何もなかった。グラント氏は実際のところ、「彼女の荷物の中に有罪だと示す証拠は何ひとつでてこなかった」と答えている。

続いてグラント氏は、戦前にロッテルダムのミッション・トゥー・シーメンという宣教団体の理事長の息子にあたるアダムス氏に通訳を頼み、尋問を行った。マタ・ハリは強く反論し、マルガレータ・ツェレ・マクラウド名義のパスポートを出して、自分がクララ・ベネディックスではないと必死に証明しようとした。抗議もむなしく、グラント氏は彼女に「動向の調査のためにスコットランドヤードに連行する」と伝えた。その言葉を聞かされた彼女は、一九六四年のグラント氏によれば、「怒りのあまり、手をつけられない状態だった」そうだ。

船長も一緒に抗議し——中立国の乗客の逮捕に対して、船長としての権利と義務の両方を果たし——オランダ当局にこの件を伝えるとグラント氏に宣言した。さらにはこうつけ加えた。「今回、あなたはとんでもない誤りを犯しています。この女性は乗船されている中でも最も有名な方ですよ」

しかし、何と言われても、グラント氏は考えを変えなかった。クララ・ベネディックスをロンドンに連れて行くということしか頭になかった。結果、その朝の十時にはグラント夫妻のエスコートで、マタ・ハリは荷物とともに船から降ろされると、その日ずっとファルマスにあるグラント氏のロッジで過ごしながら、ロンドン行きの夜の列車を待つことになった。

「どうして私をこんな目にあわせるの？　一体何が望みなの？」とマタ・ハリは何度も尋ねた。ロンドンに連れて行くこと以外、グラント夫妻には実際のところ、何もわかっていなかった。グラント氏の話を聞いたところでは、自分たちの任務を遂行しただけだった。家にいる間、マタ・ハリは何度か涙を見せ、「コーヒーを何杯も飲み続けたが、食べ物は一切受けつけなかった」そうだ。

その夜、グラント夫人もつき添い、三人でロンドン行きの列車に乗った。夜寝るとき、マタ・ハリはスカートで灯りを覆い、客室を暗くしたそうだ。朝になると、まずホテルでシャワーを浴びてから、グラント氏に「拘束」され、スコットランドヤードに向かうと、エドワード・パーカー警部に引き渡された。

その頃には、両者の間に友好的な関係が築かれていたそうだ。別れの際、マタ・ハリはグラント夫人に自分の写真と小さなガラスのオモチャをいくつか渡し、そのときのオモチャは妻から夫の手に渡って、一九六四年当時もまだ存在していた。マタ・ハリからは名刺も渡され、「フラウネ・マルガレータ・ツェレ・マクラウド」と書かれていた。フラウネとはオランダ語で「夫人」に近い貴族的な称号を表す言葉だ。ハーグのニューアウトレフという住所の書かれた名刺の名前の上には小さな王冠が印刷されている。一九一六年当時も、まだ彼女は「貴族」だった父を忘れていなかったのだ。

グラント夫妻はクララ・ベネディックスを拘束するというミッションを完了し、穏やかな気分でファルマスに戻った。一方、マタ・ハリはスコットランドヤードに他人と誤解された記録が残されたまま、十一ヵ月後にはその生涯を閉じることになる。

バジル・トムソン卿は当時、副本部長兼ロンドン警視庁公安課長で、スコットランドヤードに造詣が深い。オックスフォードのイートン・アンド・ニュー・カレッジで学び、長年、公務員として高い地位にあり、フィジー諸島の首相を務めた経験もある。一八九六年に法廷弁護士になり、一九一三年まで複数の大きなイギリスの監獄で所長を歴任し、その最後に刑務局の長官になっている。一八六一年生まれでマタ・ハリがスコットランドヤードに行ったときは五十五歳。学歴や職歴から判断して、組織力に長けた知的な人物だったと思われる。しかし、十一月十六日に彼はふたつの矛盾した手紙に署名している。どちらもロンドンのオランダ大使に宛てられたものだ。最初の手紙はERというイニシャルの人間に口述筆記され、もう一通はKPというイニシャルが残っている。どちらにもバジルの署名がある。

マタ・ハリを船から降ろした諜報員やロンドンで彼女に尋問した人物たちは語学に堪能ではなかったし、それほど賢かったとも言えない——簡単にスコットランドヤードの諜報員の能力を疑ってはいけないが。一通目の手紙にはマタ・ハリがハーグ発行のフランスのパスポートを持っていると書かれていたのに、二通目でようやくそのパスポートがオランダのものとわかったというのだ。彼女の名前の綴りまで両方の手紙で違っている。前者がMaCLeodで、後者のMcLeodは彼女が署名するとき使っていた綴りだ。

その間、ロンドンのオランダ領事にはその事件について何も連絡がなかった。当然だがマタ・ハリにはイギリス当局からなぜ別の人間と思われているのか理解できず、オランダ公務館に手紙を書きたいと希望した。それに対し、スコットランドヤードは親切にペンと紙を提供している。すぐに彼女は、ロンドンに着いた十一月十三日に手紙を書いているが、バジルがオランダ公務館に送ったのは十六日の午後になってからだった。

バジルの書いた——本や雑誌の記事——文章にはクララ・ベネディックス騒動の件は一切出てこない。彼女がマタ・ハリだという確証がなかったので、オランダに行かずにスペインに戻るよう進言した、とだけ書かれている。事実は異なっている。結局、クララ・ベネディクスではないとわかった途端、「非中立的な行為を行った重大な容疑」を残したまま帰したのだ。

一九一六年十一月十六日の朝、バジルが最初の手紙をロンドンのオランダ大使に送り、大使は同日に手紙を受けとっている。親展と書かれた手紙のコピーには次のように書かれている。

拝啓

謹んで申し上げます。マルガレータ・ツェレ・マクラウドという名前の記載された、一九一六年五月十二日ハーグ発行二六〇三番の、フランスのパスポートを持った女性を、現在こちらに拘留中です。ハンブルクにいるクララ・ベネディックスという名のドイツ国籍のドイツの諜報員ではないかという容疑があります。女性は容疑を否認しており、確認のための取り調べを行っている段階です。パスポートには改ざんの跡が見られます。女性は貴殿へ手紙を送りたいと申しており、必要な文具を与えました。

B・H・トムソン

敬具

スコットランドヤードは続いて二通目の手紙も送っている――再びバジルの署名がある――同じ十一月十六日の午後で、翌朝に届けられている。クララ・ベネディックスについての言及はなく、今度は「中立と言い難い行為」に対する容疑が登場している。最初の手紙では彼女がどこから入国したのか記載がなく、「拘留」されているという表現だけだったが、今度の手紙には船に関する情報もきちんと含まれていた。最後にはマタ・ハリが三日前に書いた手紙の言及もある。オランダ大使への十六日早朝の手紙で「手紙を書くのに必要な文具を与えた」と伝えているのに、七十二時間後にようやく送られたのは不思議な話だが。

再び、手紙には親展と書かれている。内容は以下の通りだ。

拝啓

謹んで申し上げます。マルガレータ・ツェレ・マクラウドという名前の記載されたオランダのパスポートを持った女性にファルマスに到着したオランダ船ホーランディア号から降りていただきました。中立と言い難い行為に及んだという容疑です。女性は貴殿に手紙を送りたいと申しています。

電信で確認を取り、可能な限り迅速に調査を行い、不必要に長い拘留をさせることのないよう手続きを進める所存です。ただし、女性が容疑を行ったと確認できた場合、さらに捜査を進める所存です。

二通目の手紙を見ると、その手紙を書いた人物（K・P氏）が最初のクララ・ベネディックス容疑を伝えた人物と別なのがはっきりわかる。彼女が船から降ろされたのは「中立と言い難い容疑」のためだと書いている。彼女がマルガレータ・マクラウド・ツェレ本人で、（オランダ領事館に三日遅れで手紙を出し）ハンブルクからきたドイツ人女性ではないと結論を出すのに三日間必要だったか、最初から誰かはわかっていながら、クララ・ベネディックスの話をでっち上げたのか、どちらかだろう。

マタ・ハリの手紙の文面——そして、同じ手紙の中でMac-LeodとMcLeodのふたつの綴りで自分の名前を書いているという事実——はそのときの心理状態を如実に物語っている。大きな文字で「一九一六年十一月十三日」[◇1]と記された文章をオランダ語で書いている——彼女自身が書いた手書きの文字なのがはっきり確認できる。

拝啓

どうか丁重かつ至急、私を助けてくださるよう何卒お願いします。

私は突然の災難に見舞われています。私はマクラウド（Mac-Leod）夫人と名乗っていますが、夫とは離婚しています。旧姓はツェレです。間違いなく正真正銘、本物の、自分自身のパスポートでスペインからオランダに旅行中でした。

イギリスの警察はパスポートが偽物で私がツェレでないと言い張っています。すっかり途方に暮れています。今朝からスコットランドヤードに収監されております。どうか助けにきてくださるようお願いいたします。

住所はハーグのニューアウトレフ一六。そこでは、何年も暮らしてきたパリと変わらない知名度のある存在です。

こちらには自分ひとりで来ており、何ひとつやましいことなどしておりません。まったくの誤解です。どうぞ、お助けください。

敬具

M・G・ツェレ・マクラウド（McLeod）

再び、二通目の手紙に署名を残しているバジル・トムソン氏が文面を変える指示をしなかったのかという疑問が出てくる。実際にはその日の早朝に送った手紙の続き――にもかかわらずそう書いていなかった――

にもかかわらず、一通目を否定すると同時に、そのままの情報をなぞっているのだ。ロンドンにある領事館の代表者に手紙を書く際に――しかも、同国人のスパイ容疑という重要な要件に対して――最初に送った手紙を読まずに署名するはずがないと考えるのが妥当だろう。

二通目の手紙を出すまでに取り調べが進み、彼女がパスポートに記載された人物に相違ないという結論に達すると、どんな要件で乗船していたか、なぜオランダに向かったのか知りたがった。マタ・ハリはいつもの通り、説明をどんどん変えるうちに、最終的に自分が窮地に追い込まれたと気づいて、真実を語るのが得策と考えたのかもしれない――結局、イギリスとフランスは同盟国なのだから。

結果、彼女はフランスの依頼で、オランダに行くのだとうっかりもらしてしまった。バジル・トムソンはその話に驚愕し、取り調べを諦め、スペインに戻るよう――手紙に書いて――説明した。当然そう書いたのは彼の思いつきではない。すでにオランダ領事館に連絡し――ラドゥーが後に自著で認めているように――「電信で調査」し、フランスの同僚にも連絡をとっていたのだ。

目の前で今、警告を与えている女性が、海峡の向こうの同盟国に依頼を受けたスパイだとわかったバジルの衝撃は相当なものだっただろう。そして、バジルにそのことを知られたとわかったラドゥーの落胆も相当だろう。腹立たしい気持ちを抑えられず、マタ・ハリに対した持ち続けた悪意はおそらくこのときに始まったものではないだろうか。そして、バジル・トムソンから自分が低く見られたと感じ、マタ・ハリを窮地に追い込まずにはいられなくなった。このときからラドゥーは復讐心に燃えていたのだ――燃え盛る炎のような復讐心に。

こうして、ラドゥーはバジルの問い合わせを受け、彼が個人的に目論んでいたすべてが徒労に帰すと、途端に、すべての出来事が自分の関与しないこと――自身が指示したオランダ行きのミッションなどまったく覚えていない――のように振る舞った。わからない、とロンドンに電報を打ち、マタ・ハリをスペインに送り返してくれ、ともつけ加えた。

ここで、ゴメス・カリージョとハイマンスを始めとする作家たちが書き、他の作家たちがそれをそのまま拝借している、ベルギーの二重スパイこそがラドゥーの本当の策略だったのだという話を取り上げておこう。その説によると、フランスもしくはイギリスのためだけに働いていた六人目の課報員が、「マタ・ハリがスペインを離れて二週間後」に撃たれたということになっている。

仮にマタ・ハリがドイツに課報員の名前をもらしたという説を認めたとしても、ハイマンスや彼と同じ説をとる者たちはそれでも間違っている。答えは裁判で陪審に提示された七番目の質問の中にある。「マタ・ハリは一九一六年十二月にイギリスの課報部員の名前をもらす罪を犯したのか?」もし十一月にベルギーで課報員が撃たれたとしても、マタ・ハリは関与しようがないし、ラドゥーがバジルに彼女をスペインに送り返すよう頼んだときも、その件にかかわる話は一切なかった。

このひどく不可思議な事件でもうひとつ謎なのはオランダ領事館が沈黙を続けたことだ。同国人のひとりがスパイ容疑をかけられ、スコットランドヤードに逮捕されて、領事館の援助を要請し、当然のこと、ハーグの外務省にはその報告が入ったはずだ――さらには彼女に関する外務省のファイルには、オランダに送った電報の写しがあり、それを見ると四月に彼女へのビザ発行をイギリスが許可しなかったことが記されている。しかし、この事件についての記載は存在してない。どこか別の場所にしまい込まれている可能性もない。ロンドンのファイルにあるすべての文書はきちんと番号がついているからだ。

数週間が経った後初めて、おそらくはオランダにホーランディア号が到着した後に、誰かがマタ・ハリの逮捕をオランダ外務省に知らせたのだ。可能性として高いのは、船長がオランダの機関に報告したということだ。十一月二十五日――逮捕から十二日後――になってようやく外務省はロンドンの領事館に電報を送り、マタ・ハリについて問い合わせている。再び、そのやりとりは迅速に行われている。イギリスからビザ発行の拒否の電報を受け取ってから、同国人の問題に対して彼らが送った最初のメッセージで、ロンドン領事館の六十二番という番号のついた文書になって残っている。

再び、「ロンドンに赴任中のオランダ領事ファン・スヴィン・デマレー」に送られたメッセージには次のように書かれていた。「文書番号六二番。オランダ蒸気船ホーランディア号にてスペインからオランダに航海中のマタ・ハリがイギリス当局にファルマスで降ろさせられる。調査の後、報告のこと――ロンドン二一八番まで」電報を読めば明らかな通り、ハーグからロンドンに伝えられたこの情報はこのとき初めて耳にしたものだったのだ

このときのオランダ領事館の行動は迅速だった。電報を二十六日の朝受け取ると、同日の一時に返事を出している。マタ・ハリは逮捕されていた、と電報にあり、「中立と言い難い行為を犯した容疑」をかけられていたが、「数日後には釈放」され、「今はサヴォイ・ホテルに宿泊している」とあった。その後、マタ・ハリは「スペインに戻る」とつけ加えている。

奇妙な出来事の詳細について、数日後、外交通信文書用の袋に入った書類がハーグに送られている。十二月一日、領事自らレポートを送り、以下の通り記している。

「十一月二十六日の電報に続き、ダンサーのマタ・ハリの件について、謹んでお知らせ申し上げます」

「警視監から送られた手紙での報告によると、マクラウド夫人は中立と言い難い行為を犯した容疑でファルマスにて逮捕されました。逮捕ほぼ直後に彼女が書いた、私に介入を求める手紙も受け取りました。このオランダ国籍の人物が逮捕されたと知ったのは逮捕翌日になってからでした。パスポートが偽造と考えられ、ドイツ国籍でハンブルク出身のクララ・ベネディックスなる人物であるという疑いがかかっていたためでした」

「その容疑には根拠がないとすぐにわかりましたが、その間にパリとの公式なやり取りの中で、マクラウド夫人が警察にとって好ましからざる活動に従事していると匂わせる部分がありました。彼女は釈放になりましたが、警察の監視下にあります。取り調べの中で、パリで、オランダにある情報を伝える任務を同盟国から請け負ったのだと説明しました。警察はその発言を信用せず、その間にパリから受け取った、さらなる情報から、疑いに確信を持ち、同盟国ではなく、敵国からの使命を帯びていることがはっきりしました」

「容疑者との話し合いで、自らスペインに戻るということで合意に至りました」

「マクラウド夫人がまだオランダに行きたいのかはわかりません。話し合いの後、彼女はそれ以上の領事館との接触を控えています。そして私が本人に黙って内密に読むことを許された彼女の個人的な手紙からこれ以上この『冒険』（引用符は作者による）に関して何も知りたくないと考えているとわかりました」

この手紙から、複数回の電信がロンドンとパリの間で行われたことがわかる。そして、ラドゥーが自らの著作の中で書き、後の公判前の聴聞ではっきり言っているように、スコットランドヤードには「わからない」と単に知らせただけではなく、はっきりと決定的な形で自分の意思を表明している。マタ・ハリはその後ずっと、ドイツのスパイなのだと。その上、マタ・ハリが真実を話し、ラドゥーから秘密の使命を受けていたとバジル・トムソンに知らせるのを――後に彼自身が認めているように――都合よく忘れている。ラドゥーはイギリスにマタ・ハリがドイツからの指令で旅に出たと伝えている。心の中にある意図、ある目的をもって、作られた嘘で、歪曲された話だった――彼女を罠にかけるために。

事実を無視して、クールソンはイギリスの秘密情報局が彼女のオランダ行きを許可し、ドイツの諜報員で通称「郵便ポスト」と呼ばれるマックス・ノイダーのいるタバコ屋に行くという物語を創作している。「彼女が訪れたことは即座にロンドンとパリの本部に報告され、彼女に対する容疑を確固たるものにした」とある。続いて、彼女がフランスに戻ると――というのも、さすがのクールソンといえども、アムステルダムで逮捕されたというところまでの歴史の改竄の荒業はできなかったとみえ――オランダに潜むドイツ機関が「自分たちの強力なスパイをパリに戻らせようとし、彼女はパリで武器として使用されるタンク製造に関する情報を得るため、自分の魅力をフル活用しなければならなかった」

マタ・ハリはその間、バジル・トムソンとの約束を守り、ロンドンのスペイン領事館に問い合わせて、マドリッドに戻る許可を得た。十一月二十九日に許可が下り、彼女の紙一枚のパスポートにはさらにもうひとつスタンプが押されている。「スペインに入国可」と。

帰りはスムーズだった。スペインの首都に到着したマタ・ハリはスペインのオランダ領事館に報告し、パスポートに押される最後の公式な渡航許可のスタンプを押されている。「一九一六年十二月十一日マドリッド――オランダ領事官にて確認」

イギリスでのマタ・ハリ逮捕に続き、一九一七年になってすぐ、彼女の同国人で親しい友人の逮捕があった。ビレース・デ・ハンス医師はパリのプレ・カトランのオランダ赤十字病院の所長で、レオ・ファウストは一九一六年の冬にその病院でマタ・ハリと会っている。私が懇意にしているオランダ赤十字病院の医師A・ファン・ティンホーヴン医師によれば、マタ・ハリは何度かビレース・デ・ハンス医師が担当していた患者の慰問に来ているそうだ。

一九一七年にイギリス経由でオランダに戻った際、ビレース・デ・ハンス医師は病院で撮った彼とマタ・ハリの写真が鞄の中から持ち物として出てきた。それが原因でスコットランドヤードに強い疑いを抱かれ、六週間以上拘留された。最終的に、彼はマタ・ハリよりラッキーだったといえる――そのままオランダ行きを許されたからだ。

《原註》

◇1　手紙の中の――はマタ・ハリ自身による。

第15章

ラドゥーの著書での発言は、ここまでの引用でもわかるように割り引いて考えなければならないことも多い。マタ・ハリが「感傷的な気分になって、二ヵ月間スペインにとどまっていた」という記述もあるが、これも彼の誤りのひとつだ――実際は十二月の第二週から一月の初めまで、三週間だけのことだった。

その間、ラドゥーはパリとロンドンの間に見事に張り巡らせた蜘蛛の巣を最大限利用すべく、強力なエッフェル塔の無線に指示を送り、マドリッド付近に密かに存在するドイツの通信機とベルリンのやりとりをすべて傍受させた（ラドゥーがこのときだけ指示したというのはおかしな話だ。ドイツ通信の存在がわかっていたなら、フランスは傍受をすでに行っていたはずで、ドイツの暗号の解読をその前から行っていたことになる）。ラドゥーの著書によれば、ドイツは次のような文書をベルリンに送っている。マドリッドに到着した諜報員H-21はフランスの諜報員となったが、イギリス経由でスペインに戻り、現在、報酬と指示を待っているところだ。

ドイツからの返事はその四十八時間後に送られている。非常に明確なメッセージだ。フランスに戻り、ミッションを続けるよう伝えよ。女性諜報員には――当時から現在にわたってずっと存在しているパリの銀行――コントアール・デスコントで五千フランの小切手を渡す。

パリの裁判の記録ファイルにはこうした電報を含む複数の追加テキストがあり、すべて――フランスによると――ドイツでは通称H－21というスパイに関する資料だ。電報によれば、このスパイはケルン課報本部に属し、三月に初めてフランス行きを命じられている――マタ・ハリがまだオランダに戻っていたときに。H－21はフランスからミッションを受けホーランディア号に乗ってスペインからイギリスに向かい、イギリスで帰国を強いられ、指令を待った。しかし、話はそれだけではない。電報にはH－21の発見に関する詳細がかなり加えられていた。彼は（引用された文書によって「彼」の場合も「彼女」の場合もあった）マドリッドのドイツ諜報局の局長に対して、いくつかの国際的な政治的ゴシップ情報を伝えているのだ。例えば一九一七年の春に行われた連合国の総攻撃の準備に関する話題など。

他にはギリシャのコンスタンティノス王に関する情報もあった。いろいろと問題の多い性格の持ち主で、カイザー・ヴィルヘルムの長女と結婚し、非常に親ドイツ色の強い人物だった。彼の兄弟のプリンス・ジョージはパリに暮らしており、プリンセス・マリー・ボナパルトの夫だった。電報によれば、スパイH－21は戦争終結までにギリシャの王座にジョージが就くとプリンセスが――フランス首相――アリィスティード・ブリアンに話したそうだ。

電報には事実と誤りが相半ばしているが、少なくとも、ラドゥーの意見に従えば、マタ・ハリがスパイだと証明する内容になっている。すでに十九年間諜報局に勤務し、ベルリンとストラスブールで幕僚も務めていた経歴を持つマドリッドのドイツ諜報局長フォン・カレを有能な職員だと考える人もいるだろう。しかし、電報の中のいくつかの項目は――暗号の中にさえ――まったく不必要な代物で、秘密を暗号化した電報というより三文小説といった趣だった。

ほとんどすべての情報が、ある特定の人間だけ、つまりマタ・ハリについて扱われているのは誰が読んでも明らかだ。フランスからミッションを受けてイギリス（もしくはオランダ）にそのとき向かったのは彼女しかいない。イギリスに立ち寄り、スペインに戻ることになったのも彼女だけだった。もしマタ・ハリが本当にドイツのスパイで貴重なデータを持っていたとして、なぜマドリッドの有能な役人は一ヵ月もの間、ドイツに情報を運ばずに残っていたのだろう。そんな情報を受け取っていなかったからだとしか考えられない。そのときまでマタ・ハリは何の役にも立っていなかったのだ。どんなスパイでもできるだけ早く情報をドイツに渡し、マドリッドに到着してすぐ証拠を消し、ヴィーゴに出ていくはずだ。一ヵ月もそんな情報を持ったまま、じっとオランダに行くまで待ち続けるというのは、理屈に合わなさすぎる行動だ。

その後、マドリッドの局長はベルリンにH―21がケルン諜報局に所属していると伝える必要があると気づいたのだそうだ。なんの理由で？　ドイツ諜報局は有能さと情報の詳細さに執念を燃やしていることで知られ、ベルリン中央局に自国のスパイ全員の詳細を記したファイルシステムがあったのは確実で、コードナンバーのH―21を伝えるだけで十分にことは足りたはずだ。電報に欠けているのはスパイのフルネームと生まれた場所と誕生日だけだった。

そして、どこでマタ・ハリはマリー・ボナパルト王妃とブリアンのゴシップを見つけたのだろう。ホーランディア号の中で、それともスコットランドヤードで、それともサヴォイ・ホテルで知ったのか。彼女が本当にスパイでプリンス・ジョージを王にするニュースを手に入れたとしたら、不成功に終わった旅に出る前にパリで聞いていたことになり、マドリッドに着いてすぐに知らせることができたはずだ（コンスタンティノス王は実際、一九一七年に王位を退いたが、プリンス・ジョージではなく、息子のアレクサンドロスが王位を継承している)。

しかし、フランス当局自身が王位のニュースは――その一ヵ月後の――十二月十四日の電報でしか書かれていないと主張している。フランス当局が正しいことを言っている貴重な機会だ。マタ・ハリはイギリスから戻るまでにドイツ諜報局長と一度も話したことがない。彼女が局長を知らなかったからだ。

同じくさらに注目すべき謎は、春季攻勢に関するはるかに重要度の高い情報だ。非常に重要なニュースのように思えるし、これもまたマタ・ハリがパリを離れる前に聞いていた情報ということになる。彼女がしたり顔で――つまり、本物のスパイとして――伝えたいと思ったら、十一月中の可能な限り早い時期に話していたはずだ。結果的には、ロンドンから帰ってから、春季攻勢や他の明らかになっていない情報をドイツに伝えたとパリで告白している――六週間前のフランスの古新聞で知った情報に、自分の記憶を組み合わせて作った話なのだ。結局のところ、当時のマドリッドでは、スパイでなくても戦争について話していた。一九一六年には、誰もが戦争の話をしていた。春季攻勢が同盟国側にとって、思いもよらない出来事と考えた人間の方が少ないはずだ。

電報の中の一見目立たない記述の中にきわめてひどい内容が含まれている。マタ・ハリが初めてフランスに行ったのは一九一六年三月ではなかった。彼女は一九一五年にもいたし、一九一六年三月までに二ヵ月近くオランダに戻っている期間もあった。逮捕後の審理の中で、マタ・ハリはイギリスから戻る前にドイツ諜報局の局長に一度も会っていなかったし、局長の方もまったく彼女を知らなかったと証明する際、食い違いのポイントになる部分だった。

マドリッドからベルリンに送ったという電報の事実との食い違い、何の関係もない詳細な情報、長々とした説明、人によっては的外れな雑談と切り捨てたくなるような内容を検討した結果、出てくる結論はひとつしかない。フォン・カレは有能な役人で、大使館員としても素晴らしい人材だったが、諜報部員としての経験は軍人としての能力に反比例していた。その上、ドイツはフランスに無線の暗号を解読されたことをラッキーなことに、まったく気づかず、そして、フォン・カレは気づかれるとはまったく考えず、誇張の酷い情報を呑気に送っていたという訳だ。

マドリッドに到着すると、マタ・ハリはパレスホテルに入り、顔を合わせることはなかったが、すぐ近くに同業者の女性――本物のスパイの――がいた。マルタ・リシャール（リッシャーとも呼ばれていた）は、戦争が始まって、すぐに夫を亡くした若いフランス人女性で、ラドゥー自らのリクルートを受けて活動に身を投じた。彼女がスペインに行ったのは彼のリクエストによるものだった。スペインでドイツグループに見事に侵入を果たし、まもなくドイツ大使館付海軍武官の愛人になった――その武官は諜報部の局長だった。

第一次世界大戦後、マルタ・リシャールの名は大きく知られ、「貢献の見返りとして」レジオンドヌール勲章◆1をフランス政府から一九三三年に受けている。彼女の人生を描いた映画が作られ、彼女自身やラドゥーが彼女の冒険に関する本を書いている。

彼女自身の本、『スパイとしての人生』の中で、マルタ・リシャールはマタ・ハリとの関係について描いている。ある日、メイドが彼女の部屋に入ってきて、隣に住んでいる女性が「アーティスト」だと教えてくれた。「フランス人なの？」と彼女は尋ねた。違います、とメイドは答える。「イギリス人のダンサーで、マクラウド夫人と言う方です」

午後のミーティング予定のメモをメイドが彼女の机の上から取り上げ、「ここに書類を出しっ放しにするな——局長が作ったルールです」と言った。マルタ・リシャールの推測によれば、実は、パレスホテルのメイド——隣の部屋のメイドも兼ねていた女性——はドイツの諜報員だった。しかし、このメイドはマタ・ハリについてまったく知らず、知っていたのはマルタ・リシャールのことだけだった。

マルタは海軍武官——フォン・クローン——の愛人になっていた時期、ドイツ大使館にもイニシャルが同じ「フォン・K」——大使館付武官のフォン・カレ——なる男性がいた。まったくの偶然だが、彼もスペインでドイツの諜報局を率いて、マタ・ハリがロンドンからマドリッドに帰ってきた際、彼女に会いに行った男性だった。

どちらもドイツ人で、イニシャルがVon K.の、ふたりの諜報局長がいたことで、混乱を招き、問題が生まれた。マタ・ハリに関する本や記事の中では、際限なく混同が行われている。普通はフォン・カレが敗者となって存在を消され、ほとんどの場合、フォン・クローンの方がマタ・ハリの愛人で諜報網におけるボスとなっている。(フォン・カレはキャプテンで、職業はマドリッド大使館とリスボン領事館両方の大使館付武官だった。第一次世界大戦後に辞職したときには大佐になっていた。ドイツの戦争公文書館で一九六三年に彼について調べた際、数々の役職のリストだけでなく、さすが几帳面なドイツ人、「職場でのカレ」の勤務表には貴族であることを示すフォンがついていなかったことまで発見できた)

ほとんど知られていないが、マタ・ハリがマドリッドでスパイをしていたという憶測はすべて、事態を把握していたマルタ・リシャール自身が流したものだった。一九一七年四月まで、諜報部のエースだった彼女はフォン・カレのところにマタ・ハリが訪れたことをまるで知らなくて、パリの新聞に書かれた記事を読んで初めて知る。彼女の本で、その件について書かれた部分は、マタ・ハリについて書いた作家たちの中でふたりのVon K.を巡る後の論争が起きるきっかけとなっている。

フランス当局がしばらくの間ニュースを隠したため、マルタ・リシャールがマタ・ハリ逮捕を知ったのは収監から数週間後の新聞を読んだときだった。同時に、『ル・マタン』紙の間違ったレポートを読んで、マドリッドのマタ・ハリが、本当はマルタ・リシャールの愛人だったフォン・クローンの愛人だという記事を見つけた。当然のごとく彼女は怒り狂い、事務所に駆け込んで、思い切り怒りの言葉をぶつけた。

「ごまかそうとしても駄目よ！」彼女は海軍武官に叫んだ。「言い訳はやめて！　何もかも知っているのよ。あのダンサーが同じ時期にパレスホテルにいたのも知ってるんだから！」

フォン・クローンはすっかり当惑し、こう言った「マタ・ハリは大使館付武官——フォン・カレ——の諜報局のスパイなのか、彼とつき合ってるんだよ」

マルタ・リシャールは愛人の態度を「偽善者」と言い放ち、「そんな作り話する人なんかいるわけないでしょ、いくら新聞だって。それに、マタ・ハリはあなたを知っていると言ってるのよ！」

「どうしても私を信じられないのなら、証拠を見せてやる」とフォン・クローンは言った。彼は金庫を開けて、写真だらけの大きな本を取り出した。すべての写真にスパイの名前、シリアルナンバー、その他の詳細な説明や、局長に情報を伝えるための短い履歴も加えられていた。マルタ・リシャールはその写真を向かい側から見ていたが、特別度の強い眼鏡をかけていたので、「すぐに彼女を見つけてやるわ」と言い放った。しかし、マタ・ハリの写真はそこに存在しなかった。

本気で愛人の説得を図ったフォン・クローンは「大使館に雇われた諜報員」の情報を含む、もうひとつのファイルまで出してきた。そして、マルタ・リシャールは一九三五年に出版された著書の中で、次のように彼の言葉を引用している。「彼女は絶対に我々のスペインの諜報部には雇われていない。しかし、オランダ人だから、オランダの諜報部員という可能性はある」

（マタ・ハリのスパイ活動をドイツが否定したことは額面通りに受け入れられるし、ゲンプ少将が――戦争終結十一年後の――一九二九年六月十四日付の『シュヴァービンシャ・メルアー』紙の軍事情報欄の彼の署名が入った記事の中で、戦争中の女性スパイの有効性に関する次のような記事を書いたことにもぜひ注目しておきたい。「ドイツ諜報部のために何の働きもしていない、悲運のダンサー、マタ・ハリの場合、とりわけ誇張がはなはだしかった」今日（一九六五年）のドイツ外務省の公文書を確認しても、マタ・ハリに関して唯一残っているのは「諜報員」と記されたファイルだけで、一九二〇年一月にフォン・ジェリーハ男爵によって書かれたものだ。彼女がスマトラ生まれで、そこでダンサーとして有名になり、アルンヘム出身のオランダ人大佐の妻だったという、間違いを含む情報が記載されている。スカラ座やパリでダンスし、フランスで射殺された。報告はアムステルダムのドイツ領事が提出したものだと思われる。領事の存在は後にマタ・ハリの物語を膨らます際の材料として使われている。

私の知る限り、マタ・ハリの「活動」を語って自分の功績にしようとした唯一のドイツ人にユスティン・ヘーレがいる。その人物は第一次世界大戦直後にアメリカに移住している。フランスにドイツのスパイがいたと主張し、パリのルヴォリ通りのカフェ・マリアーノという店で戦争中マタ・ハリにあったそうだ。一九二三年、いかにもヒトラーのナチ登場を予感させる手紙を書き、オランダにいるマタ・ハリの親類のひとりにニューヨークから送りつけている。「マタ・ハリがいれば、ドイツは戦争に勝っていた！　フォン・モルトケはマタ・ハリの存在を知っていたし、ドイツ皇帝カイザーも知っていた――私がその言葉に責任をもつ。フランス系ユダヤ人や黒人どもが彼女の金をみんな奪ったのだ」一九二三年、ドイツの皇帝カイザーはまだ存命中で、一九一八年に亡命したオランダのドールンという村の小さな城に住んでいたが、ヘレ氏はドイツ史の知識がなかったらしく、かつての皇帝カイザーのお気に入りで、ドイツ軍のトップを務めた、フォン・モルトケが一九一六年に亡くなっていることを知らなかったのだ）

フォン・クローンがマタ・ハリを知っていたかどうかは問題ではない。注目したのは一九三五年の時点でマタ・ハリを擁護する理由のまったくなかったマルタ・リシャールがフォン・クローンと一緒にいた場面での彼女の振る舞いだ。彼女は命の危ない状態だった。自分がフランスのためにスパイ活動を行っていることを認識し、――自分がスパイする対象の――大使館付海軍武官と深い関係でいることが危険なことも承知していた。たとえ彼女が（祖国の利益のために「奉仕していた」だけで）海軍武官を愛していなかったとしても、嫉妬の場面は非常に現実味があった。彼女はフォン・クローンに別の愛人――マタ・ハリ――がいると強く確信していた。だからこそ、彼女の非難を浴びたフォン・クローンの反応の描写がリアルだと思える。フォン・クローンが駆け引きをして、ひたすら知らないふりをしていたのだとしても、マルタ・リシャール本人がずっとマドリッドにいながら、マタ・ハリが行ったといわれる活動を何も知らなかったのは間違いないだろう。

別の紳士にもご登場願おう。マドリッドのフランス大使館の諜報局長ダンヴィニュ大佐。オランダ領事館のふたりの領事館員と共に最初はパレスホテルで、次はリッツでマタ・ハリと会っている。その際、マタ・ハリはファルマスでの出来事を話し、ラドゥーに伝えたが、ずっと指示待ちの状態が続いていると言い添えた。せっかくマドリッドにいるので、フォン・カレに会いに行ったと彼女が言うと、ダンヴィニュ大佐はいろんな話題をフォン・カレに振って彼の腹積もりを探るよう彼女に頼んだ。フォン・カレが彼女に話していた、モロッコ海岸沿いでドイツが潜水艦を使用した件に関する詳細を聞き出すことも含まれていた。マタ・ハリは後に、年配の紳士、ダンヴィニュ大佐が、自分に好意を抱き、スミレの花束と彼女のハンカチを渡すよう求めてきた、とパリで話している。

その間、マタ・ハリは、花とハンカチの話をのぞけば、パリから何の指示もこないことにイライラし始めていた。悩んだ結果、彼女はロンドンで楽しいひとときを過ごすのを諦めて待っていたのだ。スペイン人の友人ジュノイがフランスの秘密諜報員から彼女とのつき合いを辞めておけと言われたと聞かされ、イライラは怒りに変わった。◇1

マタ・ハリは怒りに任せ、躊躇なくマットレスを切り裂き、ローブを階下に投げ捨てると、再びすぐに行動を起こした。ダンヴィニュ大佐に会いに行き、説明を求めた。彼はパリに出かけた直後で、代理の人間は何も聞かされていないとしか答えなかった。

マタ・ハリの衝動的な性格が爆発した。不当な扱いを受け、何としてでもすぐにパリに行きたくなった彼女はその晩――一九一七年一月二日――にパリに直行した。苦い結末につながる出来事だった。慎重に自分の状況を考え、悪い噂を広めているのが誰か突き止め、仲間を探すのを自重しておくべきだったのだ。

マタ・ハリが少しでも疑いを抱いていたなら、パリに行く決断は、まったくもって狂気の沙汰としか言いようがない愚行だ。ラドゥー自身、イギリスからドイツのスパイと疑われていると彼女に伝えていたのだ。何度も尾行されていることには自分でも気がついていた。イギリスで逮捕され、オランダ行きを妨害されてもいた。そんなとき、友人から警告を受けたのだ。二重スパイの罪の意識や認識があれば、頭がおかしくない限り、そんな状況で、飛んで火にいる夏の虫という真似はしなかっただろう。しかし、彼女はパリに向かった。

唯一理由として考えられるのは、パリで直接話をしたかったからということだ。レーワルデン生まれのジャワの女王になったときと等しい賭け——魅力的な賭け——に出たのだ。彼女の生き方や振る舞いは生涯変わることがなかった。学生時代、ヤギの馬車で注目の的となり、優雅な服装と態度で同級生に忘れがたい印象を残した。今回も、自分の能力の高さをフランス当局に見せつけるつもりだったのだ——彼女らしい自己中心的で自己顕示欲の強いやり方だった。

ずっと彼女は、観てもいないことの、すべてを聞きとり、すべてを話すことができた。左で聞いたことを、右で口にする——尾ひれをたっぷりつけて。結婚式で贈られる砂糖をまぶしたアーモンドのように、いろんな名前——知り合いや本当は知りもしない他人の名前——をちりばめていく。今まで経歴を詐称してきた代わりに——これはゲームではなく、騙されやすい新聞記者を相手に話すのでもなく、戦時下の非情な諜報員を相手にしていると理解せず——物語や他人の話を作り上げる。どんな代償を払ってでも、自分の重要性を認識させたかったし、役に立つ人間と認めさせたかった。だからこそ、ダンヴィニュ大佐を助けることに同意し、フォン・カレと会い、さらにダンヴィニュ大佐のところに向かって、そして再びフォン・カレと、テニスボールさながら、ふたりの間を行き来する役目まで引き受けたのだ。そして、怒りに我を忘れた彼女はパリに突入し、当局で決着をつけようとした！

しかし、パリに行っても、彼女の行き場所はなかった。ダンヴィニュ大佐はすでにスペインに戻るところで、オステルリッツ駅でほとんど言葉も交わせなかった。そこで彼女は敵地に自ら乗り込むような真似をした——ラドゥーは自分に説明する義務があると。しかし、彼は自分には何もわからないとしか言わず、彼女は外務省の事務局長で、古くからの友人ジュールス・カンボンに慰めを求めに行くしかなかった。その後、三日間の彼女の足取りはわかっていないが、カンボンと一緒だったという話だ。

その後の一ヵ月間、マタ・ハリは、快晴の空のような平穏無事な状態でパリの生活を続けていた——ひとつだけ、小さな雲があったことをのぞけば。ヴァディム・デ・マスロフがパリに旅行に来ていたのだ。愛人と会うのを楽しむためだけではなく、自分が伝え聞いた驚きのニュースを彼女に伝え、釈明を聞くためでもあった。ヴァディムは上官の訪問を受け、パリのロシア大使館から受け取った手紙を読んで聞かされた。部下のひとり（ヴァディム）と危険な冒険家との不義を警告する内容だった。マタ・ハリは何も説明せず、誰がそんな中傷をしたのかもわからないままだった。

ヴァディムが帰った後も、彼女はパリの素晴らしさを満喫し、子どもの頃からあこがれ続けてきた——制服の——男性たちと一緒に昼を、ときには夜も過ごした。相手には事欠かないほど盛況で、一九四四年のパリの解放後にすべての連合国の兵士たちが、休暇になるとパリに訪れ、万能薬を注入して士気を挙げたのを思わせる状況だった。

その時期のパリは、戦争中にもかかわらず（あるいは、だからこそ）陽気だった。オペラや演劇や様々なショーの公演を三〇以上の劇場から選んで楽しむことができた。マタ・ハリは多くの舞台を観に行き、レオ・ファウストの指摘通り、ポーランド人将校の友人とともに、フォリー・ベルジェールの極東のマドモアゼルに拍手を送っている。

ラドゥーは、彼の考え方にまったくそぐわない、一ヵ月の猶予期間を彼女に与えている――(もし彼女がスパイなら) フランスの秘密をすべてドイツに教えられる猶予だった。先延ばしになったのは、彼の考えによるものでなかったのは確かだ。彼の任務は秘密を漏洩から守ることなのだから。一ヵ月が経とうとしても、ラドゥーは彼女の不利な証拠を見つけられなかった。なぜ、じっと待っていたのかも謎のままだ。マタ・ハリが二月の段階でクロだったら、その四週間前も同じはずだ。しかし、ラドゥーは何もしていなかった――その段階では。

当時、偽りの平和が続いていた。ドイツの意図のもと作られた小康状態で、続いて、すべての交戦国にその状態を崩さないようウィルソン大統領が要請したことも影響していた。マタ・ハリは周囲の人々に穏やかに接していた――ラドゥーに対しては別だったが。

一九一七年二月一日、ドイツがUボートの無警告攻撃を宣言し、早期戦争終結の扉を閉ざした。二ヵ月後の四月六日にはアメリカも参戦する。無警告攻撃宣言の十二日後、ラドゥーも扉を閉ざした――マタ・ハリに対して。

二月十三日の午前中、プリオレ警察署長がシャンゼリゼ通りのエリゼ・パレスホテルの彼女の部屋に立ち入る。伝説になっているような、彼女が浴室に姿を消し、侵入者たちを誘惑しようとヌード姿で現れた、などというシーンは実際には存在しない。署長の他に五人の警部補もいた。当惑したマタ・ハリは着替えた後、警察に同行した。

逮捕理由が彼女に対し、読み上げられる。「女性、通称マタ・ハリ、本名、マルガレータ・ツェレ、パレスホテル在住、プロテスタント、外国人、一八七六年八月七日オランダ生まれ、身長一七八センチ、読み書きの能力あり。敵国に暫定的な共謀と諜報を行い、敵国の指示に従い加担した、スパイ容疑で告訴されている」

彼女はサンラザールの刑務所に収監された。

《原註》

◇1　一九二五年七月にジュノイは、一九二〇年代後半にミュージックホールで歌いパリを一世風靡したスペイン生まれのアーティスト、ラクエル・メリエに対し、彼女の夫（ジャーナリストで作家のE・ゴメス・カリージョ）がマタ・ハリの愛人と疑っていたためにマタ・ハリをフランス警察に密告したと非難している。ゴメス・カリージョは一九二六年二月六日の「ニューヨーク・イブニング・グラフィック」紙に次のようなコメントを残している。「話そのものがまったくの幻想だ。ラクエル・メリエと私が結婚したのは一九二四年。一九一七年にマタ・ハリを密告するなんてことはありえない。

《訳註》

◆1　レジオンドヌール勲章。ナポレオン・ボナパルトによって一八〇二年に創設された勲章。フランスの最高勲章。

第16章

フランス軍事委員会に残っているマタ・ハリに関する秘密のファイルが、一九一七年七月二十四日の軍事法廷での使用を許可された。六インチもの厚さの資料だ。フォルダーの外側には「秘密、ツェレ・マタ・ハリ」と記され、大部分の書類、言葉、文書がファイルされて保存されているが、証拠はひとつも含まれていない。

ファイルはひとりの人物の手によるもので、そのたったひとりの人物――ブーシャルドン大尉は捜査官として、四ヵ月以上にわたってマタ・ハリや他の証人の尋問を続け、自分の訴訟に役立てようとしていた。証拠に使えそうなものはほとんどなく、噂やマタ・ハリの長いひとり語りから構成されていた。マタ・ハリは自らの話で自分を死に追いやったという人もいるだろう。ブーシャルドン大尉は戦争宣言の一週間後に捜査官に任命されると、彼女が口にした告発理由になる話はすべて活用していた。彼女が口にした言葉はすべて――それが真実であるかどうかは関係なく――自分の基礎を固める要素がないか、しっかりチェックしていた。結局、ブーシャルドン大尉とマタ・ハリの言葉の対決となり――ブーシャルドン大尉は多くの人々によれば、スパイを捕まえる仕事に憑かれたように、優位な立場から彼女をじっと見つめていたのだ。

マタ・ハリの裁判自体、評決と判決に関する部分をのぞけば、ほとんど重要な部分がない。しかし、彼女が有罪かどうかについて書かれてマタ・ハリ関連の本で取り上げられるのは裁判にかかわるものばかりだ。エミール・ゾラの[1]『私は弾劾する』を思わせる劇的な場面になる可能性を持っているのが理由なのは明らかで、ほとんどが噂や伝聞に基づき、読者や映画の観客に強いインパクトを与えるために扱われているのだ。しかし、実際の裁判はブーシャルドン大尉が完全に主導権をとっていた。実に忍耐深く裁判に取り組み、まだ将来のある犠牲者の監獄の扉を閉じるとすぐに仕事に取りかかり、回想録の中では彼女を「生まれながらのスパイで、スパイなのは明らかだった」と書いている。

取り調べの場にいたのは三人だけだった。マタ・ハリとブーシャルドン大尉と、尋問と答えを記録する書記のボードワン。弁護士のクリュネはマタ・ハリ自身の要請で、軍事法廷での彼女の弁護を任命されていたため、最初からすべての尋問に、唯一立ち会うことを許されていた。軍法の規定でそう決まっていたためだが、ブーシャルドン大尉はそれを巧みに利用して自分の攻めを強固なものにした。

マタ・ハリが入れられた最初の独房にはクッション壁がついていた。サンラザール刑務所の所長は囚人に自殺するチャンスを決して許さなかった。刑務所担当の医師レオン・ビザールが初めてマタ・ハリに会ったのはこの独房だった。彼がマタ・ハリと相対した際の記録は正確で、ダンサーでスパイの彼女を描いた物語の中でも例外的に信憑性のあるものとして受け止められる。他の物語、例えば（クールソンによると）「パリの若者たちにはほとんど手に入らないミルクのお風呂に毎日入っていた」とか、多くの作家たちの記述に登場する、裸になって踊ったとか、独房の中でも衣装を着飾っていたなど、といった創造された物語に、事実がまたしても完全に追いやられていた。

医師と初めて会った際、彼女は独房の環境について辛辣な批判の言葉を残している。わずかに光っているガス灯しか家具のない独房には部屋を覆うマットレスの他には何もなく、外から入る光もひどく薄暗かった。医師が何か欲しいものがないか尋ねると、彼女の答えは、「あるわ、電話とお風呂をお願い」だった。風呂の設備どころか十分な水さえもないような環境は、清潔を美徳とするオランダ人女性にとって耐えがたいものだったはずだ――そして、非常に多くのセレブリティと交友していた彼女にとって、そうした人々との会話が恋しかったに違いないが、独房の扉が閉じられた瞬間――全員とはいわずとも――ほとんどすべての友人が彼女を見捨てていたことにまだ気づいていなかった。戦時中にスパイ容疑者とつながりがあるとわかれば、評判に傷がつくだけでなく、逮捕される可能性もあったからだ。

数日後、マタ・ハリは別の区画の独房に移された――現在は取り壊され、サン・ドニ郊外通りとマジェンタ大通りの交差する角になっている――そこは動物園と呼ばれ、スパイ専用の独房だった。衛生環境は実質的にまったくなく、ブーシャルドン大尉自身、何年も後に処刑の日の朝について、こう書いている。「長い廊下を歩くとネズミが足元を駆け抜けていった」最初は運動もまったくできなかったが、後に、日課として、中庭の散歩を許されるようになった。

これまでの人生の大半をひとりで過ごしてきたマタ・ハリは、もうひとりの囚人と一緒に夜を過ごさなければならなくなった。その女性囚人は独房の中で掃除と灯りに関する仕事を任されていた。食事は、自分で食費を出さなければならないが、裁判前の投獄中、ずっと悪くなかった。キッチン担当のシスター・アウレアは通常、ひとりで食事の用意をしていた。朝食はコンソメとコーヒー、昼食は肉と野菜のプレートとコーヒー、夕食にはスープと肉料理のコース。昼食と夕食にはワインもついてきた。

医師によれば、マタ・ハリは特別扱いをほとんど要求しない模範的な囚人だった。気持ちの変化が大きく、ときどき、ふさぎ込んでいた——彼女にはよくあることだった。人と会う機会とすべての会話を失い、話をしに来てくれる人なら誰でも大歓迎だった。しかし、その数は非常に限られていた。医師と、インターンの助手のブラレ医師とカトリックとプロテスタントの聖職者を監獄で務めるドマーグ神父とアルブー牧師だけだった。

十四回にわたる延々と続いた公判前の聴聞で、ブーシャルドン大尉はほとんど何の手がかりも得られなかった。傍受された電報をのぞけば、マタ・ハリの件にずっとかかわった彼によると、彼自身一九一七年五月一日の七回目の聴聞（その際、彼は「これは単純明快な訴訟だ」と判断している）になって初めて知ったことだが、ファイルにはラドゥーによるレポート、マタ・ハリがコントワール・デスコント銀行で海外から振り込みを受け取った証拠、彼女がオランダに帰ろうとしていたという事実、彼女が逮捕された際に部屋で見つかったいくつかの証拠品の解析レポートしか存在しなかった。その中で警察の関心を大いに惹いたのは筒か小瓶の様な証拠品だった。中に——科学分析によると——「スペインでしか手に入らない」秘密のインクが入っていたからだ。他にマタ・ハリの部屋と財布にあったのは普通のものばかりだった。白粉、ルージュ、口紅、コールドクリーム、香水。

軍の上層部は秘密のインクのテストを行い、実験結果がファイルに含まれている。何本かの目に見えない線が描かれた真っ白な紙が一枚。上から下に向かって半分に引き裂かれて線がふたつに分けられ、調査した人間が、片方の紙に言葉が出てこないか様々な実験を行った跡がある。テストは成功し、薄い茶色っぽい色の最初は見えていなかった言葉が見えている。テストは一九一七年に行われたものなので、おそらく当時の色から変色してしまっただろう。

「スペインでしか手に入いらない」見えないインクの入った筒に入っていたのは、秘密のファイルの中の研究所から送付されたレポートによれば、オキシシアン水だった。当時一九一七年だったが、今日（一九六五年当時）では消毒剤として知られ、医者の処方箋さえあれば世界中の薬局で購入できる。現在では、オキシシアン水銀よりずっと効力のある消毒剤が出ているが、五〇年前には――水と一緒に服用するタブレットの形で販売され――女性の生理用品として使われていた。そして、多くの薬品と同様、「見えないインク」としても使用可能だった。しかし、もしミルク缶がマタ・ハリの部屋から出てきたとしたら、研究所はそれでも、スペインだけでしか手に入らない、見えないインクという結論に至っただろうか。多くの男の子が知っているように、どんな白の紙にもミルクを使えば文字が書けるし、熱を与えるだけで、文字がすぐに浮かび上がる。

マタ・ハリ自身は聴聞の際、「秘密のインク」を、実際使用したかどうか四月十二日にブーシャルドン大尉に尋ねられているが、答えは実に直接的で率直だった。「人の身体に入れるのよ。性行為の後の避妊に使うの。昨年の十二月にマドリッドで医者からもらったのよ」

ある薬剤師にオキシシアン水銀を見えないインクとして使用する方法を聞いてみた。いくつか方法を伝授してくれたが、一番簡単と思われるのは水で薬品を薄めることだった。それから、色を出すために、文字を書いた紙を事前に硫酸溶液に浸した吸い取り紙で覆っておく。熱したアイロンで乾かすと、文字がきれいに浮かぶ。

一連の公判準備が進む間、マタ・ハリは何とか監獄の外と接触を図ろうとしたと思う人が多いはずだ。ロンドンでスコットランドヤードの監獄に入れられたときは、直ちにオランダの領事館に手紙を書いていた。

パリではそれをせず、あるいはしていたのかもしれないが、手紙は発送されていない。彼女自身は書いていたという可能性は高い。逮捕二ヵ月後の四月になっても、パリのオランダ領事館は依然として同国人の悲運に対し公式には何もしていなかった。そして、五月二十三日になってもまだ、ハーグの彼女担当の弁護士へイマンスもまったく姿を現さなかった。

ブーシャルドン大尉は五月一日の聴聞で、ドイツがマドリッドのオフィスにマタ・ハリに関する連絡を聞き出すのを傍受できる可能性があるため、警察は逮捕を秘密にしていると彼女に長々と説明している。同じ理由で、オランダ領事館経由で漏れないようにと領事館にも何も伝えていなかったのだ。

一九一七年六月二十二日になってようやく、オランダ領事への手紙の中で、マタ・ハリは（そのときには手紙を許可され）自分の印象をこう書いている。「オランダでは、どうやら私に何があったか誰も知らないようですね。メイド——アンナ・リンチェンスに手紙を書いたのですが」結局、刑務所の所長たちはその手紙を送っていない。もう一通書いた手紙も目的地に届かず、刑務所の中から出ていなかった。彼女の逮捕直後の一通の手紙が裁判所のファイルに入っていて、次のように書かれていた。「私は無罪です。フランスにとって不利益になるようなスパイ行為など決して犯していません。ですから、ここから出る方法を教えてください」

パリにあるオランダ領事館は一九一六年のスコットランドヤードによるマタ・ハリの逮捕を知っていた。その年の十二月にハーグの外務省は何があったのかロンドンの担当者に伝えられた後、パリの領事館へロンドンのレポートのほぼすべての写しを送っていた。添えられていた手紙で、フランスに戻る際、マタ・ハリが領事館に連絡を取る可能性があると警告している。公判の中のハーグからの手紙には次のように書かれている。「イギリスで彼女に起こった出来事に関する情報には要注意です」

四月の第二週になって、オランダの誰かが最終的に外務省と連絡を取り、長い間、マタ・ハリからの知らせがずっとないと問い合わせている。おそらくはカペレンが伝えたのだと思われる。結果、次の内容の電報が四月十一日にパリに送られ、外務大臣ルードンの署名の下に以下のように書かれていた。「マルガレータ・ツェレ通称マタ・ハリの現住所を電報でお知らせください。最後にわかっている住所はモンテーニュ通りプラザホテル二五。彼女がすぐに本国に戻る意思があるかどうかご確認をお願いします」彼女が逮捕されてから二ヵ月近く経っていたが、彼女が逮捕されたと知っているオランダ人がいなかったとはっきりわかる。

パリの領事館は彼女が窮地に追い込まれたことを依然、はっきりとは知らなかったようだ。逮捕されたという噂を耳にしていた可能性はあるが、もっと早くか、外務省からの問い合わせを受けてすぐに、フランス当局に問い合わせることもしていなかった。まったく偶然の一致で、ハーグから電報が届いた数日後、マタ・ハリ自身からの最初の手紙をようやく受け取っている。その手紙の中で彼女はそのメイドが「フランスをなかなか出国できない」でいる自分のことを気にしているが、「心配いらない」と「メイドに助言してくださるようお願いします」と書いている。四月十六日付の手紙は五日後の二十一日にオランダ領事に届けられている。

逮捕の件を領事館が正式に通達されていなかったことが明らかになったのは、マタ・ハリの手紙が届いた翌日、ハーグから問い合わせが届いてから丸十二日後の四月二十三日にオランダに送った電報の表現からだ。彼らは情報をフランス外務省のトップから半ば公式に得たと説明した。「半ば公式な形で、我々は彼女がサンラザールに投獄されているという連絡を受けた。彼女はスパイ容疑をかけられている。当局はこの件の調査を行っているが、非常に深刻な状況にあると思われる」と。国際郵便を使って、領事館は彼女の要請に応えてリンチェンス宛にハーグへ手紙を送り、「心配の必要はない」というマタ・ハリの言葉を伝え、安心させている。

リンチェンスの人柄にもよるのだろう。彼女がずっと心配性の性格だったのは確かで、一九三二年に私と会った際にもそうだったし、彼女の息子と一九六三年に会ったときも間違いないと太鼓判を押してくれた。彼女はマタ・ハリの情緒不安定な性格が気になっていたし、戦争が始まっても船の旅を続けていたため、船が沈んだり機雷にあたったりしないかと心配で仕方がなかった。当時、五〇代半ばになっていたリンチェンスには、マタ・ハリがなぜハーグの静かな雰囲気から逃れていくのか理解できなかった。カペレンからもらう収入でかなり贅沢な生活ができていたのに、スペインやフランスを行き来する生活を望んだのだ。

第一次世界大戦中のオランダは連合国とドイツ軍の両方と貿易を行う中立国として、かなり栄えていた――しかし、オランダの食糧事情はかなり厳しくなり、ひどい食糧配給が始まっていた。オランダは、広く知られているように食糧品の生産量が多いが、バターとチーズがなく、マーガリンと質の悪いチーズスプレッドで代用していた。白いパンは贅沢品になり、肉は手に入らなくて、ジャガイモは水気が多く、卵は古い腐りかけたものばかり。ストーブは塩水に浸かった石のように固い新聞紙を丸めたものを燃料に使い、ガスは一日に数時間しか料理に使えなくなり、どの家庭でもきれいに布を張った「四角い干し草」で食べ物を暖め、毎日、国内の食糧配給所の前には長い列ができていた。前線から悪いニュースばかり入ってきたわけではないが、オランダにはリンチェンスを悩ませる要素がふんだんにあり、フランスの状況は悪くなる一方としか思っていなかったのは確かだ。

しかし、マタ・ハリが冷静なブーシャルドン大尉に説明を続けるにつれ、危機は確実に増していた。そして、リンチェンスはマタ・ハリの状況を察し、これまでも何度となく問題をひき起こす彼女を見て、首を振っていたに違いない。必ず面倒なことになるとわかっていたのだ。

マタ・ハリの話にアムステルダムのドイツ領事の訪問を受けたときのエピソードがある。領事は祖国のためにスパイ活動をしてくれないか尋ねてきた。何日か悩んだ末、ベルリンの毛皮を押収されたことに対する精神的な代償として、報酬を受け取っている。彼女は毛皮を奪われた怒りをずっと忘れていなかった。その後、マタ・ハリは領事がくれた秘密のインクの入った瓶をアムステルダムから北海に出る船から運河に投げ捨てて、躊躇なく、すべてを忘れ去っている。彼女からすると気持ちよく気分が解放され、ベルリンでのドイツ軍との関係もこれで終わるはずだった。

しかし、彼女がこの驚きの話を伝えた頃には、収監されて三ヵ月半が経ち、ブーシャルドン大尉に七回の長く疲れ果てる取り調べを受けたときだった。そこまで話を続けても、まったく事態は好転していなかった。

ブーシャルドン大尉は四十六歳の口髭を生やし、額が広く、弓なりの眉毛の、顔の長い、執念深く仕事をする人物だった。いかにも役人というタイプで、ルーアンとパリで長年検察官を勤めてきた。法律の専門家として、容疑者と話す間、不意に椅子から立ち上がって相手をイライラさせる手法を意識的に使っていた。部屋を歩き回ると、窓の前に止まり、ガラスを指で叩いて、尋問を受けている相手を憤慨させるという作戦だ。加えて、ずっと爪を噛んでいたらしい。マタ・ハリにこの手法は効果があって、ブーシャルドン大尉の回想録によれば、彼女はあるとき、こう叫んだそうだ。「そのうろうろするのは、勘にさわるからやめてくださる！」

マタ・ハリと取調官の最初の話し合いは逮捕当日の二月十三日に行われている。ブーシャルドン大尉は「プリオレがシャンゼリゼ通りの彼女が宿泊するホテルに起こしに行った一時間後」彼女と会ったと書いている。おそらく彼の記憶違いだろう。裁判所の記録によれば、最初の聴聞の終わる頃、マタ・ハリは「サンラザール刑務所の状態について抗議した」と記録されている。ということは、彼女はあらかじめ監獄に入った後に、その後、初めて大尉のところに連れて行かれたことになる。大尉の記したこの後の記述には少なくともある程度の事実が含まれていたかもしれない。マタ・ハリは最初の尋問が終わると、自分が自由に帰れると思い、「私に対し、優雅に微笑んでみせてから、魅力を損なうことなく、バランスの取れたしなやかな動きで、出口に向かって階段を歩いて行った。しかし、彼女はもう自由ではいられず、（パレス・オブ・ジャスティスの所有する刑務所）デポに続く階段が彼女の前に待ち構えていた。彼女は私を振り向き、凶暴な目つきで睨みつけ、恐怖で押し黙ったままだった。染めた髪がこめかみに張りついていた」

二月十三日からスタートし、六月二十一日まで――四ヵ月以上にわたって――十四回の聴聞が行われた。そのすべてが司法省のブーシャルドン大尉の事務所で行われた。その事務所はパレス・オブ・ジャスティスとつながっていると同時に、様々な中庭と廊下で隔てられ、セーヌ川沿いのケ・ド・ロルロージュのメイン・エントランスにも続いていた。事務所は非常に狭く、椅子二脚、小さな机ひとつ、ガラスの扉がついた本棚がひとつあるだけでほとんど隙間がなかったことがブーシャルドン大尉の記述からわかっている。ある日、十六人が部屋に入ったことがあったが、実際は十人入るのもやっというくらいのスペースだった。そのときは、ラッシュアワーの地下鉄に乗っている気分だったそうだ。

ブーシャルドン大尉は気軽な調子で話を始めた。「あなたのこれまでの人生についてお話しください」そこからはマタ・ハリの話が続いた。ずっとトレードマークだった自分を脚色する才能は監獄に入っても弱まることがなかった。ブーシャルドン大尉自身、彼女のその才能に驚嘆し、ある日、速記している供述書に個人的な言葉を残している。「巧みに言葉を操るし、フレーズの使い方も本当に見事だ！　皮肉も聞いている！答えは鋭く、かつ、冷静沈着だ！」

幼い頃の話はやめて、彼女はブーシャルドン大尉が特に関心のある時期の話へ早々に入った――戦争の始まる前の数ヵ月の話に。

「一九一四年の四月か五月」と彼女は話し出した。「私はベルリンのかつての恋人キーパートに会い、夕食に誘われました。翌日、そのことに関する脅迫めいた記事が小さな新聞に載りました。フランスがオーストリア・ハンガリー帝国に勝利した。誘惑されたキーパートの妻はオーストリア人なのだ、と」

新聞によれば、キーパートの妻はオーストリアではなく、ハンガリーの出身だった。マタ・ハリがその記事をスクラップブックにしっかり貼っていた。「一九一四年四月」と記され、フランス語で「帰還」という見出しのついた話では、「ベルリンのネオン輝く夜を支配していたスターだった女性がかつての恋人と再会を果たした。美貌のダンサー、マタ・ハリはベルリンの郊外に暮らす富豪の地主K氏と別れ、過去に手切金として数十万マルクを受け取っている。懐具合がすでに軽くなったのか、かつての友人に対する焼け木杭《ぼっくい》に火がついたのか、一緒にいるところを目撃されたこの数日の間に、かなり親密で楽しげな関係に上り詰め、町のファッショナブルなレストランの個室で食事する姿が目撃されている。インド風の芸名を持つ魅力的なダンサーはハンガリーに完全勝利を果たしたようだった」。

マタ・ハリによれば、この記事が出たせいで、キーパートからもう会えないと言われたが、「パリに会いに行くから」ともつけ加えられたそうだ。彼女は、メトロポール・シアターとの契約があるから、半年は待ってもらわないと、と伝えた。すると、キーパートは「もっと早くきみはパリに行くはずだし、ぼくもそうするよ」と答えたそうだ。

彼女はそのとき、その言葉を真剣に受け止めていなかったが、後で思い返し、深い意味を考えるようになった。「フランスの陸軍省（メシミー）にすぐに手紙を出しました。たまたま知り合いがいたのです。返事を読むと、自分の権限で、国境を渡らせてあげられるよ、と伝えられました」

マタ・ハリの話はさらに続く。五月か六月に、彼女はクンツェという海軍将校の愛人になった。「プレステージの水上飛行機の基地」に所属していた。（彼の名前はドイツの戦争公文書によるとパウル・クンツェ、一八八三年十一月十二日生まれで、マタ・ハリより七歳年下になる。彼女の発言を記録した際、ブーシャルドン大尉は基地の名前を「Prestig」（プレスティージュ）と記している。マタ・ハリは「Putzig」（プッツィヒ）と言ったはずだ。そこはバルト海に三ヵ所あった戦前のドイツ水上飛行機の基地のひとつで、ダンジグから離れていないところにあった。残りのふたつはキールとヴァーネミュンデだった）フランスで会おうとクンツェが口にしたとき、マタ・ハリは「この言葉は本気だ」と感じ、「パリの友人に連絡しよう」と心の中で思っていた。彼女はその後、「私のかつての恋人のひとりで、有名なパイロットのアンリ・キャペフェレールという名の、パリの空を飛んだ最初のパイロットのひとり」に手紙を書いた。返事はなく、日にちだけが過ぎていった。

書記官のボードワンは、ブーシャルドン大尉によると、知性にあふれ、「パリ裁判所の同僚のひとり」

だったが、パイロットに関して詳しかったとは考えにくい（「有名なパイロット」で「元恋人」だったのはキャペフェレールではなく、カプフェレでアストラ・コーポレーションの取締役兼オーナーであり、一九〇四年に飛行船の製造を始めている人物だ。彼はヨーロッパの最も優れたツェッペリン型飛行船のパイロットのひとりだった）。

ブーシャルドン大尉はスパイ容疑のかかった取り調べ相手の話に口を挟まず、長い話を黙って聞きながら、ずっとこのまま話させておけば、いつか真実が――彼の望む真実が――露わになると考えていた。

「七月の終わり頃」マタ・ハリの話はさらに続く。「グリーベルという主任巡査部長だった恋人のひとりと個室で一緒に夕食を楽しんでいたところ、デモ活動の声が聞こえてきたの。グリーベルはデモがあると聞かされていなかったから、私を連れて現場に向かっていったわ。すごい数の群衆がカイザーの宮殿の前に集まって、興奮しきった人たちが集会を開き、ドイツ連邦共和国の国歌を叫んでいたの」

「その後、開戦が発表されて、ベルリン中の外国人が検挙されました。不可抗力のアクシデントということで、劇場との契約は解除できましたものの、劇場の衣装部から毛皮やすべての宝石の代金として八千フランを払うよう訴えられました」

続いて、話はスイス旅行中に起こった冒険談に進み、すべての荷物がなくなり、結果、ベルリンに戻ることになったが、最終的にはオランダに行った顛末を話した。

「祖国に着いてから、ずいぶん恥ずかしい思いをしました。まったくお金がなかったんです。でも、ハーグには、かつての恋人で、奥様のいらっしゃる、裕福な軽騎兵の第二連隊のカペレンという存在がありました。でも、その方のお洋服に対するこだわりの強さを重々知っていましたから、寝室を直すまではお会いできませんでした。そんなときに、アムステルダムの教会を出たところで、知らない人に声をかけられました。シャルクという名前の銀行員だとわかりました。その人とおつき合いしましたが、とても良くして頂いて、気前よく振る舞ってくださいましたわ。私がロシア人の振りをしたので、国中のいろんな場所を案内してくれました。実際、彼よりも詳しいことには気づかれることもありませんでした。

「寝室の修理が完成する頃には、今もおつき合いしているカペレンのところに戻りました」

そこで、マタ・ハリは記憶違いを犯している。自分が倉庫に残した荷物を取りにパリに「一九一五年に」戻ったと話したのだ。

「イギリスとディエップを経由して行きました。（これも記憶違いだが）三ヵ月間グランドホテルに滞在して、ビューフォートという方の愛人になりました。同じホテルに滞在していた方でした——パリでひとりは嫌だったんです」

「荷物を十個持って、スペイン経由でオランダに行きました。イギリスの国境は兵隊の活動の邪魔になるという理由で閉鎖されていたからです——そういう状況でなければ、船はそのままオランダに戻っていたはずでした。ディエップを経由して英仏海峡を横断し、イギリスからハリッジを経由してオランダの南西部の海岸の岬まで」

二月十三日の宣誓証言が終わる前に、マタ・ハリは「クリュネを自分の弁護士にしたい」と要求し、その後は「サンラザール刑務所のひどい状態」に抗議した。

マタ・ハリがホテルの部屋でなくデポに行くと知ったときの恐怖に満ちた表情を見て（彼の記憶違いだったが）、ブーシャルドン大尉はその日、勝利の気分を味わっていた。（ブーシャルドン大尉の回想録で書かれているように、彼女が自分のいる狭い部屋から「デポに続く階段」を見ることなどあり得ない。デポと呼ばれる独房はマリー・アントワネットが最後の数日間を過ごした歴史的な価値のある部分以外、すでに取り壊されているが、司法省事務局のオフィスからほど近い二階建ての建物で、中庭をいくつか通らないとたどり着けないところにあったからだ）

翌日、ブーシャルドン大尉はこう書いている。「彼女は自らを奮い立たせ、戦いに挑んできた」

《訳註》

◆1　エミール・ゾラ（一八四〇年四月二日～一九〇二年九月二十九日）フランスの小説家で自然主義文学を定義した。ドレフェス事件では、一八九八年にフランスの「オーロール」紙に掲載された公開状で、フランス将校、アルフレッド・ドレフェスの不法投獄を告発している。

第17章

翌日の取り調べは延々と続き、登記官としてのブーシャルドン大尉の手は相当疲れたはずだ。マタ・ハリはオランダに滞在したときのこと、スペインへの二度目の旅行、誘いを拒否したことがきっかけで後のいくつかのトラブルの原因になったと睨んでいるオランダ人男性との船上での奇妙な出会いについても語った。その男性がイギリスに彼女を訴えた——そう彼女は考えていた。続いて、ラドゥーとの初めての出会い、ヴィッテルへの旅行、邪魔の入ったホーランディア号でのアムステルダムまでの航海、ヴィーゴに戻った話を詳細にわたって話した。その頃には、ブーシャルドン大尉も彼女の話に相当辟易していたはずだが、それまでと変わらず、口を挟まず話を続けさせていた。

マタ・ハリが唯一ブーシャルドン大尉の狭いオフィスで気に入っていたのは、部屋が暖かいことだった。一九一六年から翌年にかけての冬は非常に寒く、彼女が監獄で過ごした最初の晩は、寒暖計が氷点下を指し続けていた。部屋にセントラルヒーティングはついていないものの、ブーシャルドン大尉の部屋の温度は、雰囲気は悪いが、彼女にとってかなり心地よかった。

マタ・ハリは前日、途中までで終わっていた——ハーグから——話を続けた。このときも彼女は時間と場所を勘違いし、後の取り調べではほとんどないような状況に陥っていた。彼女が「十二歳のときからずっと会っていなかった」娘に会おうとしたのが、一九一六年の初めだったとブーシャルドン大尉に言っているのだ。前述の通り、マタ・ハリが娘のノンとアーネムの駅で会ったのは、彼女が十二歳になる何年も前の話で、一九一四年九月に夫と手紙のやりとりをして、もう一度会おうとしたことがあった――それが最後だった。ハーグ滞在は「とても悲しいものだった」と彼女は言っている。愛人のカペレンは中立国の軍の任務でオランダ国境近くに赴き、噂のすぐ広がるハーグのような街では、次の愛人を見つけるのも難しかった。その間に、パリのグランドホテルに滞在中の愛人、ビューフォートがフランスに戻るよう懇願してきた。マタ・ハリのような性格の女性にとっては恋愛のない悲しい日々を送っていた時期だったので、懇願通りに行動した。[◇1]「一九一六年六月（実際は五月二十四日）、私はヴィーゴとマドリッドを経由してパリに戻るため、ジーランディア号に乗船しました」とマタ・ハリの話はさらに続く。それから、フー・デマーカーという名前のオランダ人のせいで起こった冒険談を詳細にわたって話している。その男はイギリスの諜報員と思われ、「ドイツができなくなった貿易の契約を得ようと南米の国を行き来するオランダ人やデーン族やノルウェー人を非難するためだけに、アムステルダムとヴィーゴを往復していた人でした。ファルマスで、イギリスの役人のすぐ横に立って、パスポートをすべてチェックして、乗客の中に船から降ろすべき人間がいないか確認していたんです」

二〇世紀初頭、ユダヤ人差別が伝染病のように広がり、ときに、他の面では寛大なオランダ人を汚すことがあった。もうひとり乗船していたオランダ人のクレインダートという人物がこう発言していたとマタ・ハリは続ける。「あの汚いユダヤ野郎には気をつけろ。みんなの客室を調べると言っていたぞ」彼女は、すべての乗客の前で、客室を勝手に見たかボートデッキでヘンリ・フー・デマーカーに説明させるよう船長に依頼し、「詫びの言葉を言う」ように求めたと大尉に詳細に話した。ヘンリ・フー・デマーカーは拒否したが、他の乗客は彼女に賛同して言い争いになった結果、マタ・ハリが「ほかの乗客たちの歓声を浴びながら」彼の顔を叩き、「彼は口から出血した」という。

ひとしきりあった後、船内の夕食のテーブルで隣の席になったウルグアイの領事から警告を受けた。「あの男は復讐を狙ってきますよ。スペイン国境では気をつけた方がいい」

ヴィーゴで船を下りると、フー・デマーカーはずっとマタ・ハリの近くを離れなかった。彼女は男性乗客のふたり、アメリカ人と、もうひとりルーベンスという名のオランダ人に助けを求め、彼を見張るよう頼んだ。しかし、電車で一度、マドリッドのリッツホテルでも一度見かけた以外、何事もなかった。

（ヘンリ・フー・デマーカーは一九二一年に自殺している。彼の家族のひとりによると、「冒険好きの性格」で、こちらは不確実な話だが、親戚の間では「自分がイギリスに与えた情報が原因でマタ・ハリが射殺されたと考えて自殺した」と言うことだそうだ）

ブーシャルドン大尉にこの話をして、それが後の問題の原因だったと伝えようとしたが、マタ・ハリはイギリスがすでに一年近く彼女に疑いを抱き続けていたと知らずに過ごしていた。しかし、フランスに行こうとした際、ウルグアイ領事に言われた通り、突然、不快な思いをすることになった。アンダイエの国境のフランス側に電車で出ようとした際、身体検査されて、特別警察の事務所に連れて行かれると、三人の男性に事細かに尋問を受けたのだ。「彼らは私がフランスに入国できないと説明しました。理由を聞き出そうとしました。『理由を教えする義務はありません』と警官のひとりが言ってきました。『サン・セバスティアンには行けますから、領事に説明を求めてください』」

マタ・ハリは話を続ける。「領事はスペインのワイン業者で、事情をまったく把握していませんでした。そのとき、私はフランスの外務省の事務局長カンボンからの手紙を用意して、翌朝それを渡し、アンダイエの駅に戻りました。前日の夜、私に尋問した男たちは何も言わずに通してくれました」

パリに着いたマタ・ハリはグランドホテルに行ったが、「ビューフォートはいなかったので、お別れを言うことができませんでした。トロンシェ通り三〇のタンジュヴィル夫人のサロンで、ガスフィールドという名前のロシア人将校に会いました。その人物は友人のロシア連隊のヴァディム・マスロフを紹介してくれました。彼は私の恋人になり、両者にとって素晴らしい恋愛が生まれたのです。彼は（ランス近くの）マイイに駐在し、少しでも時間ができると会いに来てくれました」

マタ・ハリはそれからヴィッテルに行こうとしたことを話し、ラドゥーと初めて会ったときの会話を覚えている限り詳細に説明した。

「その頃、私はヴィッテルに行きたいと考えていました。戦前にも行ったことのある場所だったからです。竜騎兵連隊の中尉だったアロールが知り合いでした。[◇2] 陸軍省に所属しておられたので、サンジェルマン大通り二八二に行くようアドバイスを受けました。すると軍服を着ていない紳士、ラドゥーに丁重に迎えられました」

ラドゥーは彼女にヴィッテルが軍の管轄地だと話したが、彼女は自分がかつて行ったことのある場所で、地元の医者にお金を借りたままになっているのだと話した。

「外国人が入るのは非常に難しい場所です」とラドゥーは言った。

「それなら、ローマとフィジーに行くことにしますわ、同じくらい水のきれいなところですから」

「あなたを入れないとは申し上げたくないのですが、質問にお答えいただかなければなりません。あなたは容疑者として報告を受けています。あなたはドイツに恩義を受けていませんか」

「フー・デマーカーの話はしましたよ。笑って質問を続けました」

「マドリッドからアンダイエまで一緒にいた浅黒い肌の男性とは何者ですか」

「ロシア人ダンサー、リィディア・ロポコワ[◇3]の夫でした。私は客室が同じでした。翌朝、妻の朝食を持ってきてもいいか聞かれました」

「アンダイエで何があったんです」

マタ・ハリが説明していると、その途中で、ラドゥーはそのことについて「すでに詳細な報告を受けています」と言葉をはさんだ。その後、ラドゥーはオランダ人の知り合いについて尋ねてきた。普段通り、彼女は実に率直に話した――自分の恋愛に隠し立てはなかった。

「カペレンの愛人でした」

「フランスにどんな感情を抱いている方ですか」

「とても品格のあるお方で、フランス製のものが非常にお好きです。手紙はいつもフランス語で書かれ、つい今朝受け取った手紙にも『マルガレータ、フランスを心から愛するきみへ……』という表現がありました」

ここまででも、ラドゥーが聞かされた話のほんの序の口にすぎず、話に耳を傾け続けるブーシャルドン大尉に対し、彼女は残りの会話を記憶の限り語っていく。

「それほどフランスを愛しているなら、重要な任務を行ってもらえないかい。そう考えたことはおありかな」

「なんとも言えませんわ。依頼されて初めて考える任務ですもの」

「興味はおありかな」

「具体的なお話を聞かないと何とも」

「それなりの報酬が必要ということですか」

「それは――当然ですわ！」

「ご自分はそれだけの価値があると」

「中途半端はあり得ません。お望みの重要な情報を手に入れるのには高くつくものです。失敗したら、何の価値もないんですから」

その後、ラドゥーはモーヌリーに会いに行けば、ヴィッテルに行く許可がもらえると彼女に伝えた。彼女がオフィスを出ようとすると、もう一度自分の依頼を繰り返した。「お話したことに関して、はっきり返事が出たら結論を聞かせてください」

サンジェルマン大通りを歩きながら、マタ・ハリはラドゥーの提案を心の中で反芻し、古い友人、ヘンリ・デ・マルグレリに会いに行くことにした。彼は「一フランス人として話」を聞いてくれ、彼女ならば彼の祖国のための任務を果たすことができるだろうと伝えた。

彼の意見に元気づけられたマタ・ハリは翌日、再びラドゥーを訪ねて、提案を受け入れた。

「ドイツとベルギーに行ってもらいたいんだ。何か提案はあるかな」と言った。

マタ・ハリは具体的な話はしなかった。「最初はヴィッテルに行きたいわ。体をしっかり治してから、改めてこちらに戻ってきます」

マタ・ハリによると、ヴィッテルに九月一日に到着したが、「ヴァディムは毒ガスでひどい怪我をした上に、さらに左眼の視力を完全に失い、今後、盲目になる可能性があると知ったんです」。

ある晩、ヴァディムは自分が盲目になってしまったら、どうするか彼女に聞いてきた。

「あなたを捨てたりしないわ。何があっても私は今のままよ」

ヴァディムの返事はマタ・ハリを驚かせ、その瞬間、彼女の頭にはいろんな考えが一気に渦巻くことになった。彼は彼女に結婚を申し込んだのだ。

「私はイエスと返事をして、こう考えました。『なんとしても実現するわ。他の人の言葉にヴァディムが惑わされないくらい、十分なお金をラドゥーに出してもらおう。ビューフォートやカペレンのもとを去って、ベルギーに行き、ラドゥーの求める任務を果たし、オランダにある家具や美術品も売ろう。それから、借りているパリの部屋に戻り、ラドゥーから報酬を受け取って、結婚するの。私は世界一幸せな女性になるわ』」

九月十五日頃にパリに戻り、再びラドゥーに会いに行くと、彼は彼女のヴィッテルでの振る舞いに賛辞を送った。続いて話の核心に入った。「どう進めていくつもりですか」

「ドイツかベルギーかということ?」

「ドイツにはさほど関心がありません。ぜひベルギーに行ってください。でも、方法は?」

マタ・ハリはベルリンから戻ると、すぐに昔関係の会った愛人を思い出した。銀行家のシャルクからブルフバインという人物の紹介を受けた。家の改修の件で彼女を侮辱したスットが働いていたのはその人物の会社だった。ブリュッセルに住んでいて、ドイツ人相手のビジネスも多く、もし彼の招待を受け入れれば、楽しい時間を過ごせると確約してくれていた。

彼女の言葉通り、ブルフバインは「ハンガリー人やドイツ人やベルギー人の売春婦とブリュッセルの売春宿で」一晩中浮かれ騒ぎするという絵に描いたような状況を見事に実践していた。マーリッツ・ファーディナンド・フォン・ビッシング男爵（というドイツの知事で、ベルギーの将軍でもあった人物）の右腕だった、と話したところで、彼女は自分の計画の説明に入った

「ブルフバインに手紙を出し、一番いいドレスを用意してブリュッセルに行く。ドイツ最高司令部に何度か足を運ぶ。話せるのはここまで。何ヵ月も滞在したくないし、細かい指示にいちいち悩まされるのもお断りします。大きなプランをひとつ成し遂げるつもりです――たったひとつ、それで帰国します」

フランス諜報局長のラドゥーに言った通りの言葉を繰り返した。「この戦争を私が動かします――大船に持った気持ちでいてください」しかし、これは彼女のそれまで通りの行動だった。小さな事には興味がないのだ。

ラドゥーは自分の計画を理解してくれたようだったと彼女は言った。そして、「どうして」フランスのために働く気になったのか尋ねてきた。必ず新しい候補者に確認する質問だった。マタ・ハリは即答した。

「理由はひとつだけ――恋人と結婚し、ふたりで生活するため」

「賭けに出るだけの価値はあるという訳か――そのためにはいくら必要なんだい？」

「百万フラン。でも、結果を見てから払っていただければいいわ」

ラドゥーは相当な大金だが、それ以上の額を渡したこともあると言い、「求めている任務さえ果たしてくれれば、報酬の方はなんとか工面する。二百五〇万フラン渡したこともあるから」と説明すると、気になっていることがあると言い添えた。マタ・ハリにベルギーに行ったことがあるか尋ねたのだ。彼女はカペレン

と細密画の展示を観に行ったのが最後だと話した。

「アントワープに行ったことは？」

「いいえ」

「でも、きみは行っているはずだよ」

「いいえ」

「アントワープで撮られたきみの写真があると言ったら？」

「笑うしかありません。戦争の前も、始まってからも一度も言ったことがないもの」

ラドゥーのオフィスを出た途端、気になったことがあった、とブーシャルドンに言った。ブリュッセルに持って行くドレスについて尋ねられなかったことに、がっかりした。そうすれば、アンリ・マルタン通りの新しいアパートの部屋の工事代をすぐに返せたかもしれなかったからだ。その晩、彼女はラドゥーに手紙を送り、旅の準備の件を問い合わせ、彼から偽名ムッシュ・デュボアという名で電話が入るのを待った。連絡がなかったので、諦めきれないマタ・ハリはサンジェルマン大通りに再び足を運んだ。ラドゥーは頑なに前金を拒否し、すべて結果が出てからだと説明した。そう言いながらも、励ましの言葉をつけ加えた。「百万フラン手に入るんだ、心配いらないよ」

彼はブリュッセルから秘密のインクで手紙を送ってくれないか尋ねたが、マタ・ハリは「私の性格に合わないトリックだし、ベルギーに長くいるつもりもないわ。でも、具体的にどんな情報を欲しいの」と言った。

「まだ言えないんだ。上司と話してからじゃないとね。その間に、ハーグに潜入してもらい、到着して二週間で指示をもった人間が訪ねてくるよ」

「その人物が本物かどうかどうやって確認するの」

するとブーシャルドンは微笑んでから、半分に折った一枚の紙に何か書きつけた。「私に渡した紙には『彼女が話を伝える』と書いてありました」

「紙を開いて読むと、『A．F．四四』と」

ラドゥーはその数字を知らないか尋ね、マタ・ハリは初めて見ると答えた。

「でも、それはきみのナンバーだと思ったんだけど」

マタ・ハリは腹を立てた。「そんな皮肉で、嫌な気分にさせるのは今回限りにしていただきたいですわ。間抜けな諜報部や汚い任務で得たいいかげんな情報を言ったりして。でないと、私は途中で辞めさせていただきます」

「自分の力でスパイの任務を遂行できれば、ドイツであろうと、スペインであろうと、オランダであろうと、どこの国でも、二万五千フラン払ってくれますという訳か」

「そんな真似はしません。戦争や外交関係の情報を与えるのは構いませんが、私は人を裏切る真似はしたくありません」

ラドゥーは彼女にパリ警視庁のM・モーヌリーに会いに行くように言った。ビザの用意ができると、オランダに向かう途中、スペインから国境を渡るために手配されたパスポートを持ち、マドリッドに向かって出発し、一九一六年十一月九日ヴィーゴからS・S・ホーランディア号に乗船した。

ファルマスに到着して見舞われたトラブルについて、ブーシャルドンに話し始めた。

「女性を探すために、ファルマスで警官や兵士やサフラジェット（婦人参政権論者）が乗船してきました。

中のふたりは壁にかかっている鏡のねじを外し、ベッドの下を覗き込むようなことまでしていました。警官が私の顔を正面から見て尋問してきました。その後、右手に扇を持ち、左手をお尻にあてたポーズをとった、白いマンティラのついたスペイン風ドレス姿の女性の写真をポケットから取り出しました。私にちょっと似ていましたが、もっと小柄で、太っていました。私は笑ってしまいましたが、否定しても納得しません。マラガで撮影された写真だというので、そこに行ったことはないと言いましたが無駄でした。私は船を下りて、サフラジェットの女性たちと一緒にロンドンまで連れて行かれました。スコットランドヤードで、ひとりの男性が私の待つ部屋に入ってくると、私をクララ・ベネディクスと呼び、立たせました。[◇4]私は絶対に違うと主張しましたが、その名前で呼び続けようとします。私のすべてのお金や宝石を持って行った小さな部屋に連れて行き、その後、四日間ずっと、制服姿の三人の男に尋問され続けました。ひとりのベルギー人が連れてこられて、オランダ語で話しかけてきました。男はドイツ訛のアクセントで私を尋問している相手と話し合ってくれました」

「四日目になって、三人の男からこう言われました。『あなたがクララ・ベネディクスでないことはわかりました。引き取っていただいて構いませんが、オランダへ旅行を続けることはできません。すべてのオランダ人に対し、イギリスで採択されたルールです。スペインにお帰り頂きたい』」

「十二月一日にリバプールでアラグヤ号に乗船し、六日にヴィーゴに上陸して、ホテルコンティネンタルに行くと、クララ・ベネディクスという女性はスペインで長く生活している有名なドイツ人スパイと聞かされました」

マタ・ハリはその後、ヴィーゴのオランダ領事の秘書のフランス人、マルシャル・カゾーからその情報を得たことと、ホーランディア号に乗船していた夫婦、夫アラールがイギリスのスパイで、妻がドイツのスパイだというベルギー人のカップルの様子をどう話したかについて、大尉に話していった。

翌日、ヴィーゴにまだいると、前日話した男性と町で会い、「ロシアのために」オーストリアに行く気がないか尋ねられた。

「私は百十万フラン要求しました」とマタ・ハリはブーシャルドン大尉に言い、その額は「半ば冗談」で答えたのだと言った。彼は高いと言ったが、マタ・ハリは「十万人の命を救えるとすれば、ひとり十フラン分の価値はあるんじゃありませんか」と返した。彼は自分の地位を説明してくれなかったが、「ロシアはもっと安い報酬でも、同じ任務をアメリカ人に頼んでいるけどね」と言った。しかし、彼女にはマドリッドに向かう任務をすでに携えており——マタ・ハリに見せる——招待状のもう半分を持っている人物が会いに来るはずだった。

《原註》

◇1　ブーシャルドン大尉には話していないが、ハーグにカペレンがいない間、彼女がまったく恋愛のない生活を送っていた訳ではない。間違いなく若者好きだったマタ・ハリは一九一六年の春、少なくともふたり以上の——十七歳と十八歳だが、もっと年上に見える——若者とごく短期間つきあっている。ひとりは彼女の家に二週間滞在していた。一九六四年にすばらしく楽しいひとときを過ごしたと後に告白してくれた。

◇2　一九一〇年にアロールが二十一歳で兵務についていたとき、マタ・ハリは彼と数日間ブルターニュ地域圏コート・ダルモール県のディナンで過ごした。滞在中に彼女は、第十三フザーレン連隊の将校だったアロールの制服を着て写真に撮られている。その写真はムッシュ・クレマンという地元の薬剤師が撮影したものだと、「写真マニア」の彼の孫息子が教えてくれた。

◇3　後に、ヴェルサイユでの講和会議で国家財政委員会の代表を務めた、有名な経済学者ジョン・メイナード・ケインズと結婚し、レディ・ケインズになっている。

◇4　フランスの秘密ファイルには「ベネディクト」と書かれている。しかし、私が所有しているスコットランドヤードの文書のコピーには、イギリスの秘密諜報局によって、はっきりと女性の名前がクララ・ベネディクスと記されている。

第18章
大尉殿へ

疲れ果てる一日仕事を余儀なくされたマタ・ハリとブーシャルドン大尉と必死に記録を取り続けたボードワンにも、休息が必要だった。しかし、ブーシャルドン大尉の心にはある具体的な形が描かれ始めていた。後の回想録で自身が語っている。

ヴィッテルでのマタ・ハリの素行に関するラドゥーの諜報員の報告には諜報活動について一言も登場していない。滞在期間はわずか二週間で、ブーシャルドン大尉の持つどの資料を見ても、ほとんどの時間をヴァディムと一緒に過ごしていたことがわかる。しかし、大尉は実際、こう行動していたのだと決めつけていた。「ヴィッテルに治療のため訪れたように装いつつ、それまで通りの行動を行っていたのだ——枕を交わして」そして、「それまで通り」とは、大尉によれば、数々の制服を着た男たちと夜を共にし、そこからドイツに与えられる情報をしっかり得ていたということだった。

しかし、独房に入れられたマタ・ハリは寝ることもおぼつかない状況に追い込まれていた。そこでの生活の過酷さに苛まれ、ある火曜日、絶望のあまり、次のような手紙を大尉に送っている。

私は苦しみの限界にいます。このままでは頭がおかしくなります。どうか祖国へ帰らせてください。戦争について私は何も知りませんし、知っているのは新聞に書かれていることだけです。そんな情報を得られる相手も場所もわかりません。これ以上、何を聞き出したいのですか。私がフランスでスパイ活動をしていないことや、これからもするつもりがないことは、再三繰り返しお話した通りです。肉体的にももう限界です――この檻の中で生活し、食事も足りず、体がすっかり弱っています。なぜこんな仕打ちをなさるのですか。

すでに限界を超えています。どうか、ここから出してください。

マタ・ハリは受刑者番号とともに自分の名を最後に書いている。「敬具、M・G・ツェレ七二一四四六二五」

二週間が経過した後、マタ・ハリはサンラザール刑務所からパリの中心に三度目の訪問を果たした。ブーシャルドン大尉と登記官が待ち受けていた。その日は二月二十八日になっていたが、前回の聴聞から十四日ではなく、十四分しか時間が経っていないかと思うくらい、彼女の果てしない冒険談は前回の通り、よどみなく続けられた――ブーシャルドン大尉はこれまでと変わらず辛抱強く、聞き役に徹していた。

マドリッドで彼女はカゾーからのメッセージをひたすら待ち続けていたが、ちぎられた、残り半分の名刺を持った人間はまったく現れなかった。マドリッドで滞在を余儀なくされた彼女はラドゥーに長文の手紙を書いて、自分の使命が果たせなくなった状況を報告し、ベルギーにもオランダにも行けなくなった現在、どう行動すればいいか尋ねた。ハーグのリンチェンスにも手紙を書いて、カペレンに自分が無事だと伝えてほしいと頼んでいる。五日後にはヴィーゴに電報を送り、カゾーに、自分はパリに帰りたいが、まだ滞在するべきなのかを尋ねた。郵送されてきた返事には、「ロシア軍がスイスに行ってしまった」という説明があり、彼女のパリの住所をカゾーに伝えるよう指示があった。

怠惰に時間を過ごすのが嫌いな性分の彼女は、ぽっかりと空いた時間をどう活用すべきか思案し始めていた。そのとき考えていたことをブーシャルドン大尉にこう説明している。「パリとヴィーゴからの返事を待つ間、心の中ではこんなことを考えていたんです。『なぜドイツ軍と接触するのがいけないの？　親しい関係が築ければ、情報が得られるはずなのに』もしドイツ大使本人とベッドに入る手立てがあれば、私はそうしていただろうと思います。大物を手に入れたければ、それなりの犠牲を払わないと——稚魚を狙っている場合じゃないでしょ」

マタ・ハリはすぐに行動を決意した。オランダ領事館にいる人の名前を探していると言って、ホテルの従業員に外交年報を届けさせると、実際にはドイツ大使館のページを開いた。大使館付武官の大尉のフォン・カレという名前を見つけた。「私が見つけたのは彼が少佐に昇進した直後でした」と大尉に話した。彼女は彼の名前と住所（「カステラーナ通り二三辺りのどこか」）をしっかりと「心に刻み込む」と、いざ戦いに挑んだ。

「『虎穴に入らずんば虎子を得ず』と自分に言い聞かせました。『失敗しても、何も失うものはない。うまくいけば万々歳なんだから』と」

いかにもマタ・ハリらしい考えだ。ダンサーになると決意すると、由緒ある本物の芸術だと、世界中を欺いてみせたときのように——しかし、ブーシャルドン大尉は一層耳をそばだてて聞いていたはずだ。ようやく話は禁断の領域に入ってきた——ドイツ軍に。

同日、彼女はフォン・カレに手紙を送り、ぜひお会いしたいので、都合のいい時間がないかと尋ねた。翌日には電報で返事があった。「マダム、失礼ながらあなた様を存じ上げませんが、明日の土曜日の三時であればお目にかかれます」

指定された時間に向かうと、彼女は彼が仕事をしている部屋に通された。

「マダム」と彼は言った。「どんなご用件で、こちらにお越しいただいたのでしょう。敵国からの使いかもしれない女性にはお会いしないのですが、今回は大丈夫だと判断してお越しいただきました」

「どうして、おわかりになったんですか」彼女は微笑んで答えた。

「私は昇進してすでに十ヵ月が過ぎています。敵国の諜報員はみんな承知しています。古い本をご覧になったのでしょう。名刺を見て、オランダ人とわかりましたし。ドイツ語は大丈夫ですか」

「問題ありません、フランス語も」

「なぜ私の所へ？」

「偽造したオランダ語のパスポートを持って渡航しようとするドイツ人女性と間違われ、イギリスで四日間拘留されました。私をクララ・ベネディクスだと言うんです。いったいどういうことなのでしょう」

「ドイツ語がお上手ですね。どうしてですか」

「三年間、ベルリンに住んでいました」

「ドイツ人将校に知り合いがいらっしゃるんですね」

「とてもたくさん」

た。

「例えば、どなたを」

マタ・ハリは何人か名前を挙げ、キーパートの愛人だったこともつけ加えた。話を聞いたフォン・カレは、カールトンホテルの夕食の席で見かけたことがあるし、シレジアの演習にキーパートと同行していたことも知っていると話した。知っていると話した。「じゃあ、彼が嫉妬させられていたという女性はあなただったんですね」とつけ加えた。

彼はファルマスで大変な目に会ったとは初耳だし、クララ・ベネディクスについてもまったく知らないと言い、そうした事情に詳しいのはバルセロナのフォン・ローランド男爵だと思うと答えた。

「とても気分の良いやりとりが続き、煙草を勧められ、マドリッドの上流階級の噂話で盛り上がりました。魅力的な女性に映るように見せていました。相手に気があると匂わせ、男を誘惑したい女が使う技はすべて使って――フォン・カレはうっかりその気になっていました。ある瞬間、彼は椅子に深々と座ると、こう言いました。『疲れたよ。フランス海域のモロッコ海岸に潜水艦を配備し、ドイツ兵とトルコ兵を上陸させる作戦の準備にかかりっきりだったんだ。ずっと休みなしだよ』」

直後に帰宅した彼女はその晩ラドゥーに手紙を書き、かなりセンセーショナルなニュースを伝えた。モロッコ海岸の潜水艦について知らせ、フォン・ローランド男爵がバルセロナのドイツ総領事であることを教えている。さらにこう書き加えている。「指示をお待ちしています。ドイツ軍人を相手にどんな任務もこなす覚悟です」

翌日の日曜日の晩、マタ・ハリはオランダ領事のひとり、デ・ヴィトに夕食に招待されている。マタ・ハリはパレスホテルで彼から、ある年配の紳士を紹介されている。「襟の折り返しにレジオンドヌール勲章のリボンをつけ、やや足を引きずっている人物だった」ダングヴィニュ大佐という、フランスの大使館付武官だった。

その翌日の晩、彼女は大佐からリッツホテルの祝賀会に再び招かれた。大佐は違うテーブルの席についていたが、食事の後、ロビーで顔を合わせると、マタ・ハリの魅惑的なドレスを褒めあげた。マドリッドのスパイ活動に関与した話でブーシャルドン大尉をくぎづけにしていたマタ・ハリは、大佐がこう言っていたとつけ加えた。「マダム、昨夜のパレスホテルでのあなたほど素晴らしいプロポーションの女性を見たのは初めてです」

「続いて、私が座っているベンチの横に座ると、すごい勢いで迫ってきたので、どうしたらいいか困りました。何度かオランダ領事と踊りましたが、ベンチに戻ると、また会話を続けようとしてきます。そんなとき、私の出身地を聞いてきたので、旅行で大変な目に会ったと話しました。すると、私がマドリッドで何をしているのか聞いてきました。私は笑顔でこう答えました。『心配ありませんわ、私はあなた方の味方です』と」

「彼が握手してきたので、私は話を続けました。『あと一日早くお知り合いになっていただけていれば、パリに自分のことを知らせずに済んでいました。直接、手紙をお渡ししていれば、もっと速く着いていたのに』」

「どんな内容なんです?」

「知っているすべてを彼にお話しし、フォン・カレの名前も出しました。ちょっとお疲れのようでしたが、そのことはまったく口に出しませんでした。大佐は最後にフォン・カレと会ったとき、顔色が少し悪かったとおっしゃっていました」

翌日、マタ・ハリはスペイン人の友人、デヤーゴフ・ド・レオンと一緒に昼食をとっている。以前、彼女がパリで古典絵画を何枚か売ろうとした際、上手く契約を取りつけられれば一万八千フランの手数料を払うと彼女に約束してくれたことがあった。昼食後、彼が帰ると、マタ・ハリはリッツホテルの読書室に向かった。大佐が彼女を待ち受け、「絵に描いたような嫉妬心を露わにした姿を見せた」彼は彼女の昼食の相手を探ってきた後、こう言ったのだ。「昨夜話したことを考えていたんだ。モロッコのどこで将校たちが下船するのか聞けなかったのかね？」

マタ・ハリは彼に「そんなこと誰もとっさにできませんわ」と言ったが、大佐は頑に聞くよう言い張りました。

「そこで、私は尋ねたいことがあったのに忘れていたと口実をもうけ、フォン・カレのところに行き、こう言ったんです。『スイスとドイツを経由してオランダに戻る予定ですが、ドイツ国境の警備は厳格でしょうから、どうか、楽に旅ができるようご教授いただけませんか』と」

フォン・カレは残念ながら何もできませんねと言うと、煙草を勧めてきた。

「私は前回の訪問のときと同じように振る舞いました。すると、間もなくフォン・カレが興奮して、気持ちが高ぶってきているのがわかりました。私は彼の顔に煙のかかる距離でそっと、こう囁きました。『ねえ――まだお疲れなの？　まだ駄目なの？　まだ仕事のことを考えているの？』」

「『聞くまでもないよ』彼は言いました。『すべてが終わるまで気の安らぐことなんて、ないね』」

「でも、モロッコの海岸で潜水艦を使って上陸させるなんて、大変なお仕事でしょうけど――どこで、どうやって、そんなことをなさるつもりですか？」

「美人はそんなこと詮索するもんじゃないよ」とフォン・カレは言った。

マタ・ハリは焦りすぎたと反省し、会話の矛先を部屋に貼られたおびただしい数の写真に向けた——そして、部屋を出た。同日のしばらく後、大佐が現れ、質問の答えを聞きに来た。彼女は「言われたままに」行ってきたけど、「機転を利かせてごまかさなかったら、すべて台なしになっていましたわ」と彼に言った。そして「次の機会には、好きなようにやらせてください」と助言まで加えた。

「翌日、大佐は昼食の後に加えて、夕食の後にも現れると、人前もはばからず、また激しくアプローチしてきました。翌日にも、もう一度いらっしゃると、こうおっしゃいました。『すごく忙しいんだ。リヨテ将軍と一緒にパリに行くことになってね』お別れの記念にスミレの花束とハンカチを欲しいとおっしゃると、パリで私のために何かできないか考えているともおっしゃいました」

「いろいろございますわ」とマタ・ハリは答えた。「ラドゥーや彼の上司に会ってください。任務を任せた女性がどんな人間か説明してあげてください。もっと優しく、隠し立てしないように、おっしゃっていただきたいんです」

大佐はそうすると約束して、大使館経由で手紙を書くよう彼女に伝えた。そして、何かあれば、同僚のド・パラディーンに会いに来るように言った。マタ・ハリが自分もパリにまもなく戻るつもりだと話すと、彼はホテルドルセーに電話してくれ、一緒にまた食事しようともつけ加えた。

ブーシャルドン大尉は黙って話を聞き続けていたが、そこでファイルの中の押収した手紙を取り出した。それはマタ・ハリが友人に送った手紙で、大佐が熱烈に迫ってきたことが書かれていた。「大佐は小さなスミレの花束を持ってきて、一日胸の間に着けるように求め、夜になったら受け取りに来ると言っていました。

私のコルセットのリボンも欲しがり、ホテルの読書室でふたりきりになったときに自分で外したいとまで言うんです。若い恋人同士がいちゃいちゃするような真似をしたがるんだから」

途中で奪われて送り主まで届かずじまいに終わった、その手紙を読んでも、大尉にはマドリッドのフランス大使館付武官が若い男のような性癖を隠し持っているとは信じがたかった。しかし、大尉と彼女のやりとりは、大尉が容疑者マタ・ハリに与えたい最終的なイメージにぴったりだったため、完全に真逆に受け止められ、事実とは逆に彼女が振る舞ったことにされてしまった。

「大胆不敵な振る舞いのマタ・ハリは」とブーシャルドン大尉は一九五三年に発表した著書の中で記している[◇1]。「大使館付武官ダンヴィニュ大佐に近づくことに成功した。自分がフランスに奉仕していると信じ込ませ、フォン・カレのもとを何度も訪れることで知り得たという情報を伝えた。言うまでもないことだが、情報は古くて何の価値もないものだったが、大佐は美しい女性の艶めかしさに完全に心奪われ、正しい判断ができなくなっていた。若い少尉のように恋に落ちて、新しい諜報員を際限なく誉めそやした」

ブーシャルドン大尉の主張はゆっくりと形作られつつあった。

マタ・ハリの話は続いた。「リヨテ将軍とダンヴィニュ大佐が出発した翌日、フォン・カレが手紙をくださり、その日の三時にお茶を一緒にどうかと誘われました。よそよそしい印象の文面でした——私が大佐と会ったことを誰かから聞いたのでは、と思いました」

彼女は彼の態度が変わった理由にすぐ気づいた。フォン・カレはフランスが各地に無線で、モロッコにドイツ軍が上陸する件を問い合わせていると言ったからだ。

「誰か他の人間から情報が漏れたのよ」とマタ・ハリは言った。「でも、どうしてそのことがわかったの？」

「フランスの暗号を知っているからだ」

マタ・ハリは何を言っても無駄だとわかり、自分の魅力で何とかするしかないと悟った。しかし、フォン・カレが次に言ったひとことで、彼の考えがよくわかった。「きみのような美しい女性は甘やかされて当然だが、私から情報が漏れたとしたら、その代償は払ってもらう」

「彼が少し心を許してきたのがわかると」彼女はブーシャルドン大尉に言った。「少し攻めに出ることにしたんです。『ともかく』と私は心の中で考えました。『この状況を乗り越えないと』――そのために、彼の望み通りにしてあげよう、と」

「怒りが収まると、彼は別の話題を口にし始めました」マタ・ハリはフォン・カレがドイツ陸軍の一部の人間の非情さについて話したことを説明した。彼女は会話が自分の望む方向に進んでいると感じ、ドイツ軍の勇敢さを褒めそやした。フォン・カレは、フランス軍でも、特にパイロットの一部は勇敢だと認めていた。その当時、ドイツ戦線のすぐ近くまでスパイを連れて行き、帰りにまた迎えにきたということだった。しかし近いうちに、とフォン・カレはほのめかすようにこう語った。自分たちにはすべてを詳細までつかむことができるだろう。ドイツ軍はフランスにいるスパイにきちんと情報を与えているからね、と。

マタ・ハリはどうやってドイツのスパイがドイツまで情報を持ち帰るのか尋ねた。方法はいろいろあると言われると、彼女は本当かしら、と返した。彼女自身、何度も国境を渡っているが、荷物と人の検査は針一本自由に持ち込めないほど厳しくなっていると実感しているからだ。「イギリスでは下着のリボンまでチェックされました」と彼女は言った。

フォン・カレは彼女の意見を退けた。ドイツ軍は彼女のような女性は使わず、秘密のインクを爪や耳の中に隠せるような汚い身なりの人間を使うのだと説明した。

その晩、マタ・ハリは十二枚にわたる手紙をダンヴィニュ大佐に送り、フランスのパイロット、秘密のインク、ドイツ軍がフランス軍の無線コードを知っているという事実などすべてを伝えた。その後、マドリッドですべきこともなくなったので、彼女はパリに渡航する準備を始めた。

二日後の三月一日、マタ・ハリとブーシャルドン大尉が再び向かい合っていた。彼女は長い旅の話を続け、スペインの上院議員ジューイの手紙にひどく怒ったところから再開した。誰かがふたりの友好関係を終わらせようとした上に、こそこそと彼女の評判を傷つけようとしたとわかったからだ。マタ・ハリが言うには、上院議員の反応はスペインの紳士らしい態度だった――ジューイ本人が手紙に記していたように。

「そういう訳で、どうか注意なさってください」と彼は書いていた。

フランス諜報機関の誠意のない行動に業を煮やした結果、彼女はパリ行きを決意し、「一月二日に」マドリッドを出て、「四日にはパリに着いていた」彼女はラドゥーの沈黙にすっかり驚いていたが、彼よりも上官のダンヴィニュ大佐が事態を解決してくれると確信していた、と大尉に語った。

パリのモンテーニュ通りの広場のホテルの部屋に入ると、マタ・ハリはホテルドルセーの大佐に電話した。誰も彼を知る人がいなかったため、陸軍省にも電話したが、そこでも彼を知る人はいなかった。

「探し続けるのに、うんざりしたわ」とマタ・ハリは言った。「ドレスに着替えて、サンジェルマン大通りに行くと、私よりも背の高い将校が大佐は今晩マドリッドに出発しますと教えてくれました」

マタ・ハリはすっかり彼に会うつもりでいたので、九時にミュゼ・ドルセー駅に行ったが、プラットホームには誰も入れないと言われた。その後、メモを書いて、国際寝台車会社の従業員に大佐に渡してくれるよう頼んだ。メモには、ここまで会いに来ているので、どうかオステルリッツ駅のコンパートメントの窓際に立っていて欲しい、列車がパリを出る前に停車するから、と書いていた。それから、入場券を買ったものの、ようやく彼の姿を見つけたのは寝台車の車掌に連絡を頼んだ後だった。大佐はマドリッドで会っていたときとはまるで別人のようだった。

「こんなふうに出発なさるなんて、ずいぶんお優しいですね」とマタ・ハリは言った。「私には一言もおっしゃらずに。それに、仕事の話もしないで。ラドゥーにはお会いになった？」

マタ・ハリは言った。「彼はとても声をひそめてお答えになりました。『あったとも。だが、彼の上司のグーベー大佐と会っていた時間の方が多かった。彼はきみの情報がとても興味深く、賢い女性だとほめていたよ』と言っていました」

「それだけ？」

「さらに、私が彼の取引している相手の知り合いかどうか聞いてきたので、知らないと答えたって言うんです」

「『なぜそんな嘘を言ったんです』と私は聞き返しました。」

「大佐は悲しげな小さな声で、こう言っただけでした。『可愛い人、ぼくの可愛い人』と」

「会話は以上でした。列車が出発し、私は呆然としたまま、プラットホームにひとり残されました」

「翌日、ラドゥーに会いに行きましたが、戻ってきた私の名前を記した予約票には『不在』と書かれていました。その翌日、一時間ほど待っていると、翌日の晩に会える許可書を渡されました」

「指定された六時にもう一度行くと、ラドゥーの様子が変だと気づきました。それまで会ったときのような笑顔はなく、何かに思い悩んでいるようでした。ダンヴィニュ大佐に会ったかどうか、そして大佐が私に約束していたことを話してくれたかどうか聞きました。ほとんど大佐とは顔も会わせなかったくらいで、話はしていないと言うことでした――が、私がマドリッドのフランス大使館に行ったことに驚いていました」

「私は脅迫めいた手紙を受け取ったんです――スペイン上院議員から送られてきました」とマタ・ハリは言った。「私は自分の理解を超える目にあったら、どこかに助けを求めることにしています」

それから、どうやってラドゥーに上院議員からの手紙の中身について話したか説明した。ラドゥーは「お互いに知らない者通しだ」と言い続ければいいと助言した。そして、ラドゥーはさらにこうつけ加えた。上院議員に貶めるような手紙を送ったのは断じて自分の部下ではない。もし部下の諜報員が勝手な判断でそうしたなら、必ず連絡が入るはずだと。

「私は気にもとめていませんが、小物の諜報員に仕事の邪魔をさせるのはどういう理由なんでしょう。もしフランスの諜報員が本当に好まざるものを目にしたなら、フランス大使に伝えさせればいいじゃありませんか。スペインの上院議員のところまで行かせる必要はないでしょう」マタ・ハリはまだ怒りが収まっていなかった。「それ以上に、あなたの熱烈な歓迎に驚きました。あなたのために遂行してきた任務に対する感謝がこれですか」

「任務？　フォン・ローランド男爵と潜水艦に関する情報のことかね？」

「ラジオ無線やパイロットや秘密のインクの話をお忘れのようですけど」

「そんな話は初めて聞いたよ」

「大佐からお聞きじゃないんですか?」

「さっきも言ったが、ほとんど顔も会わせていないくらいだ。我々のラジオ無線コードを知っているというのかい。大使館付武官にからかわれたんだよ」

「可能性は低くても、調べる価値はありますわ」

「もちろん! しかし、まあ、驚いて言葉がないよ!」

「私もですわ。でも、私はもうここにいたくありませんし、母国に帰りたいと思います。パリで生活していくお金もありませんし」

「あと何日か、いてくれたまえ」とラドゥーは言った。「マドリッドにレポートを送るよう頼むことにするよ」

ホテルに戻った後、マタ・ハリは上院議員ジュノイの手紙を手にし、ラドゥーの事務所に置いていった。その間に、彼女はプラザホテルで諜報員にしっかりと監視されるようになり、ホテルの従業員に質問までしているのに気づいた。彼女が電話すると、ドアの背後で話を聞いていた。受け取った手紙が開封されていたことも一度あった。

「一月十五日までに私はラドゥーに長文の手紙を書き、一体私に何を望んでいるのか問いただしました。『私はどんな任務も厭わないつもりです』と書きました。何の隠し立てもしませんし、あなたの諜報員なんて知りたくもありません。私はいろんな国々を舞台に活躍してきました——仕事の方法については問わず、私を理解できない諜報員に仕事の邪魔をさせないでいただきたいのです。実際、報酬を要求するのはごく当然のことです。とにかく、私はここを出ようと思います」

「その手紙を持って、私はクリュネに会いに行きました。内容について批判しませんでしたが、少し語調は荒くなっていました。特に『報酬』という言葉が彼にショックを与えたのです。お金を受け取るのを恥ずかしい状況でない限り、私はその言葉を発することをためらいません――そして、オスマン大通りで自らその手紙を出しました」

「返事がなかったので、ラドゥーからスイスに行く許可を得るためにモーヌリーのオフィスを訪ねました。ベルン在住のドイツの大使館付武官に会いに行き、フォン・カレと同じゲームを仕かけて、フランス大使館にいろいろ情報を伝えようと考えていました。モーヌリーからはラドゥーがリビエラに出かけており、戻ってくるのは三週間後で、彼の許可がなければ予定外の渡航の許可はできないと言われてしまいました」

「その頃、私はカペレンから手紙を受け取り、彼がまた送金してくれたことを知りました。私が戻らないようなら、ハーグの家は維持できないとも書かれていました。そして、同時に、男爵があなたにひどく会いたがっているから、私にオランダへ戻るよう書いているメイドからの手紙も受け取りました。ようやく私は必要なものがすべて手に入り、外国人旅行局を訪ね、スイス経由でオランダに戻りたいと伝えました。十日経っても何の返事もありませんでした。二月十二日に私は同じ事務所にもう一度行きましたが、書類がまだ届いていないと言われ、十三日の午前中には逮捕されました。以上です」

「最後に、もう一度反論させてください。私は一度もフランスにスパイ行為を働いたことはありませんし、そうしようと試みたこともありません。書くべきでない手紙を書いたこともありません。自分に関係のない情報を友人に聞いたこともありませんし、行くはずのない場所に行ったこともありません。私が元々考えていたのはフランスに三ヵ月だけ滞在することです。そのとき、頭にあったのは恋人のことだけです。諜報活動なんて思いもよらないことです。その状況を考えただけで、まったくあり得ないとわかることです」

彼女の長いスピーチが終了したが、ブーシャルドン大尉はこのとき、自著によれば、この四回の聴聞をかなり皮肉のこもった一節に要約している。「四回の聴聞の間、マタ・ハリはフランスに対する自分の行為や気持ちの純粋さを何度も強調していた。ドイツのための任務に就いていながら！　実に馬鹿げている！　彼女がフォン・カレに会っていたことは、我々の注目に値する行為だった。同時代最高の娼婦のひとりだったということから鑑みて、大使館付武官の心と正しい判断力を奪っていたのは確実だ。その後、骨抜きになった武官から情報を意のままに引き出し、ダンヴィニュ大佐に伝えに行ったのだ」

ラドゥーのみならず、ブーシャルドン大尉の注意も逃れたマタ・ハリの発言が、供述書の中にひとつ存在する。おそらくは、彼が膨らませたがっていた事件の要素から外れていたからだ。マタ・ハリの行動はスパイが持つべき特性の中でも必須条件といえるもの――口の堅さ――とおよそ結びつかない。スパイになったことをマルゲリ夫人にすぐに教えていたように、彼女はクリュネにそれ以上のアドバイスも求めたと話していた。クリュネは昔からの信用できる友人だったが、外務省とはかかわりがない人物だ。そして、ブーシャルドン大尉にその話をしたときの彼女がクリュネから驚かれたと言っていないということは、彼にフランス諜報局について話すのが初めてではないということだったのだ。

マタ・ハリの話がようやく終了し、ブーシャルドン大尉が話す番になった。その日、彼がぜひとも聞きたかったのは、オランダ領事館に行って、彼女がパリ国民割引銀行経由で受け取ったという五千フランの出どころだった。

「五千フランはカペレンからいただいたものです」とマタ・ハリは言った。「オランダ領事が一月十五日に電話をくださって、こうおっしゃったのです。『お金が届いています。ご都合の良いときにお越しください』私は十六日に伺い、すぐに、千フラン紙幣を五枚いただきました。お金はカペレンからいただいたものに相違なく、ロンドンとマドリッドで私が送金をお願いしていたんです」

彼は最後にもうひとつ質問を続けた。オランダ領事のブンゲとはどうやって、どこで出会ったのか？　彼女ははっきり記憶していた。「お会いしたのは初めてリスボン経由でオランダに戻ったときですわ」

（ブンゲ氏に関する記録から日付を特定できないか問い合わせてみたところ、オランダ外務省の公文書館から返事があった。オットー・ダビド・エドゥアルド・ブンゲ氏は一九一〇年からオランダ領事の職務に就き、サンフランシスコで一年半過ごし、一九一五年十二月四日まで勤務を続けた。その後、パリの領事になる前に短期間オランダに戻っている。ポルトガルとスペインに寄港するオランダ船でパナマ運河を渡って母国に帰り、一九一六年一月にマタ・ハリが家財道具十個を携えて乗っていたリスボンの船に居合わせていた可能性が高い）

三月九日、次の聴聞予定日、マタ・ハリは体調がすぐれなかったため、ブーシャルドン大尉に延期を求める手紙を書いている。「次の月曜日まで延期していただけないでしょうか。体調が悪く、起き上がることができません。何日か休めば、回復すると思います」

十二日に改めて聴聞が行われた。ブーシャルドン大尉は自分の考えを模索している段階で、ずっとマタ・ハリに話を進めさせてきたが、ここで自分が話す側にまわり、逮捕時に部屋で見つけた様々な書類について聞き始めた。マタ・ハリがコレクションしてきた名刺の束が目の前に出された。彼女が友人と自負する相当数の人物名には、ブーシャルドン大尉の知っているものも含まれていたが、これまでの四回の聴聞には登場していないものもあった。

ブーシャルドン大尉は最初の名刺を取りあげた。ジョルジュ・ジュイ騎兵隊長官という上級軍曹の名刺で、ジロンド県の航空訓練校に駐在している人物だった。マタ・ハリによれば、ダンヴィニュ大佐に会いに行った夜、オステルリッツ駅のプラットホームで出会ったそうだ。彼は彼女に軍隊での世話係の女性になってもらえないか——前線まで贈り物を送ってくれないか——と頼んだという。

次の名刺は指揮官のオンリ・ドゥ・マルケッリーのもので、ブローニュの森で乗馬したとき、ときどき一緒に出かけていた、戦前時代の友人だということだった。

三枚目にはロシア人中佐パッツ・ポーマナッキの名前が書かれていた。スペインから列車で戻る際、ボルドーとパリの間の食堂車の中で出会っていた。

次の対象者、大尉のアンリ・メージュとは、ラドゥーのオフィスを出てすぐの通りで出会っている。彼女に声をかけてデートに誘ってきたが、プラザホテルで一杯お茶を飲んだだけで終わったという。

ピエール・アリヨンソーは国境付近で列車の乗客を調べる仕事に従事していた。彼も彼女を誘ってきたが、何事もなかったそうだ。

続いて、ブーシャルドン大尉は手紙の束を取り出したが、ほとんどはマスロフの書いたものだった。それ以外には、キングセルという名前のイギリス人大尉から送られた手紙もあった。スコットランドヤードから釈放された後、ロンドンのサヴォイ・ホテルで出会ったが、しつこくて困ったそうだ。

E・W・デ・ヨンという署名の入った手紙が三通あったが、オランダの新聞記者で、ファルマスでの出来事についてインタビューしたいという内容だった。彼女はそのインタビューを断っている。（エグベルト・ウィレム・デ・ヨンは戦争中、アムステルダムの新聞『アルヘメーン・ハンデルスブラッド』のロンドン特派員だった。彼がロンドンのオランダ領事に依頼したインタビューを断った、というのがおそらく、その手紙だった。手紙の後半にはハーグについて言及され、彼が「ごく内密」に許可された「私的な手紙」を読んだことが書かれている。彼女が「自分があった大変な目を決して世間に知られたくなかった」と記していたという）

最後の手紙は「ピエール」とだけ署名されていた。アンダイエで彼女をデートに誘っていたピエール・アリヨンソーの書いたものだが、文面が「平凡すぎる」ので、彼女は返事を出さなかったそうだ。

《原註》

◇1　ブーシャルドン大尉は一九四八年に回想録を実際に書いている。彼は一九五〇年に死亡し、彼の娘が最終的に一九五三年に出版している。

第19章

ブーシャルドン大尉はマタ・ハリに、ここまで自分が話してきたことを少し振り返る時間を与えた方がいいと考えた。彼女が牢獄生活を始めてちょうど一ヵ月が経ち、ずっと彼女の側の物語を話し続けられてきた。旅や恋愛やスパイ行為に関する隠し立てのない話だった。その国際色豊かな物語の中から、大尉は自分の構想やこれからの裁判に使うべき要素をすでにピックアップし、スパイのしっぽをつかもうと動いていた。その後の四週間、ブーシャルドン大尉は容疑者の話を一度も聞かなかった。彼女は独房に居続ける他なく、監獄の中庭を散歩し、弁護士と医師と神父と話す時間以外はひとりで考えざるを得なかった。

彼女の頭の中はほとんどヴァディムのことでいっぱいだったが、逮捕後、彼がどうしているかまったく教えてくれなかった。カペレンを始めとする多くの人々同様、彼は彼女がどこにいるか知らなかったのだ。外と連絡をとるにはブーシャルドン大尉かクリュネに頼むしかなく、ヴァディムについて知らせてくれる可能性があるのは大尉だけだった。ヴァディムはひどい怪我を負い、彼女が自分を忘れてしまったと非難する手紙を出していた。その手紙は大尉に渡され、内容を彼女に伝えている。その後、聴聞以外の時間、彼女の頭にはずっと彼のことしかなかった。絶望的な気持ちに苛まれ、大尉に次のような手紙を書いている。

ヴァディムについてお知らせくださりありがとうございます。私はひたすら悩み、ずっと泣いていいます。エペルネーの病院にどうか入院させてください。お願いします。あの人が亡くなっているのではないか心配で、自分が一緒にいられないことが残念でならなくて、頭からその思いがひとときも離れません。あの人は私から見捨てられたと思っているのです。私がどんなに苦しい気持ちにいるのか、おわかりにならないでしょう。どうかここを出してください。これ以上、耐えられません……。

しかし、マタ・ハリに釈放の可能性はまったくなかった。四月十二日に再び呼び出され、大尉の攻撃が再開された。

「これまでは」と大尉は言った。「あなたの話に言葉を一切挟まず、ひたすら聞き続けてきたため、あなたは自分の思い通り自己弁護を行うことができました。今度は我々の方から、少し質問させていただきましょう。早速、最初の質問から。サンジェルマン大通り二八二にある、我々の対敵情報活動局のオフィスに初めていらした際、ドイツのスパイではなかったのですか」

マタ・ハリは驚いた。「もちろん、違います。大尉――それどころか、お伺いしたのはヴィッテルに行く許可をもらうためですよ」

ブーシャルドン大尉はマタ・ハリの恋愛生活にスパイ活動と彼が確信する行動を結びつけようとしていた。

「驚くような質問ではないはずです。あなたはご自身を『いろいろな国々を股にかけた女性』とおっしゃっていませんでしたか。それに、戦争の始まる直前にも、クレーフェルドで第十一ハサール連隊帯のキーパート氏と懇意だったとおっしゃっていたはずです」

「実際、私はスパイ活動をほのめかすような方とおつき合いしたことはありません。ドイツのためにも、他の国のためにも、フランス以外には一度も。プロのダンサーとして、そんな疑いを一度も受けることなく、ベルリンの方々とおつき合いしてきました。だからこそ、自分から、いろんな方々のお名前を出せたわけです」

その日はそれ以外、重要な会話はなく、聴聞自体も最も短いもののひとつになった。監獄に戻される前、彼女のハンドバッグの中身や部屋にあった様々なものが出された。マタ・ハリは大尉にオキシシアン水銀を使っていると、はっきり告げている。字を書くのに使うのではなく、避妊薬として使うということだった。

再び数週間、聴聞は行われず、その間、ブーシャルドン大尉は考えが一つの方向にかたまり、マタ・ハリの物語が具体的なものになろうとしていた。彼女が接触したすべてのドイツ人は、彼女を有罪にするために、ほとんどが想像か捏造で作り上げられた一連の証拠につなげられていった。大尉が忘れたのか、それとも忘れた振りをしただけかはわからないが、マタ・ハリは長きにわたって、これほど多くの人々と知り合いになり、多岐にわたる話題を話すことができた人物だった。しかし、彼女がフランス人と話すときは、必ず情報を得るため——ドイツ人と話すときは必ず情報を渡すか新しい任務を受けるため——だと彼は確信していた、もしくは確信しつつあったのだ。

二ヵ月間牢獄生活を続けてきたマタ・ハリは外との接触をようやく許可されたが、オランダ領事館を経由しなければならなかった。そのため、一九一七年四月十六日に彼女は領事館に前述の手紙を送り、二十一日に受け取られている。

どうか助けてください。自分が犯していないスパイ容疑でサンラザール刑務所に収監されて六週間になります。

何とかしていただければ、この上ない感謝を申し上げます。メイドには、逮捕のことには触れずに、問題が起こりフランスを出ているので心配いらないと伝え、この手紙を私に代わって、お出しいただけないでしょうか。アンナ・リンチェンスという名前で、住所はハーグのニューアウトレフ一六です。私は悲しみに打ちひしがれ、頭がおかしくなりそうです。我が国の領事館の秘書ファン・リンドバーグ・スティールムにもできる限り手を尽くしていただけるよう、お願いいただけますでしょうか。私をご存知で、ハーグの私の近しい友人とも交流がある方です。

手紙にはマルガレータ・ツェレ・マクラウド・マタ・ハリという署名があり、ひとつだけ間違った記述があった。おそらくは単調な監獄生活を送っていたためだろう。四月十六日には牢獄に入ってから六週間でなく、九週間が経っていた。

次の展開を思案していたブーシャルドン大尉は陸軍省から新しい情報を受け取っている。彼の側からすると、この事件の決め手となる情報だった。彼の著書に、こう書かれている。◇1「私は再三彼女と聴聞を重ね、ついに死刑宣告を与えられる文書を手に入れた」

ブーシャルドン大尉自身の言葉によれば、以下のような状況になり、次のように彼はことを進めていった。「調査が膠着した四月二十一日、陸軍省が一九一六年十二月十三日から一九一七年三月八日までの間に、フォン・カレとドイツの間で行われた電信の傍受に成功し、その内容がファイルに加えられた」（ブーシャルドン大尉は理由を書いていないが、陸軍省はこの情報をすでに所有しながら、最初に知らすべき人物、つまり大尉に渡すまでに六週間以上経っていた。遅れたのは、おそらくフランス陸軍省が陸軍省の諜報員にさえその必要不可欠な情報を渡したがらなかったからだと思われる。被告人が本物のスパイなら、フランス政府が握った秘密を敵国の上官に知らされてしまう危険があると考えたからだ。マタ・ハリの場合も、もし彼女が本物のスパイなら、フランス軍は、共犯者を経由してドイツに情報を伝えられることを心配していたのだ。フランスがドイツ軍のコードを破ったという情報を）

ブーシャルドン大尉には、突然、すべてが具体的な方向に動き出した。「マリガレッチ・ガートルード・ツェレは一連の情報をフォン・カレに提供していた。何の情報だったか？　自分にそれを明らかにする権限はありません。職業上の守秘義務がありますから。言えるのは我々諜報局、特に最高指導者が、重要な真実の一部だと認める内容が含まれていたということだけだ。とにかく、そのスパイは数多くの将校と接触し、裏切り行為となるような質問を巧みに浴びせていたのは間違いない。同時に、彼女の交友関係の広さがフランスの政治的状況に関する情報を得る助けになっていたのだ」

実際のところ、ブーシャルドン大尉が一九五三年（もしくは一九四八年にも彼は書いているが）に明らかにすることを許されないと宣言した情報とは何だったのか。最高指導者が重要な事実の「一部」を含んでいると認めたという情報とは。その内容とは、すでに言及された一九一七年の春季攻勢に関するものだったが、当時、誰もがどんな形にせよ口にしていた程度のものでしかなかったし、もうひとつの話も、ギリシャの王様、ブリアンとボナパルト王妃に関する内容でしかなかった。

そして、ブーシャルドン大尉がマタ・ハリの裁判を終えて三十一年が経った後、彼は彼女に死刑を宣告した文書に関して、ひとつだけ積極的な発言をできると考えた。「ともかく、彼女が祖国を売るような質問をできたのは事実だった」ということは、彼は他のすべてのことに疑いを抱いているということだ。そして、マタ・ハリがフォン・カレに与えたのが銃殺するに値する重要な情報だったという一方で、フランスの無線コードをドイツが解読して得たという、フランスが潜水艦でモロッコ沖に行くという情報は「古びた」何の重要性もないものでしかなかったというのだ。

「五月一日に」、ブーシャルドン大尉は著書の中でこう続けている。「私は自分の手の内を披露することにした。そして、慎重にことを進めようと、他人との接触を避け、聴聞のためにフレンヌの刑務所に出張したというニュースを広めた。新聞が私を探している間に、私は第三軍法会議が有罪と結論づけるだけの証拠が山積みになった、洞穴のような部屋に、登記官とマタ・ハリとともに閉じこもっていた。神経戦といえる対決だったが、今回に限っては、自己弁護に必死だった。名優と呼ばれる人物でもそんな弱みを見せる瞬間がある。彼女はフォン・カレがホテルリッツのスタッフにお金を握らせ、彼女が誰と連絡をとるのか特定しようと、彼女の手紙の開封を命じていたとほのめかすようなことまで口にする始末だった」

マドリッドのドイツ諜報局局長の不誠実な行為を聞かされ、ブーシャルドン大尉が驚いてみせる様は、かなり子どもじみている。どの戦争参加国のマドリッドの大使館でも、出入りする人間をつかもうとホテルのスタッフにお金をつかませていたというのはよく聞く話なのに――ドイツだけでなく、フランス大使館も同じことをしていた。

しかし、ブーシャルドン大尉は任務に忠実だった。彼は「彼女があらゆる手練手管を使い、叫び、泣き、微笑み、憤り、毒舌まで駆使していたのにもかかわらず」任務を遂行し続けた。彼の扱いに対して、彼女は激しく怒っていた。彼は次のように書いている。「『どうして、そんなに同情せずにいられるの？』と彼女は地団駄を踏みながら言った。『こんな哀れな女性を苦しめ、そんな下品な質問ができるの！』」

五月一日に、ブーシャルドン大尉は相手の雰囲気が変わっているのに気づいた。彼にはすべての切り札が手に入っていた——彼自身の話に従えば。まず挨拶代わりの質問から始めた。「あなたはこれまでの聴間でこうおっしゃったことがありますね。フォン・カレに軍事や政治に関する重要な話はできなかったと。あなたが四十三日前にフランスを離れていたから。それだけ時間が経った後でも、まだ重要な価値のある情報があれば、お話願いたいのですが」

「繰り返して申し上げますが、自分のためにフォン・カレに会いに行ったわけではありません。彼の名前や地位さえも知りませんでしたし、何の意図もありませんでした。ラドゥーから誠実さと能力を証明するよう依頼されました。ファルマスの騒動があってマドリッドに戻ってしまうと何の指示も与えられず、こう自問しました。『自らの判断でことを進め、ドイツ軍と接触したら、パリに戻る前にお金を渡してくれるだろう』と」

「私は何も隠そうとしませんでした。ラドゥーとはずっと手紙でやりとりをしていましたから。大使館付武官の名前を伝えたことはなかったかもしれませんが、ドイツ大使館の高い地位の人物と接触をはかっているとは書きました。加えて、ダンヴィニュ大佐にすべてを伝え、重要なニュースを三件提供しました。でも、今になってみると、彼はパリに着いてから私の情報を実際伝えたものの、誰から得た情報か示してくれなかったのではないかと推測しています。フランスが私の仕事に満足しなかったとすれば、私が戻ってきたいと希望したとき、再入国のビザの発行を拒否していたはずです。そう考えた方が理屈に合います」

そこでブーシャルドン大尉は大きな切り札を使った――死刑執行令状と考えている切り札だった。「この数日間で、あなたが我々の防諜活動や我々自身に対して、この上ない大胆なコメディを演じてきたという物的証拠を獲得し、ファイルに入れてきました。あなたはケルンの中央情報局ビューローに所属するH-21という諜報員で、一九一六年三月にフランスへの二度目の渡航を命じられています。ラドゥーの申し出を受け入れ、彼に代わってベルギー行きの任務を果たす振りをした。一九一六年十一月にはドイツから総額五千フランを受け取っている。そして、最終的には、政治的、外交的、軍事的に重要な多くの懸案に関する完全な情報をフォン・カレに与えたのです」

マタ・ハリはこの新事実にまったく動じなかった。「あなたはラドゥーと同じ間違いを犯しています。彼は私がAF-44というアントワープからきた諜報員だと、つまりイギリスが主張していたクララ・ベネディクスだと主張していました。あなたは私を他の誰かと勘違いしているんです。どこかできっと混乱があったんでしょう。ラドゥーもイギリスも証拠をつかんでいると考えていましたが、その証拠を間違って見てしまったんです。そして、再び申し上げておきますが、私は個人的な理由でサンジェルマン大通りに行ったのではないのです」

「それでは――まだ納得しないというなら、フォン・カレが十二月十三日にベルリンに送り、送り先に無事届けられたメッセージの写しがあることをお知らせします。フォン・カレは何と書いていたでしょうか？『ケルンの中央情報局ビューローに所属する番号H-21の諜報員は三月にフランスへの二度目の渡航を命じられ、こちらに到着。彼女はフランス諜報局の任務を受け入れ、ベルギーで予備的な使命を実行する振りをした。ホーランディア号でスペインからオランダに渡航する予定だったが、十一月十一日に他の容疑者と間違えられ、ファルマスで逮捕されている。間違いとわかりスペインに送り返された。イギリスがまだ容疑者と考えていたためだ』これはあなたのことですよね？　あなたは自分の身を明かすため、イギリスで降りかかった災難を詳しく教えてくださいました。その人物があなただとしたら、諜報員H-21でもあるわけです。ドイツの諜報局と先に契約して、嘘の番号を知らせてフォン・カレを騙していたなどと言う言い訳はやめてくださいよ。フォン・カレは正しい場所で適切な情報をちゃんと得ています。一九一六年十二月二十三日、彼はH-21に三千フラン払う命令を受け取っています。あなたは自分の情報に対して、三千フランを要求しています。彼がベルリンで一万フランとまではいかなくても、三千フランを払うに値するどんな情報を与えたんですか。フォン・カレは三千五百ペセタを払い、その後、一九一六年十二月二十六日にベルリンに確認している」

「スペインにはドイツ諜報員が数多く存在しています」マタ・ハリは言った。「そして、通信の誤りはいくらでもあります。おそらく、フォン・カレは私が何者でどんな知り合いがいるか確認したかったのでしょう。私の手紙を調べて、情報を得るために、リッツホテルの従業員のメンバーを雇っていたのかもしれません。それから、オランダから来たドイツ人女性、ブルーメ夫人という人物がホーランディア号で逮捕されたという事実も指摘しておきます。逮捕は私の旅行中ではなく、別の機会に起こったことです」

「別の人物と混同しているとは考えられませんね。H-21諜報員がフォン・カレに自分のメイドはオランダに暮らし、アンナ・リンチェンスという名前だと言っていたんですよ」

「フォン・カレになんでも思った通りのことを口にする人でした。今、言った通りの方法で、私の電報を読んで知ったと考えられます。私が電報を送るときは、ホテルのポーターに頼んで自分では郵便局に行っていませんから。ともかく、私は諜報員のH-21ではありません。フォン・カレは私に一ペニーたりとも払っていませんし、一九一六年十一月に受け取った五千フランは、一九一七年一月に受け取ったお金と同様、愛人のカペレンからいただいたものです」

「カペレンに関する話はもうやめた方がいい――我々にはドイツ諜報機関から報酬を受け取った際の仲介者がわかっているんですから。我々はフォン・カレから送られたさらに二回の、一九一六年十二月二十六日と二十八日の通信を把握しているんです。一回目の方にはこうありました。『H-21はパリのオランダ領事経由の電報で、さらに多額の報酬をルールモントのメイドに渡すよう要求すると思われます。アムステルダムのクレーマー領事に助言願いたいと言っています』次の電信には、こう書かれています。H-21は明日パリに到着予定。パリのパリ国民割引銀行にすぐ五千フランを送り、アムステルダムのクレーマー領事とルールモントにいるメイドのアンナ・リンチェンスを通じて、オランダ領事のブンゲからパリで渡してほしいと要求している」

「こうして、あなたは一九一六年十一月四日にまず五千フランを受け取り、一九一六年一月十六日にも同額を受け取っている。そこに、フォン・カレが払ったと認めている三千五百ペセタも加えなければならない。二ヵ月半の間にドイツ軍はあなたに一万四千フラン近く払ったことになります。もちろん、あなたが大胆にも要求した百万フランには程遠いですがね。しかし、その金額はあなたがドイツ軍に提供した任務の内容と、ドイツ軍スパイにおける重要性を反映しています。とにかく、あなたのメイドがすべての仲介役を果たしたことや、彼女があなたに送ったすべての手紙や、その手紙の中で彼女が書いているカペレンから受け取ったという金額はただのコメディにしかないと証明された訳です」

マタ・ハリは説得を続ける。「私はメイドにリッツホテルから手紙や電報を送って、お金の件を頼みました。私は本当にカペレンという名の、第二軽騎兵隊大佐の既婚男性の愛人でした。その方は小さな国に暮らし、非常に厳しい検閲を受けているため、恋愛やお金のことを書いた手紙や電報を直接送らないよう言われていました。メイドは八年間働いてくれている非常に正直な女性です。彼女は私の殿方との関係を把握していますし、カペレンとの間の仲介役を行ってくれています」

（一九六三年にアンナ・リンチェンスの息子さんとお会いした際、彼の母親が「すごい金額をすべて紙幣で」持ち帰ってきたことがあったという話を聞かせてもらった。彼には誰からもらったお金なのかわからなかったそうだが、母がハーグに行っていたのだと確信したそうだ）

マタ・ハリの話は続いた。「ヴィッテルから帰る際、かなり持ち合わせがなくなっていました。オランダから持ってくる金額を間違えた上、ラドゥーからはまったく報酬が渡されず、思っていたよりひと月も長く滞在させられました」（彼女は九月にヴィッテルから戻り、十一月の初めまでオランダには行っていない）「それなのに、なぜ愛人にお金を要求するのを変だというのですか」

「十二月十三日の電報でフォン・カレが書いていたようなことは話した覚えがありませんが、ギリシャの王子に関する彼の話はよく覚えています。コンスタンティンを失脚させて、プリンス・ジョージに取って替えようと画策しているという内容です。王からの情報を得ていたようでした。パリにあるギリシャの教会が巻き込まれたスキャンダルの記事を読んだことがあると彼に答えた記憶があります」

ブーシャルドン大尉は十二月十四日のフォン・カレの電報に含まれていた情報をさらに読み始めた。ベルギー人のスパイのアラール、秘密のインク、スヘルデ川の河口への上陸に関する内容だった。

「フォン・カレには、フランス軍が秘密のインクを開発したなんて話一切していません」とマタ・ハリは言った。「そして、ベルギー人のアラールに関してフォン・カレと話したことはないですが、ヴィーゴか、もしかしたらマドリッドのリッツホテルに泊まっていたとき何度か話したような記憶はあります。リッツホテルでは多くの人にいつも話を聞かれていました。スヘルデ川の河口に上陸した件については一度も口にしていません。そんなことはまったく知りませんでした」

ブーシャルドン大尉はイギリスの諜報員の件に話を戻した。「フランスに奉仕する人間が、無分別に好奇心を抱いているとあなた自身が認めるホテル従業員の前でアラールがイギリス人スパイだと口にするなんて、ずいぶん腑に落ちない話ですね」

（ブーシャルドン大尉は目的の達成のためなら、理屈にあわない考え方を押し通す人間だと、ここからもわかる。彼はフォン・カレがリッツの従業員にお金を渡して彼女や彼女の手紙に関する情報を得たという可能性や、リッツホテルの従業員が自らアラールのスパイの件をフォン・カレに伝えたという可能性を、一度は馬鹿げていると否定しておきながら、次にははっきり認めるような発言をしているのだ。受け入れただけでなく、処刑された理由のひとつとしても使っている）

ブーシャルドン大尉が話を続けた。「秘密のインクに関する情報は非常に重要でした」秘密のインクに関するフランス軍の発見をドイツ軍に伝えられたことになるからだ。フランス軍が成功したのは一九一六年十月九日だった——マタ・ハリがパリを出てスペインに行くちょうど一ヵ月前だということは大尉もわかっていたはずだ。

マタ・ハリは話を前に戻した。「あなたはずっと、私がフランスの対抗的スパイ活動のために力を貸したとおっしゃっています。それは間違っています——私はラドゥーに何も提供していません。彼は私に力を貸すように依頼し、私はじっくり考えた後、ほぼ一ヵ月後にそれを了承しました。そのときはいくつか大きなプランを持っていましたが、うまくいくかどうか自信がありませんでした。とにかくその後も報酬はいただけなかったので、何も盗んでいません。そして、インクのことなんて何も知らないのです」

「フォン・カレに会うまで、どんな秘密のインクをドイツ軍から渡されていたんですか」

「繰り返しになりますが、私はフォン・カレに会うまで、ドイツ軍と接触したことはありません。ですから、あなたが考えているようなインクを使ったことはないのです」

「じゃあ——目の前の書類を見てください。あなたが逮捕されていると知らず、三月六日にベルリンからフォン・カレへ次のようなメッセージが送られてきました。『諜報員H-21がすべてのやりとりに与えられた秘密のインクを使うよう指示されているのか、このインクのことが敵国に気づかれる心配はないことが伝えられているのかご連絡ください』」

「十二月二十三日にはすでに、あなたに最新情報を与えるべく、ドイツ諜報員が次のメッセージをフォン・カレに送っています。『使用前と使用後の指示に従って使用すれば、H-21が受け取った秘密のインクはまだフランスに解読されることはない』」

「秘密のインクの話はまったく理解できません」マタ・ハリは彼の発言に反論した。「私は一度も使ったことがありませんし、実際持っていたというなら、イギリスではどこに隠していたんですか、すべての自分の荷物を検査され、生理用品まで検査されたんですよ。ともかく、私は諜報員H-21じゃありません」

ブーシャルドン大尉も一歩も引かなかった。「あなたが今日話したことをもう一度よく考えてください。ダンヴィニュ大佐かラドゥーに教えたという情報について話してくれましたが、その価値を慎重に判断する必要があります。しかし、他に行動の取りようがなかったから、そうしただけなんじゃないですか。ずっと諜報員につけられていると知りながら、マドリッドで自分の好きに振る舞い、フォン・カレと定期的に会うわけにはいかなかった。その後の私たちへの説明も気にしない訳にもいかない。そのために、大使館付武官にあなたが訪ねてきたと言い、我々の疑いを回避すべく、フランス軍に情報を渡したように振る舞わざるを得なかった。諜報活動の騙し合いにおける基本中の基本といえる原則を、あなたほど賢い方が考えつかないはずがありません」

「同じことを繰り返していうしかありませんわ――自分の意思以外で、フランス軍に情報を提供したことはありません。私は諜報活動のプロではありません。ラドゥーに持ちかけられるまで考えもしなかった仕事です。こうすべきだとか、こうすべきでないとかいうルールなんて知るわけがありません。彼にははっきりこう申し上げました。『私が伝えた情報は必ずご自分で真偽のほどをお確かめください――ただ聞いたまま伝えているだけです』と。そして、彼からフランスの秘密のインクを出されたときも、受け取りませんでした。もしドイツ軍のために働いていたなら、いい贈り物になっていたはずなのに」

「そして、彼から他の諜報員と接触するよう指示されたときも、再び断っています。もしドイツ軍の任務に就いていたなら、名前を教えられる絶好のチャンスのはずです」

「ラドゥーがちょっと訝しそうにしたので、こう申し上げました。『あなた方の秘密を知りたくありません

──自分のやり方で仕事させてください。お願いしたいことはひとつだけです。放っておいてください』

『わかった』と彼は言い、私たちは握手を交わしました。」

「そうはいっても」とブーシャルドン大尉は話を続ける。「フォン・カレがベルリンに送った几帳面な情報がずいぶんと正確なことは否定できませんよね。例えば、一九一六年十二月二十三日、彼が局長にH－21がメイドを通じてすぐに五千フランをパリ国民割引銀行に送るよう要求したとありますが、まさに事実じゃないですか──お金は一九一七年一月十六日に送られている。あなたが彼に価値ある情報を与え、忠実に彼がベルリンに伝えたとしか考えられませんよ」

「私はロンドンとマドリッドからメイドに電報を送り、カペレンに頼むよう伝えました」

「しかし、それでは報酬に見合う情報を受け取っていないフォン・カレが、なぜ仲介者や銀行名までドイツに伝えられたのか説明できませんよ」

マタ・ハリは意見を曲げなかった。「誰かがメイドに送った電報の中身を密告したのかもしれません」

《原註》
◇1　一九五三年パリのAlbin Michel社から出版された原題*Souvenirs*

第20章

五月一日の聴聞が終わったとき、ブーシャルドン大尉はすべて終わったと確信しただろう。自身の推論と結論だけに基づいて判断する彼は、後にこんな言葉まで残している。「パリを離れる前に、オランダ領事の仲介を通じ、二重スパイだった彼女は十一月四日に五千フランを受け取っている。その送金は誰もが認めざるを得ない事実で、ドイツから渡されたものだった」同意を促すための彼流の表現だ。さらには「調査は実質的に終わった」と決めつけている。しかしながら、傍受した電報にはフォン・カレの支払いに関する疑問点がいくつか残っていたし、ブーシャルドン大尉には現実にその送金がカペレンからのものではないという確証もなかった。実際、大尉はあらゆる手を尽くしてマタ・ハリをこの送金の件で押さえつけようとし、裁判の中でも審議されたが、彼女が有罪になった八個の証拠には、支払い、基金、お金、もしくは少しでも関連のある言葉さえも、まったく登場していない。ブーシャルドン大尉は事件が解決したと勝手に確信していたものの、陪審を——彼が証拠を手に入れた唯一の事例として——説得できなかったのだ。

マタ・ハリに電報にかかわる新事実について考える時間を三週間ほど与え、五月二十一日に再び大尉は彼女を呼び出した。今回、目の前のマタ・ハリの様子が違うのに気づいた。迷っている表情だった。

「今日、私は真実をお伝えしようと思います」と彼女は聴聞の始めに言った。「これまでにすべてを話していないことに、少し恥ずかしいという思いがあるからです」

「一九一六年の五月頃、ハーグの自宅にいると、ドアベルが鳴りました。かなり遅い時間でしたがドアを開けると、オランダのドイツ領事クレーマーがいらっしゃいました。理由は書かず、私に会いに来たいとだけ書いた手紙を事前にいただいていたのです」

(クレーマー氏の名前の綴りはいつも間違えられ、裁判中も同様だった。一九六三年一月にボンのドイツ外務書から受け取った手紙によれば、彼の正しい名前はKarl H.Cramerだった。一九一四年十一月二日に知事に就任し、アムステルダムで領事館付の報道官に近い役割のドイツ情報提供局の責任者となり、一九一九年十二月二十四日まで任務を果たした。戦前は「商売人だった」彼はブレーメンで生まれ、一九三八年に亡くなっている)

「領事は私がフランスに行くためのビザを申請したと聞いていました。彼はこう話を切り出しました。『あなたはフランスに行く予定があり、私たちのために働くべきか検討中と伺っています。我々が関心を持つ情報を集めていただきたい。同意していただければ、二万フランお渡しできます』」

「私はその報酬では足りませんと申し上げました。『わかりました』と彼は話を続けました。『しかし、それ以上の報酬を求めるなら、何ができるか見せてもらってからでないと』私ははっきり返事ができないので、少し考えさせてほしいと頼みました。彼が帰ると、ドイツ軍がベルリンで押収した高価な毛皮のことを思い出し、その分の金額をもらってもかまわないだろうと考えました。結果的に私はクレーマーに次のような手紙を書きました。『よく考えましたが、お金をいただくことにします』領事がすぐにやってきて、フランスの紙幣で二万フラン渡していきました。彼は手紙を書くときは秘密のインクを使うように言いました。私は自分の名前を書くことになるので、使いたくないと反対しました。彼は誰にも読まれないインクがあるから手紙にはH-21とだけ署名を入れればいいということでした。彼はそれぞれ一、二、三という数字の入った三個の小瓶を手渡しました。最初と最後の瓶には透明の液体が入っていて、二番目の瓶は青緑色の、ややニガヨモギのような色でした。彼は一番の液を紙につけ、二番の液で文字を書き、三番の液で全体を拭きました。『こう、やってもらってから』と彼は言いました。『普通のインクで同じ大きさの白紙に手紙を書いて、私のいるアムステルダムのホテル・デ・リューロープに送ってくれればいいんだ』」

ブーシャルドン大尉は、ようやくスパイの尻尾を捕まえたという感慨に浸っていたに違いなく、話を最後まで聞かなかった。

「ポケットに二万ポンドを入れて」マタ・ハリは言った。「玄関を出る際、クレーマーにうやうやしくお辞儀をしましたが、パリから何ひとつ情報を送るつもりはありませんでした。つけ加えておきますが、アムステルダムから北海に向けて出発し、船が運河に出たところで、すぐに液を捨てて、三つの小瓶を海に投げ捨ててしまいました」

マタ・ハリは、後にラドゥーから、敵対するドイツ諜報局から勧誘されていないのが不思議だと言われたことも伝えた。「私のことを把握していなかっただけなんです」とマタ・ハリは答えた。だからこそ、ラドゥーはこう言葉をかけたのだ。「きみの準備ができ次第、やってくれればいい——時間がかかってでも」仕事を持ちかけられた彼女は、ラドゥーに「望み通りの情報を何でも用意できます」と答えた。しかし、ラドゥーはまず報酬に値する価値があることを証明して見せるよう主張し、「我々があなたを信頼できるようになれば、あなたも我々を信頼できるようになりますから」と言った。

マタ・ハリは時間の無駄だと考えて、ラドゥーが報酬を渡す意図がなければ、「大きな秘密を突き止めたり、心にあることを――何の報酬もなしに――教えたりする」理由はないと考えた。

「そのため、彼から私にスイス経由かそれともイギリス経由でオランダに帰りたいか聞かれたとき、イギリス経由のルートの方を選んだわけです。当然ドイツ経由で行くつもりはありませんでした。ドイツに行けば、二万フランを受け取っておきながら何の情報も渡さなかった理由を聞かれるからです。もしフランスに少しでも疑われるようなことをしていたら、ドイツ経由で戻っていたはずです」

「マドリッドに行くと、すでにお話ししたような状況が続きました。ラドゥーは何の報酬も渡してくれませんでした。信頼を悪用され、手元には数百ペセタしかありませんでした。女性をこんな状況に追い込んで、盗みでもしろというんでしょうか。パリからは何の連絡もなく、ホテルの宿泊代だけがたまっていきました。私のことをまったく知らないフォン・カレに会いに行ったのは、そんなときです。自分が逮捕されずに、ドイツ経由で旅行できるか確認したかったのです」

マタ・ハリはフォン・カレに信頼されようと、フランスにスパイになるよう依頼されたと話した。「それから、古い新聞や記憶の寄せ集めの情報をでっちあげました――フランスには何の害もない、何の重要性もない情報です。フォン・カレはお金を渡していいか上司に電信で尋ねました。私は一万マルク要求しましたが、ベルリンは拒否しました。その後のメッセージで大使館付武官に支払いの許可が出たのかどうかは私にはわかりません」

「フォン・カレから三千五百ペセタ受け取ったというのは本当ですが、彼自身のお金だったのでしょう。事務所で私の身体を触り続けた挙句、指輪を差し出してきました。受け取る気はないのでお断りしたから、三千五百ペセタを渡してくれたんです」

「二回の五千フランは、クレーマーからいただいたものです。オランダを出る前に、お金が必要だという電報をメイドに送り、ホテル・デ・リューロープに行き、クレーマーに頼むよう伝えてあったからです。ただし、カペレンと連絡が取れない場合に限って、と伝えてありました。一九一六年十月にメイドに電報を送り、オランダ領事経由で送られました。一月にも同様の電報を出しています。メイドのアンナがクレーマーのところまで行く必要があったかどうかはわかりません。お金はカペレンが送ってくれたのだと思います。メイドからの手紙にそう書いてありましたから」

（この発言は彼女のかなり独特な考え方をよく示している。困った場合、クレーマーに連絡を取るようメイドに指示したという告白で、自分が無罪だと訴えようとしているのだ。最初に二万フラン渡されても何もしなかったと話せば、それ以上の報酬でも何もしないと、ブーシャルドン大尉でもわかるはずと――心の中で――本気で考えていたのだ。さらに彼女ならではの考え方が垣間見えて驚かされる。どんな場面であろうと、どんな目的であろうと、お金を手に入れるには手段を選ばず、どうやったら手に入るかということしか考えなくなるということだ）

ブーシャルドン大尉は黙って話を聞いていた。疑問は解決したと考えたに違いない。「あなたの告白はきっちりと聞かせていただきましたが」と彼は言った。「こちらの考えも少しだけ言わせていただけますか。あなたはフランス人と話すとき、周到にクレーマーとの関係を隠し続けていました。H-21というコードネームをつけられていたことも。そして使命を受けていたことも。一方で、フォン・カレと話しているときに最初にしたのは、フランスから使命を受けていると伝えることでした。その状況であなたは誰に奉仕していると言えますか。誰を欺いていたと言えますか。フランス、それとも、ドイツですか。答えははっきりしているようですが」

マタ・ハリは引き下がらなかった。「ドイツとフランスに対する態度の違いがあったのは、ドイツを傷つけたいと考えていたからです。その計画は成功し、フランスを助けたいという思い――それも成功しました。私はドイツに行くつもりもなかったんですから！　彼らの仲間だと思わせることができて本当に良かったと思います。実際はフランスのために働いていたというのに。フォン・カレから情報を引き出してすぐ、サンジェルマン大通りのラドゥーに三度も会いに行ったんです。会えていれば、すぐにこう申し上げていました。『私にはこんなことができます。さあ、今度はあなたの番です』と」

ブーシャルドン大尉の返事はこうだった。「残念ですが、あなたの行動には別の説明もできるようです。我が国の諜報員の目に触れることなく、フォン・カレを訪ねるなんて不可能です。ですから、『フォン・カレと会いますが、フランスのための行動です』と言う準備が必要でした。諜報活動に携わる人間なら、ドイツ課報員があなたのような状況に陥った場合、私たちの信頼を得ようと情報を与えてくるのはわかっています――その情報がいくら正しくても、伝えられるタイミング次第で価値のないものになってしまうのです」

「そんな考えは何の意味もありません。私はスパイ活動を一度もしていない人間なんですよ。愛と喜びを求めて生きてきた人間です。情報を持つ人と故意に接触したり、秘密を持つ集団に近づこうとしたりしたことがないんです。フォン・カレから得た情報は古くなかったし、意味のないことでもありませんでした。ダンヴィニュ大佐は私にジブチ大佐が相当関心をもっているとおっしゃっていました」

「ずっとスパイ活動のことは何も知らないと発言しましたが、それでいながら百万フランの報酬を得られる大きな秘密を手に入れると言われても、話が結びつきませんが」

「フランスの知り合い相手にはできないという話です――でも、ラドゥーの指示があれば、ベルギーでも人間関係を築き上げられたでしょうし、大きな仕事ができていたと思います。申し上げておきますが、スパイに、しかも同時に二国のスパイになるというのはすべてラドゥーのアイディアです――私ではなくて」

ブーシャルドン大尉のファイルにはまだまだ多くの資料が入っていた。「あなたは一九一六年六月からずっとフランスに監視されています。レポートを読むと、グランドホテルで会おうとしたのは主に、旅の途中で立ち寄った様々な国籍の将校とわかります。七月十二日には、アロー大尉と思しき将校と一緒に夕食の席についていますね」

「七月十五日、十六日、十七日、十八日には、ベルギーのビューフォートという人物と同じ部屋に宿泊。七月三〇日にはモンテネグロ出身のヨーヴィルチェヴィック大尉という人物。八月三日には、ギャスフィールド少尉とマスロフといるところを目撃されています。八月四日には、イタリア人のマリアーンとアルメノンヴィルで夕食を共にしています」

「八月十六日には、シャンベリに出発予定のフランス参謀将校ゲルボとガーレ・デ・リオン駅で夕食を。八月二十一日には、イギリス人の将校とアルメノンヴィルで。二十二日はふたりのアイルランド人将校、ジェームズ・プランケットとエドウィン・シセル・オブライアンと昼食。二十四日には、バウムガーテンと昼食。八月三十一日には、その朝、到着したイギリス人将校、ジェームズ・スチュワート・ファーニーとアルメノンヴィルで昼食を共にしています」

「あなたに情報提供した方々には、軽率という言葉ではとても足りない強い非難を浴びせたいところですが、これだけの数の将校と毎日会い続ければ、情報は確実に増え、ドイツ軍が関心を持つ情報もかなりのものになっていたんでしょうね」

マタ・ハリはこう言った。「私はずっと将校に憧れてきました。幼い頃からずっと。裕福な銀行家よりも貧しい将校の愛人でいたいのです。お金のことなんて気にかけず、将校と夜をともにするのが最大の喜びです。加えて、様々な国の方々とおつき合いしてみたいという好奇心もあります。今挙げた将校方との関係は、お話しした憧れや好奇心から生まれたものだと断言します。それだけでなく、今のみなさんは私に会いに来られた方々ばかりです。私は純粋におつき合いしたのです。みなさん、心から満足され、戦争の話に触れることなく出かけて行かれました。分別に欠けるような話題に立ち入ったりもしませんでした。何度も会い続けたのはマスロフだけです。彼を崇拝しているからです」

マタ・ハリの物語はブーシャルドン大尉にまったく響かなかった。戦争の話をしないという発言にも疑念を抱いていた。ハーグに暮らしてジョン・マクラウドと会ったころからずっと、「制服」が彼女の心を魅了し続けたことを疑い、結果、一般人よりも好きだという理由で多くの軍人の愛人になったという彼女の話を、自分の職業的体験からいってもとても信じられなかったのだ。

ブーシャルドン大尉はこれまでのマタ・ハリの発言で、いくつか明らかにしておきたいことがあった。例えば、なぜ自分の健康回復のためにヴィッテルに行きたいとカペレンに話さなかったのかという点だ。

「どうしてもヴィッテルに行かなければならなかったからです。戦争前にも何度も行っていました。カペレンに手紙を出すときは元気ですと必ず書くようにしていました。病気の話をされるのがすごく嫌な方なんです。陽気で、健康的で、楽しい話をする愛人を求めていますから」

一月五、六、七日に彼女を目撃した少尉によれば、そのときの相手はムッシュ・メージュだった。そして、食事を一緒にしたパイロットとは通りで出会ったのがきっかけだった。彼から夕食に招かれていたが、彼女の方は名前を憶えていなかった。

アメリカ人のムーアだろうか？　彼は彼女に好意を寄せたが、「テーブルマナーがひどくて、好きになれませんでした。武器弾薬の販売をしていると言っていました」。

マタ・ハリの戦前の友人アローはブーシャルドン大尉の尋問を受け、いくつか紳士的と言い難い発言を残している。彼女は「私が困っていると知っていながら」中傷する「彼の品格のなさ」を実感させられた。ドイツでロシア人スパイとして逮捕された経験が彼女にあると話したが、彼女はそれを事実だと認めた。しかし、警察に通報した女性は見たこともない人物で、すぐにドイツ軍から釈放されている。

アローは彼女がヴィッテルに行く前に話していたことも語っている。マタ・ハリは腹を立てた。「アローがヴィッテルに行くよう勧められたとは一度も言っていないのに。改めて申し上げておきます。旅行に行ったのは健康上の理由からです。事務所に行こうとサンジェルマン大通りを歩いている途中、外国人は軍の敷地で特別な許可書が必要だとは知らなくて、アローから勧められ、行くことにしたのです」

聴聞が終わる前に、ブーシャルドン大尉はクレーマーから渡された二万フランの件に話を戻した。

「クレーマーからお金を受け取った後、本当にドイツのために何もしなかったとすれば、フォン・カレに会いに行ったとき、すぐ気づかれたはずでしょう。最初の電報の返事で、ベルリンは自分たちを騙した、役立たずの諜報員と書いているはずです。しかし、我々が入手した丸一ヵ月にわたるフォン・カレとベルリンのやりとりをいくら読んでも、そのことをほのめかしてさえいないのです」

マタ・ハリはその日の聴聞の最後にこう語った。「ベルリンの返事のことは何とも言えませんが、私の果たした任務についても書かれていないはずです」

第21章

翌日、ブーシャルドン大尉は攻撃を再開し、クレーマーとの会話やその後のフォン・カレと会った際の話から始めていった。大尉によれば、ドイツ軍とのつながりはすべてわかっていたそうだ。マタ・ハリによれば、彼はすべて白紙の本を読んで大騒ぎしているだけだった。

「自分の価値を証明もしないうちに、二万フラン渡すとは、到底信じられません。何もしないうちからドイツ軍が与えたなんて話は聞いたことがない。通常、渡航費用として諜報員に与える額は、あなたの金額よりはるかに少ない。したがって、過去に働いた実績があったとしか考えられない。フォン・カレの言葉同様、あなた自身の発言が我々の推察を裏づけてくれています。彼が送った最初の電報から、あなたがドイツのスパイとして二度フランスに送られたとわかるのです。二度目の旅行については話していただきました。今度は最初の旅行について話してください」

「相当な額を渡さなければ、オランダに家があり、恋人のいる女性に、そんな旅行に無理やり行かせることはできません。フランスに最初に来たのは、クレーマーとはまったく無関係です。フォン・カレには二度だけフランスに行ったことがあると話したんです――行かせられたわけではなく」

「電報を二通送ってアンナ・リンチェンスに送金を頼んだとき、なぜオランダ領事を経由したんですか。電報に暗号が含まれていなければ、普通に送っていたはずでしょう。他のときは領事館を通していませんよね？　特にクレーマーに連絡するときは」

「確かに、領事を通して送ったのはその二通の電報だけです。その方が速かったから」

前日の問題に話は戻り、ブーシャルドン大尉は二万フランもらいながら本当に何もしなかったのなら、フォン・カレに自分がH‐21というスパイだと話すような危険は冒さなかったはずだと指摘した。そして、電報の内容から解釈すれば、H‐21は決して裏切り者と考えられていなかったということだと。

「自殺すればよかったということですか！　お金がなかったんです。フォン・カレが何か情報を伝えて――何の価値もない情報を――何とか気に入られて、ドイツ経由で母国に帰らせてもらおうと思ったんです」

ブーシャルドン大尉はこの時点で、おおよその質問は終了し、最初の証人を登場させることにした。ラドゥーだった。ラドゥーはブーシャルドン大尉が尋問を行っている間に、宣誓供述書を書き上げていた。彼は起訴内容を確固たるものにする必要があった。しかし、ラドゥーがマタ・ハリに関する情報をすべて、とまでは言えなくても、ほとんど知っているのに対し、彼女はスコットランドヤードと彼の取引についてまったく知らなかった。

宣誓供述書の中で、ラドゥーはマタ・ハリが一九一五年十二月にパリに初めて旅行に行く前に、ドイツ軍の任務に就いていたと書いていた。

「一九一五年にフランスへきたときには」マタ・ハリは言った。「ドイツ軍の任務には就いていません。パリに行ったのは服を手に入れるためで、パリから戻ると、その年の一月に知り合いになったクレーマーから、パリの様子や政治的な状況をいろいろ訊かれたのは確かです。軍隊に関する話はまったくしていません。質問や答えの内容を具体的に思い出せと言われても、時間が経ちすぎて無理です。ドイツの軍人はオランダで決まってそうなのです――誰かフランスから戻るとすぐに近づいて、蠅のように群がって、パリの様子を根掘り葉掘り尋ねまくる」

マタ・ハリはラドゥーが言ったことを何か覚えていないか尋ねられた。彼女は実際、こう答えている。「ラドゥーは成功すれば、百万フランの報酬を与えると約束してくれました」

ラドゥーによれば、その問題には微妙なニュアンスの違いがあったということだった。「ツェレ・マクラウドがドイツ軍の本部まででも侵入できると言ってきたので、私はドイツ軍の軍事作戦に関する情報を本当に伝えられるのかと尋ねました。彼女が大丈夫だと請け負うので、こう言ったんです。『そんな情報が手に入るなら、百万フラン払ってもいいよ』と。つけ加えておきたいのは、その点を十分主張できませんでしたが、彼女はH-21という番号でドイツ軍の任務に就いていると、一言も言及していませんでした」

「第一に、私はあえてそのことを口にしたくありませんでした」マタ・ハリは言葉を返した。「第二に、自分をドイツ諜報員とはまったく考えていませんでした。彼らのために何ひとつしたことがないからです。ラドゥーはマドリッドでビザを要求したとき、フランスに戻ることにまったく反対しませんでした――なぜそうしなかったんでしょう」

マタ・ハリにスパイ活動を依頼したとは思えない返答をラドゥーはしている。「フランスにマタ・ハリが再入国するのに反対したり、旅行を認めたりするのは私の仕事じゃない。彼女の手紙に返事を出す義務もない。勝手にフランスに戻ると決めたから、私は彼女の秘密を暴こうと考えた。そうすることが自分の任務ですから」

「私にはお金の余裕がありませんでした——フランス経由でオランダに帰る以外ありませんでした。そして、見方によってはラドゥーが実際、私を雇ったといえることもつけ加えておきます」

ラドゥーは反対した。「雇ってはいない。諜報員は使命を受け、コードナンバーを与えられ、コミュニケーションの手段を持ち、お金を渡された段階で、初めて雇われていると言えるのです。彼女は勧誘を受けただけだ。何とかしてオランダに戻り、フランスの秘密諜報員が会いに来るまで待っていれば、その諜報員が指示を与える」

「ラドゥーは勧誘以上のことをしていました。自分が何も言わなかったら、私が黙っているとお考えですか。私がベルギーに行って、ドイツの最高司令部と連絡を取るつもりだということは良くご存知でした」

ラドゥーは一歩も引かなかった。「正直、ドイツの最高司令部に侵入する能力があるなんて話は信じていなかった。オランダの諜報機関の前で使命を与えるわけにはいかなかった。そうしてしまったら、どうしても彼女を使わざるを得なくなるし、彼女に関するレポートを出さざるを得なくなる」

ラドゥーの発言がかなり曖昧なのは確かだ。彼女がドイツのスパイで、ことによるとドイツの最高司令部に入り込み、二重スパイとして情報を手に入れる可能性があると認めていたのか、それともドイツのスパイではないと確信していたからこそ、信用していただけなのか。マタ・ハリはその曖昧さに気づき、論理的に答えていた。「私は成功報酬として、百万フラン求めただけです。あなたは何も失っていません」

ラドゥーは自分の発言の曖昧さを素直に認めた。「信頼できるとわかった相手にしか任務は与えられません。彼女にかなり疑念を抱いていました」

「なぜテーブルに手の内をすべて見せるよう言わなかったんですか。何ができるか最初に証明しろと言っただけで放っておいた。結果、私は沈黙しました」

「会話中、ドイツ組織に関して知っていることをすべて教えて欲しいと言っていました。何度か、ベルギー在住の対フランスとイギリスのドイツ諜報局長でアントワープにいるお姉さんを知っているかどうかも尋ねました。[◇1] あなたはずっと知らないと答えていました」

「計画をお話しなかったのは、あなたが報酬を渡したがらなかったからです。それでは、重要な秘密を漏らそうという気にはなれません」

「でも、フランスに献身的だとおっしゃっているんですから、すべてを話してくれて良かったんじゃないですか」

「何とおっしゃろうと、ひとつ確かなことがあります。私がクレーマーの使命を果たしたことは一度もないということです」

　ここで話の仲介役を果たすブーシャルドン大尉が聴聞中に発した最も面白い発言のひとつがある。「その点に関して伝えておくと、我が国のルールでは、敵国とそうした契約を続けること自体が、情報漏洩に等しい罪になります」

　マタ・ハリは感情を爆発させた。「そんなおぞましいルールあり得ないわ！　そんなことを知っていたら、私は二度と戻ってきませんでした。ドイツ軍に情報を与える気なんてさらさらなかったのに。ラドゥーにすべてを説明しようとサンジェルマン大通りまできたのに、一月《ひとつき》に三回も拒否されたのよ」

　ブーシャルドン大尉にラドゥーは言った。「そのときまで彼女と会うのは不可能でした。彼女がドイツ軍の任務に就いていると知っていましたし、軍の上層部の尋問が必要だとわかっていましたから。彼女がオステルリッツ駅までダンヴィニュ大佐に会いに行ったとき、彼は私たちが無線の傍受をしていると知っていました。彼女に質問されても、曖昧に答えるしかなかったのです」

ブーシャルドン大尉はラドゥーがマタ・ハリの希望によってはドイツかスペイン経由でオランダに帰る選択肢を残した理由を尋ねた。

「彼女が何か隠していないか知りたかったからです。理由はわかりませんが、スペインを好んでいました」

ラドゥーはフランスからオランダに旅行する場合、一般的にスペイン経由が好まれていることも言い添えた。その方がより快適で、荷物の輸送も少ないからだ。このときだけは、マタ・ハリも同意したが、自分がスペインを選んだのはすでに話した通りの理由で、ドイツ経由の旅をしたくなかったからだとつけ加えた。その日の聴聞の最後には、ふたりが再び意見を一致させた。マタ・ハリはラドゥーがドイツ参謀の計画をつかむことができれば、百万フランを渡すと約束したことを、もう一度確認しておきたいと述べた。

「その通り」とラドゥーは言った。

「そして、フランスとドイツ両国のために働くというのもラドゥーの提案によるものだったのです」


このようにマタ・ハリとのつながりにはっきりと一線を画したラドゥーに、数ヵ月後、彼女や数多くの同国人の命を救うチャンスが巡ってくる——そのチャンスを逃した責任は、彼個人かフランス政府のどちらか、もしくは両者にあった。

その出来事を、当時八十六歳だったコールブレ氏から一九六五年四月に説明していただいた。第一次世界大戦が始まって間もなく、友人のアローをフランス軍課報部の事務に勤務させた人物でもある。

陸軍諜報局で数多くのトラブルを解決してきた彼がパリに戻ると、古くからの友人であり弟子でもある人物に会った際、ハーグのフランス大使館から届いた衝撃的な話を聞かされた。大使館によると、六人から十人ほどのフランス人の教師（彼は正確な人数を記憶していなかった）が北フランスを支配するドイツ軍の捕虜になり、フランス軍に重要な情報を伝えた廉《かど》で告発されているということだった。捕虜となった不運な人々の命を救うために、オランダ大使館はラドゥーにマタ・ハリがフランス市民の身代わりになれるのではないかと助言した。

アローは彼自身マタ・ハリが有罪かどうかかなり疑問だったこともあり、コールブレに人質の交換を行うよう最大限働きかけた、と話したそうだ。オランダ大使館経由で接触を行ったことのないドイツ軍がフランス軍の申し出を受け入れるかはまったくの未知数だったが。

アローによると、試みはフランス首相、アレクサンドル・リボに完全に拒絶されて、実現に至らなかった。結果、教師たちはフランス軍がマタ・ハリの処刑を行った直後、全員射殺されてしまった。

五月二十三日はブーシャルドン大尉が容疑者を厳しい尋問に連日呼び出した三日目にあたる。彼は彼女が有罪だと確信を抱いていた。「この件はすっかり明らかになった」と彼は後に書いている。そして、そのこともあって、彼は質問のトーンを変えている。マタ・ハリに事実の説明をさせるのをやめ、彼から語っていったのだ。彼の話は正しい内容ばかりで、マタ・ハリはすべてイエスと言わざるを得なかった。

「最初のフランス旅行から戻ったときのクレーマーや他のドイツ人から聞かれた質問を思い出していただけますか。聞いてきたのは彼だけじゃないでしょう。思い出すのがそう難しい話ではないでしょうから、答えた内容も一緒に教えていただけますか。クレーマーが二万フラン渡したのはその質問と答えが重要な内容のものだったからなんでしょう」

「もう一度繰り返しておきますが、クレーマーには一九一六年五月の旅行の前金として、その二万フランをいただいたのです。その前の旅行には何のかかわりもありませんでした。ドイツ軍と一切関係なく、私がそこに行ったのはリネンの下着や洋服や銀食器や乗馬の道具といったものを取りに行くためです。クレーマーは確かに夜遅く訪れたことに対する償いをすべきでしたし、お酒を飲み散らかして帰り、情報を手に入れるよう頼んだりもしていきました。その晩、迷惑代として二万フランいただいたんです」

「最初の旅行から戻ってすぐ、確かにクレーマーがお茶を飲みに来て、パリのことを聞いてきましたが、話したのはごく日常的な内容です。パリのイギリス人将校はフランスの将校にかなり悪い印象を与えていたと話しました。礼儀正しさのかけらもない、まったくマナーのなっていないひどい振る舞いをされながら、パリジャンは王様のようにもてなし、レストランやティールームの他のお客と同じ通常の値段しか要求しなかったと。少ししたらフランスはイギリス軍を入国させたことを後悔するかもしれないね、という彼の意見に同意しました。彼らは居座って出ていかないかもしれませんね、と。最初はアンチフランスやアンチイギリスの漫画を描いて登場し、後にアンチドイツの漫画を描くようになった漫画家ラマクルスのことも話した記憶があります」

それ以外にふたりが話したのは、ハーグの商売人がフランスにきても、みんなうまくいかず、イギリスで大きく商売をしていることについてだった。

ブーシャルドン大尉は、フォン・カレがベルリンに報酬の相談をしていると知りながら、なぜ領事のブンゲを通じてメイドに電報を送ったのか尋ねた。

「パリについて数日が経過し、報酬をいただけない状態が続いていたので、心配になって、一月八日にブンゲに電報を送ったんです。それでもカペレンからの送金があると信じていました。アンナ・リンチェンスが手紙をくれたからです」

「その手紙はどこにあります？」

「オランダ領事館に」

「最初の電報にはH‐21がケルンの諜報活動センターに所属していると書かれていますが、その後の、十二月二十五日付の電報にはH‐21がアントワープと連絡を取っていると書かれています。事実、アントワープはフォン・カレにあなたに関する電報を送り、あなたがクレーマーから受け取った二万フランと一九一六年十一月の五千フランと比べてもはるかに優れた仕事をしたと書かれています。彼らはあなたが何もしなかったとは書いていませんよ」

　しかし、アントワープは彼女が何をしたか書いてもいなかった。ブーシャルドン大尉は慎重かつ積極的に告発を進めつつも、ある出来事には触れなかった。彼によると、フォン・カレが三千フランを彼女に渡したとアントワープが認めていることは、彼がずっと主張してきたすべてを事実と証明することになるという。しかし、そのことに確信が持てないことは、彼自身の次の発言から明らかだった。「しかし、ともかく、アントワープはあなたを知っているし、あなたが秘密のインクをもらっていることを知っている。彼らはあなたがスイスに行くことができ、そこから手紙を書けるかどうか尋ねてもいる」ようするに彼が言っているのは、たとえこれまでの自分の主張が真実でなくても、これだけは確かだ――彼らはあなたを知っている。もう少し正確に言えば、アントワープはクレーマーを通じてマタ・ハリを知っていて、それは彼女自身の発言からも確認できるということだ。「私はクレーマーとしかやりとりしていません。彼がどの事務所に所属しているのかも知りません。聞いていないのです。それにアントワープに行ったこともありません。知り合いもいません」

次の質問に対する答えの中で、彼女がマドリッドに会いに行ったときフォン・カレとは初対面だったと言ったとき、大尉は彼女が真実を話していると理解すべきだった。彼は一九一六年三月のフランス旅行について知りたがっていた。フォン・カレがベルリンに最初の電報の傍受を報告したのとまさに同時期だった。「その電報の日付は間違っているはずです。フォン・カレはきっと五月を三月と言ってしまったんです。私は五月十二日頃までパスポートを手に入れていませんでした。間違ったのは私のドイツ語が原因かもしれません。ドイツ語の五月と三月は発音が結構似ていますから」

ラドゥーの次にブーシャルドン大尉が会ったのは、最重要証人のダンヴィニュ大佐だった。大佐はマドリッドにいたので、ブーシャルドン大尉がマタ・ハリに向かって宣誓供述書を読み上げた。「彼の発言には真実も含まれています」と彼女は言った。「そして全体的には彼が書いている通りのことがあったと言ってもよろしいかと思います。しかし、実におみごとに私たちの関係を捻じ曲げています。自分の愚かさを認めたくなくて、しつこく私を追いかけたことを隠しています。一日に二回、リッツホテルにいる私のところまで押しかけて、他のお客もいるフロアでお茶かコーヒーを飲みながら、『愛しいきみ、ぼくのベイビー』なんて呼んだんです。私が彼の愛人でなかったのは、おっしゃる通りです。ところが私の方から会いに行ったと主張されています。私が元気にさせたくて、家まで押しかけたと。ダンヴィニュ大佐ほどの地位にある人が、窮地にいる女性に石を投げつける真似をするなんて。私に愛人になるよう迫るなんて、あるまじき行為です。ロシア人将校とおつき合いし、結婚する予定だと申し上げました。それなのにパリのホテルドルセーで一緒に食事しないかと誘ってきたのです」

「私がドイツ諜報部のために働いているというお考えについては、はっきりこう申し上げます。そんなの、まったく馬鹿げています。本気でそんなふうに考えていたのなら、マドリッドであんなふうに自分の力を見せつけたりしないはずです。スミレの花束と私のリボンをお土産に持って行くような真似までなさったりして」

ダンヴィニュ大佐に続いて、ホテルプラザのネイリストが証人として、ブーシャルドン大尉に尋問された。ネイリストは、マタ・ハリからベルギーやイギリスの軍人を好きになるのをやめておくよう忠告され、ヴェルダンについての話を聞いたと証言した。

マタ・ハリは爪の手入れ中に、ふたつの国名を口にしたかもしれないと認めたが、「ホテルでの軍人たちの振る舞いを話していただけです。ヴェルダンの話は絶対にしていません」と答えた。

ブーシャルドン大尉は翌週、起訴に向けて、様々な証人の尋問を続け、パリに来られない人々の宣誓供述書も手に入れていた――その中にはマスロフもあった。マタ・ハリは同じ週の五月二十九日にブーシャルドン大尉に手紙を送り、その中でこう尋ねている。

大尉殿へ
ダンヴィニュ大佐が書いているようにレポートを貸していただけませんか。かなり速くお読みになっていたし、大佐の嘘にあっけに取られ、「すべてが真実だ」という主張に対して自分がすべき、望ましい答えができませんでした。きちんと反論するチャンスをお与えください。

その結果、大尉と再会した五月三〇日、ダンヴィニュ大佐の宣誓供述書が聴聞中のほとんどの時間を使って扱われた。大尉の中では完全に結論の出た事項で、初めからマタ・ハリの話は耳に入っていなかった。大佐に会いに行っていたのは彼女のほうなのだと決めていたのだ。大佐との話の中で、彼女は皇太子やカイザー王の義理の息子カンバーランド公といった名前を挙げたそうだ。大佐の主張では、それがスパイだという証拠のひとつだということだった。彼女にフォン・カレのところに戻るよう勧めたという話は否定し、モロッコに行くように言ったのだと証言している。オステルリッツ駅での会話の内容も異なり、ブーシャルドン大尉に対する証言の最後にかなりぶしつけな言葉をぶつけている。結局、マタ・ハリは人のお金を欲しがっているだけで、大した女ではないと。

マタ・ハリはダンヴィニュ大佐の発言について大尉と議論する中で、ひとつずつ答えていった。

「まず申し上げておきたいのは、彼の方から私と知り合いになろうとしたことです。オランダ領事の大使館付武官のデ・ヴィット氏からマクラウド夫人と紹介されるだけで、私が過去に公演を行っていたマドリッドに住んでいたんなら、マクラウド夫人とマタ・ハリが同一人物と間違いなくわかったはずです。知り合った翌日の二時半にはリッツホテルの書斎に、その時間のその場所に私がよくいると知って、待ち伏せていたこともつけ加えておきます。そのとき、大佐はこうおっしゃりました。『誰に会いにきたと思う？』『私ですか』と答えたのを覚えています。その後、私のドレスを褒めあげると、リッツホテルで夕食をとるか聞いてきました。そうですが、と私は答えました」

「その晩、デ・ヴィット氏とファン・アーセンと食後のダンスを楽しんでいました。そこへ大佐が入ってこられました。ふたりが他の女性と踊っている隙に私のパートナーになって、一晩中ずっと離してくれませんでした。スペインで何をするのか、なぜオランダに直接行かなかったのか根掘り葉掘り聞いてきたんです。自分がフランスのために働き、もっと早く知り合いになっていれば、パリに送ったばかりの情報をお伝えしていましたと話したのは、そのときです。その後、ファルマスで何があったか説明しました」

「皇太子や彼の義理の弟のカンバーランド公の話も確かにしましたが、皇太子が間の抜けたにやけた感じの人だったとか、ずっとカンバーランド公としょっちゅう揉めているとか、その程度の雑談です。カンバーランド公をよく存じ上げていますから、いつでもお目にかかることができたのです。キーパートの愛人だった頃にお会いして、よく私のアパートメントに夕食にもいらしていました」

「その晩遅くの大佐がおっしゃっている会話ですが、その二日後、もしかしたらそれ以上後で、ご説明とはまったく違ったものでした。二月二十八日の聴聞で、フォン・カレと会ったことはすでにお話させていただきました。そして、ぜひとも申し上げておきたいのは、フォン・カレに会いに行くのはそのときが二度目で、ダンヴィニュ大佐の特別な要請があったからだったのです」

「カタルーニャ州の親フランスの集団についても、ドイツでの自分のポジションについても話していません。口にしたのは、ラドゥーの話がいつまでも先に進まず、彼がどう交渉を持ちかけてきたか、私からどんな情報を得られるか、まるで理解していないといったことです。大佐がモロッコ上陸の情報を伝えるよう言ったわけではありません。まったくご存じなかったのです。それどころか、その情報を伝えると、当惑していました。そんなことがあった翌朝、再びいらっしゃると、詳しい話がわかるか尋ねてきました。上陸を止めさせる方法や手段に関する詳しい情報を調べろと私に依頼したというのも、まったくもって違います。夢でもご覧になったんでしょう！　そして、私がフランスでは芸術のためだけに、ドイツではひたすら快楽のためだけに生きていると言った、というのも事実と異なります」

「彼はマドリッド・オペラと契約させられるかもしれないとおっしゃいました。私は戦争が終わったらパリで暮らしたいと答えました」

「何人ものドイツ大使館にいる人々のモラルについてダンヴィニュ大佐と話したというのも事実とは異なります。理由は単純です。そこで会ったのはフォン・カレひとりで、疲れていて、健康状態があまりよくなさそうだったということだけです」

「ダンヴィニュ大佐は私がお教えした情報の価値を下げようとしているのです。間違っています。一月五日にラドゥーに同じ情報を伝えたときには、すっかり驚いた様子で、こうおっしゃっていましたから。『まったく、驚いたという以外、言葉がないよ！』と」

「最後にお会いしたときの会話に関してですが、場所はオステルリッツ駅で、何を話したか正確な内容はすでにお伝えした通りです。ふたりの説明が異なっているところは、申し訳ありませんが——すべて私の申し上げた通りです」

「私がフランス軍とドイツ軍に伝えた情報を彼が評価してくれていたことは、すでにお話した通りです。そして、最後の言葉についてですが、私に言えることはひとつだけです。証人は悪意と嫉妬に駆られて証言しています。大佐はマスロフが私の恋人なのをご存知で、ロシアの大使館付武官が第一ロシア帝国連隊の大佐に手紙を書くよう糸を引いていたのも大佐に違いありません。私のことをマスロフがつき合うべきでない危険な野心家だと警告する内容でした」

ダンヴィニュ大佐の発言を巡る聴聞が終わると、マスロフの宣誓供述書が読み上げられた。要約すると、マタ・ハリとの関係は真剣なものではなく、三月には愛人ときれいに別れようとしていたところ、彼女が刑務所にいるのがわかったという内容だった。ブーシャルドン大尉は言いたいことがあるか尋ねた。彼女の答えは短かった。

「申し上げることはありません」

《原註》

◇1　有名なお姉さん、博士、医者と呼ばれたSchragmüller

第22章

五月三〇日の聴聞の後、ブーシャルドン大尉によれば、マタ・ハリの運命は確定した。彼の判断次第で、裁判は翌朝でも始めることができた。マタ・ハリがどんな弁護の言葉を駆使しようとも、ラドゥーやダンヴィニュ大佐の発言にどんな反駁をしようとも、何人かの証人の人選の不可解さ、例えばマタ・ハリ自身の発言からスパイと証明しようとネイリストまで呼んだことを指摘しようとも、揺らぎようのない確信を抱いていたのだ。（一九六二年にシャトー・デ・ラ・ドレーに住むマタ・ハリの元メイドのところに伺った際、彼女もこの言葉を繰り返していた。「ずっとスパイだと思っていたわ！」ネイリスト以上のことは何も知らなかったが）

ブーシャルドン大尉は彼女がカペレンからの送金を受け取ったと信じていなかった――不運な帰国の旅に出る前に受け取った五千フランについてさえも。三十一年経った後も、彼はその考えを曲げていない――最初のフランス滞在はおそらく――家財道具を取りに行ったのではなく、ドイツ軍からふたつのミッションを与えられたのだ、という確信は揺らいでいなかった。著書の中でこう繰り返している。

「一九一六年十二月十三日にマタ・ハリ自身、フランスのために自分がふたつのミッションを成し遂げたと宣言していなかっただろうか。実際、パスポートを見ると一九一五年十二月にパリに初めて旅行しているのが確認できる」

「マタ・ハリはクレーマーからミッションを与えられていた。領事から、それまで受け取っていなかったとしても、H-21というナンバーと秘密のインクの瓶三つと二万フランをこのときには受け取っている。それからフランスにすぐに戻ると、多くの将校に近づいている。後に五千フランの小切手を二枚受け取り、さらに直接、現金で三千五百ペセタを手にしている。よって、以下のことに対しては疑いの余地がない。（1）クレーマーから支払われた二万フランは、何らかの重要な任務を過去に行ったことを示す。（2）最初の五千フランの小切手はフォン・カレと話す一ヵ月以上前に支払われ、過去に送った情報に対する報酬と考えられ、後に彼女が話した理由とは異なる。（3）後に受け取ったふたつの報酬（三千五百ペセタと五千フラン）は口頭で伝えた情報に対する報酬である」

結果、残りの三回の聴聞はブーシャルドン大尉が自分の結論を再確認する程度の意味しかなかった。六月一日にやり方を少し変えて、これまでに触れてきた問題を明らかにしようとした。フォン・カレは十二月十三日にベルリンと電信で連絡を取り、暗号か手紙で詳細を送ると伝えている、と大尉は言った。大尉はその後送られたメッセージや手紙の内容をマタ・ハリに尋ねている。彼女はそれ以上何も知らないし、クレーマーのミッションは果たしていないと改めて強調する発言をしただけだった。「三つの瓶を捨てた瞬間、ドイツのスパイから解放されると同時に、一切の接触方法がなくなったんです。H-21という番号についても同じです」

彼女が逮捕された日にホテルを訪ねてきた二十五歳前後の紳士と、ベルリンの銀行重役についても質問されている。「存じ上げません」と最初の人物について答えた。次の人物についてては、コンスタン・バレーという名前のフランス人で、愛人のひとりだと答えている。しかし、決してクレーマーにそういう意図から誘われたことはないと発言した。一九一五年の初めにヴルフベインからクレーマーを紹介されたが、パリから戻るまで領事をハーグの自宅に入れたことはなかった。家には家具や生活用品もない状態だったからだ。リネンや銀食器もなく、お茶一杯も飲むことができず、食事もできなかった。

ブーシャルドン大尉は改めて、二万フランがかなりの金額だと――ドイツ軍はそんなに気前が良くない――と繰り返した。その証拠として、ドイツ軍スパイになろうとしたフランス人将校の話を挙げている。将校は二万フランを要求し、丁重に断られていた。自ら志願して任務を行おうとしたフランス人と、ドイツ軍から「重要な情報を提供できると――勘違いされ――強く勧誘された」自分とでは比較にならないと、彼女はすぐに指摘した。

この件に関して、マタ・ハリはそれ以前に詳しく話している。「すぐに、ベルリンで没収された毛皮のことが頭に浮かびました。私の行為はその償いを受けたにすぎません。そして、フランス軍からの使命を受ける振りをしたとフォン・カレに言ったのは、どうしても話しておく必要があったからです。そうでないと、戦争の最中、フランスに二回も旅行できることを不思議に思われてしまいます。それに、マドリッドでおつき合いした方々の説明も必要でした――あなたの国の大使館付武官も含めて」

ヴィッテルの件が再登場する。「ただ自分の健康とマスロフのことしか頭にありませんでした――他の患者とはほとんど言葉も交わしていません。トゥーレーヌの邸宅に住んでいたと言う話にも嘘は一切ありません。一九一〇年から一九一一年にかけて住んでいたエヴルのシャトー・デ・ラ・ドレーのことです。恋人だったルソーが借りてくれたものですが、お金は私が払っていました」

六月十二日の最終回直前の聴聞では特筆すべきことはなかった。ブーシャルドン大尉は前回の聴聞の後にマタ・ハリが送ってきた手紙について話した。手紙で、本部のラドゥーと話す機会を最初に与えず逮捕したことに抗議していた。そして、古くからの友人アンリ・ドゥ・マルゲリを証人として呼ぶよう要求していた。一九一五年にパリにいた頃、「実質、毎晩のように夕食を共にしていた」というのが理由だった。実際、「ラドゥーからの申し出について彼に相談する」と、話を受けた方がいいと助言されていた。

マタ・ハリがその午後、独房に戻ると、ブーシャルドン大尉との聴聞は最後の一回を残すのみとなった。夏の始まりの六月二十一日、聴聞はクリュネの立ち会う中で行われた。マタ・ハリは自分が確かにラドゥーから雇われたし、少なくとも、聴聞で話したことがラドゥーの証言より、ずっと納得がいく内容だったはずだと、最後の説得を試みた。

「ラドゥーと会ったのがレストランの個室だったとすれば、彼の主張も正しいと言えたかもしれません。でも、実際に会ったのは陸軍省の事務所で、その後、さらにモニュリ氏の、もうひとつの公式な事務所に私を送り、出国ビザを取得させたんです。加えて、当時の私の状況も考えてください。私はマスロフから結婚を申し込まれていました。彼と一緒に暮らすつもりでした――フランスで。彼はロシア人ですが、普通に考えて、私は同盟国以外の人物からお金を要求できない状況でした。だから、ラドゥーに心から忠誠を尽くすと約束したんです――活動の進め方は問わないで欲しいとだけお願いしました。今日で尋問の機会も最後になりました。考えていた計画をお話させてください――そうすれば、どんなに気高く見事なものだったか、これで理解していただけるはずです。ラドゥーにどれほど先を見る目がなかったかも」

「私はご存知の通り、皇帝カイザーの娘と結婚したカンバーランド公の弟の愛人でした。公爵御本人とも、懇意にさせていただいています。公爵の義理の弟にあたる皇太子はハノーバー王国[1]の玉座に戻る意志はないことを厳粛に誓わせられました。それは事実ですが、彼自身のことを誓っただけで——子孫のことは含まれていません。彼と皇太子はお互い激しく憎しみあっています。フランスの利益——そして私自身の利益——のためにこの関係を利用しようとしたのです。私が何を提供できていたのか、これでおわかりいただけたたはずです！」

「私はカンバーランド公との関係をもう一度築いて、ドイツから連合国側に鞍替えするよう全力を尽くすつもりだったのです。連合国側が勝利した際、ハノーバーの玉座を約束すると伝えることで、間違いなく実現していたはずです」

「フランスに来るまで、諜報活動なんて考えたこともありませんでした。ラドゥーの事務所に行って初めて聞かされた訳ですが、結婚のことで悩んでいたので、こんなすごいアイディアを思いついたんです。私は常に自発的に行動し、生きてきました。小さなことに興味はありません。大きなことを思いつくと、迷いなく走り出す人間なのです」

「誇りをもって申し上げます。フランスの旅に怪しまれるような接触は何ひとつありませんでした。スパイ行為と解釈されるような手紙もまったく書いていません。お会いしたのは正直な方々とばかり。戦争について尋ねたこともありません。そんなことを聞かれたという証人は誰ひとり呼べないはずです。私の誠実さに一点の曇りもありません。約束を真摯に実行する意気込みを胸に、あなた方の領土から出たのです」

「ドイツ軍のために何かする意思があれば、ここにとどまっていたはずです。オランダに帰ろうとしたという事実が、約束を実行する意思を示しているのです。そして、任務実行にあたっては、ドイツ軍に知り合いがいたことが役に立ちました。フォン・カレに会いに行ったのは、そういう訳ですし、四十三日前の新聞記事の内容を思い出し、話を作ったのです。少し考えれば、誰にでもすぐ思いつく程度の話です」

「同時に、どんな任務がこなせるかラドゥーにアピールしようと、フランスにとって価値のあるニュースをフォン・カレから引き出しました。少なくとも、ダンヴィニュ大佐はその情報の価値を認めて、すぐグーベー大佐に伝えて、自分の情報収集の能力をアピールしたようです」

「ようするに、フォン・カレに古いニュースを与えただけで、あなたがたフランスのために価値ある最新情報を伝えたのです。少なくとも、ダンヴィニュ大佐に知らせたときは価値のある情報でした。それが今では、大佐が手柄を独り占めして、私は独房に入れられることになってしまったのです」


マタ・ハリは見事なスピーチを繰り広げ、自分の活動が突然中断させられた際、どんな計画があったか説明する機会をようやく得ることができた。カンバーランド公を巻き込む計画はハノーバーとブラウンシュヴァイクの王位の継承に関連するドイツの歴史に少しかかわる内容だった。一九一三年十一月一日に、ブラウンシュヴァイクの王位は（その年の五月にカイザーの娘ヴィクトリア・ルイーズと結婚していた）皇帝カイザーの義理の息子に譲られていた。カンバーランド公エーネスト・アウグストのことだ。王位の継承に際して、彼はブラウンシュヴァイクとリューネブルクの公爵にもなり、イギリス王室の末裔として、さらにグレートブリテンおよび北アイルランド王の称号も得ている。彼の祖父、ハノーバーのジョージ五世は一八六六年にプロイセンに王位を奪われ、一家全体が一九一七年十一月八日にイギリス王位を失っていた。

その年、グレートブリテンと戦っていたイギリスの血を継承するすべての外国の王がイギリスの貴族から攻撃を受けていた。

マタ・ハリの説明は正しく、友人であるカンバーランド公は先祖から継承してきたハノーバーの王位を放棄していた。彼が再びその王位を得ることに関心があるかもしれないと考えたわけだ。

一八八七年に生まれ、「深い関係」があったとマタ・ハリが認めていた公爵は現在のギリシャ王妃のフリデリキの父にあたる。マタ・ハリが恋人だったと告白した彼の弟は一八八〇年に生まれ、一九一二年に亡くなっているゲオルグ・ヴィルヘルムである。一九〇七年当時はまだ二十七歳で、マタ・ハリは三十一歳、カンバーランド公は十九歳だった。同時期に、彼女は、公爵と彼の弟に加えて、キーパートの愛人でもあった。

《訳註》

◆1　ハノーバー王国。現在のドイツ北部に存在した国家。一八一四年に成立し、一八六六年の普墺戦争で敗戦し、プロイセンに吸収される。マタ・ハリが話している王位を失った皇太子はゲオルク五世のこと。

第23章

再び、マタ・ハリを待っていたのはサンラザールの独房だった。彼女はまだ希望を大いに持っていた。ブーシャルドン大尉と激しく対立していながらも、彼の出した結論はまったく無意味だと感じていた。フォン・カレとクレーマーは例外として、彼女が知るすべての男性は友人か恋人だった――例外なく。そうした男たちと彼女の会話が機密情報に触れるとは考える者はいないし、彼女が物騒な話題を口にしたり、ドイツ軍のスパイになりたがっていたりすると考える者もいなかった。

そのときの彼女は、大尉が話した男性たちに彼女を弁護したり、弁護を望んだりする者はいなかったとだけ聞かされていた。会話が軍事機密に触れたことはないと発言した者はいる。しかし、スパイになるなんて信じられないと言った者はいなかった――ブーシャルドン大尉も恋人のひとりと認めた、元陸軍省のメシミーも、外務省事務局長のジュールス・カンボンでさえも。

彼女が楽観的でいられたのは、自己判断で諜報活動を行おうとしたことが、致命的なミスだったと理解できていなかったからだ。二重スパイをしていた他の諜報員は両国の政府や主導者に対する十分な知識と協力を持った上で行動していた。少なくとも彼女自身の中ではそうしたスパイたちと同じ道をたどっているつもりだったが、フランスに情報は送らず、ラドゥーにも何の説明もなかった。

聴聞が終了すると、ブーシャルドン大尉はレポートに取りかかり、彼の中で「有罪」の宣告を下すとともに、証拠にならない発言をどうやったら証拠に変えられるか検討していた。例えば、ラドゥーはマタ・ハリがフロイライン・ドクトゥールについて話していたと主張している。発言を曲解した結果だった。彼女はアントワープのスパイのフロイラインと知り合いだったに違いない。ラドゥー自身がそう考えていたというだけだが、彼はそのやり口で成功を重ねてきた——彼自身牢獄に入るまで。

ブーシャルドン大尉は事実の中に、真実味のある記述を巧みに織り込み、彼女をスパイと確定できなくても、スパイ向きの資質を持っていると思わせようとした。「五つの言語を話す」と彼は書いている。「ヨーロッパ中の首都に恋人を持ち、知名度が高く、共犯者をどこでも見つけられる才能があり、自ら本物の国際的な女性と宣っている」

ブーシャルドン大尉は、カイザーの宮殿の前にいるデモの現場に警察署長グリーベルに連れて行かれたマタ・ハリが「一九一四年八月一日、恋人の車に乗りながら、まるで自分が馬車の前座席に座っているかのように、カイザーの宮殿の窓の下で人々が戦争を支持する様子を目撃した」という話を印象的に用いている。ブーシャルドン大尉によれば、すべては一つに集約される。「要するに、これは現行犯の事件に他ならないのだ」——彼女は悪事を働いていた現場でとらえられたというのだ。

長く暑い夏、裁判の日程が決まるのを待っていたマタ・ハリは、過去や未来について思いをはせながら過ごすほかなかった。どんなことを考えていたかはオランダから送られてきた複数の手紙を見ればわかる。聴聞の進んでいる間、そのことを考える余裕はほとんどなかっただろうが。このとき、彼女は一時的とはいえ、時間がたっぷりあった——その手紙は問題しかもたらさない内容だったが。

五月後半、パリのオランダ領事館が、ハーグのキューナス&サンズという会社から送られてきた手紙を——刑務所の署長経由で——転送したのが最初だった。中身は洋服や毛皮の未払い料金の請求書だった。「彼女は一九一五年十月から当社に三千二百十ギルダー八セントの借金を残したままになっています」とキューナス&サンズ社は記している。「何度も努力を重ねましたが、ご本人と連絡を取ることができませんでした」アンナ・リンチェンスから、パリのグランドホテルに、本名もしくはマタ・ハリという名前で宿泊しているという情報を得たため、領事館にご協力いただきたいと書いていた。

二週間後の五月二十三日に、ハーグ在住のマタ・ハリの弁護士が同じ件に関し、依頼人の利益を守っていただきたいという手紙を出している。彼はキューナス&サンズ社らの送り状を同封し、「マダム・ツェレの住所をご存知のことと思いますので」マタ・ハリに転送してほしいと領事に要求していた。弁護士は速やかに支払いを行わないと、彼女の財産がどうなるか心配していた。彼はこう書いている。「財産の差し押さえをキューナスが行使する可能性もあり、できる限り早く返事をいただきたく思っています」

六月十四日、彼女がブーシャルドン大尉との最後の聴聞を迎える一週間前、領事がサンラザールに弁護士からの手紙を送っている。そのため、過酷な現状が嘘のように、二年前に買った衣服の支払いのために家具を取られないよう、高級服店からハーグまで送られてきた未払いの料金書に頭を悩ます事態となっていた。

自分の収監を一時的なものと信じていたマタ・ハリはオランダでの財産や利益を守ることに全力を傾けている。カペレンなら簡単に救ってくれるはずだ——と考え、抱えている数ある心配の中では一番簡単に立ち向かうことができた。釈放されても、戻る家がないかもしれないと、夜眠れなくなる心配の種がこれ以上ハーグから届くことはないと確信できた。そこで、聴聞の終わった翌日の六月二十二日、マタ・ハリはパリの領事館にかなり怒りのこもった手紙を出し、関係者に伝えるよう頼んだ。

「ありがたいことに、ヘイマンスはニューアウトレフ一九に手紙をくださり、私の金銭的状況を説明してくださいました」と手紙の冒頭には書かれていた。「確かにメイドへ手紙を出しているのに、オランダの人々は私がどうしているかご存知ないようです。パリで楽しい日々を送り、オランダに戻る意思がないと思われているようです。私は今もハーグに財産があり、離れがたい結びつきがあります。現在どんな災難に見舞われているか弁護士に伝えていただければ幸いです」

「深刻な事態にはならずに済むでしょうし、私はハーグに素晴らしい家を所有し、洋装店に未払い金が残っているだけです。女性なら誰でも持っている程度の金額です。洋装店には待ってもらいます。五百ギルダーという高額の請求書は受け取れません。以前いただいた複数の請求書は中身も良く確かめず七百ギルダーほど払ったはずで、他に残っている支払いはないはずです。未払い金については心配ありません。借りた分の額はきっちりお返しします。必要ならば、利息分も含めて。ですが、現在、戦争中のアクシデントに巻き込まれ、収監されている身です。尋問は一九一七年二月十三日から続いています。個人的な問題を解決することが不可能な状態です」

「弁護士に連絡して、古くからのメイドに事務所まで行かせてください。彼女には私の愛人のカペレンを訪ね、千ギルダーをキューナスに渡すよう、必ずやご伝言ください。それ以上の未払い金が残っていた場合――オランダやここまで手紙を送るような真似はさせないでいただけないでしょうか。私にはどうしようもありません」

「弁護士にハーグの自宅で問題がないか、部屋代や税金の支払いが済んでいるか、聞いていていただけますでしょうか。そうしていただければ、心配の種がひとつ減ります。今はひどい状況に巻き込まれていますが、無実の疑いはまもなく晴れるはずです」

さらに思いついたことを、彼女は手紙の余白に書き加えている。「キューナスの領収書は、どう多く見積もっても二千ギルダー以上になっていることはありえません」

ようやくここまできて、オランダ政府はマタ・ハリの現状にわずかながら興味を示し始めた。六月三〇日に、外務省の事務局長ハンネマー氏が「ぜひとも、詳しい情報をお伝えいただきたい」とパリに電報を送っていた。「複数のオランダの新聞に前述の女性の逮捕に関する記事が載っていました」――逮捕は最近ではなく、拘留されてから約五ヵ月がすでに経過していたが。

パリの領事館は（クリュネに連絡をとれば、聴聞は終了したと伝えられたはずだが）報告する情報を何も持たず、彼女の弁護士にも連絡を取っていない。両者の間で、初めて手紙のやりとりが行われたのはその数週間後だった。七月二十四日の朝、クリュネは領事館に対する返事の中で、領事館から送られた二通の手紙を依頼人のファイルに加えたことを知らせている。そして、彼はさらに「本日、一時に、彼女が法務省の第三軍法会議に現れる」とも伝えている。あと二日間は続くだろうという推測も加えている。クリュネはその後、公判の日時についてオランダにほとんど何も伝えていない――そして領事館の方も積極的に知ろうという動きはなかった。

クリュネがその朝受け取った二通の手紙はかなり皮肉に満ちた内容だった。マタ・ハリ自身、五ヵ月以上拘留されている間に様々なことを考えていたはずだが、未払い金問題について忘れることはなかった。七月十六日には領事館を通じて弁護士に連絡を取り、「すみれ色の便箋にオランダ語で書かれ、アンナと署名が入った」「あなたの事務所に以前おいていった」手紙と、その中に入っている「S・S・ホーランディア号の短期旅行チケット」を要求した。

刑務所内の検閲で配達の遅れたマタ・ハリの手紙はクリュネ気付の領事館からの文書と行き違いになっていた。どちらにも一九一六年十一月にマタ・ハリのオランダ旅行がキャンセルになったことが書かれている。浪費家である一方で、父親譲りの商売人気質のマタ・ハリならではのアイディアだった。オランダまで行けず、イギリス経由でスペインに行ったため、蒸気船の未使用チケットが残っていたが、それが換金できるはずだったのだ。

裁判の行われる朝、彼女の問い合わせに対する返事が二通クリュネに届いた。一通は七月二十二日にロイヤル・ダッチ・ロイドのパリ事務所から送られたもので、アムステルダムの本部から転送された手紙に対する返事が書かれていた。質の悪い冗談のように、こう書かれていた。「マタ・ハリの要請により、王立領事館は蒸気船のチケットナンバー五二二七二の返金をクリュネ宛に送るものである。ロイヤル・ダッチ・ロイドのチケットナンバー三二二四二の途中滞在チケットとともに、パリのロイドの代理店からオランダ領事に送られた手紙の写しも添付されているため、総額三百二十八フランをマタ・ハリが受け取るものと認定する」――（そしてロイヤル・ダッチ・ロイドから同封された手紙に詳細が記されていた）――「マクラウドに返金を決定。一九一六年十一月十三日にホーランディア号に乗船し、ファルマスからアムステルダムまでの渡航の際の未使用チケットに対する金額である」

第24章

マタ・ハリの裁判が始まったとき、戦争中のフランスは絶望的な状況に陥っていた。フランス政府がボルドーに避難した一九一四年に雷鳴を轟かせながらドイツ軍がパリに進撃して以来、これほど士気が低下していたときはなかった。一九一六年の間ずっと、戦死者数は急激に増加し続けた上に、一九一七年三月にサンクトペテルブルクでロシア革命が勃発すると、連合国がひどい打撃を与えられた。ケレンスキー政府は一時的にイギリスとフランスの側に付きロシアと戦っていたが、東側の最前線の状況は急激な悪化を見せていた。

一九一七年四月から五月にかけて、イギリス軍はアラスの境界線を突破したが、その勇猛な行為も状況改善には至らなかった。ドイツ軍が侵攻を足止めしたのだ。最終的にはロベール・ニヴェル陸軍中将が率いたエーヌ県とシャンパーニュでの運に見放されたフランス軍の攻撃も、同じ時期にドイツ軍に食い止められ、破滅的な損害を被った。その後の一九一七年五月と六月にはフランス軍の反乱がフランス国境で起こり、最終的には十六の陸軍部隊に広がっていった。一九一六年に受けた絶望的な損害と極限ともいえる冬の寒さに、肉体的な限界に達していた兵士たちは、後方部隊の潜んでいた破壊分子から広まった敗北主義者や平和主義者のプロパガンダが効力を発揮し、士気を急速に低下させると、ロシア革命にヒントを得て「インターナショナル」[◆1]を歌い、赤い旗を手に行進するようになった。活動を行った一部の人間は暴動のリーダーとして無差別に検挙され、軍法会議の上、死刑を宣告――さらに迅速に刑を執行――された。急遽組織された第一線軍法会議がそれを担った。フランス軍の崩壊がその数週間で起こったことが読み取れる。

その状況に直面した政府は急遽ニヴェル将軍に代わってフィリップ・ペタン将軍をフランス軍最高司令官に任命した。ペタンは容赦なく反乱を抑え、反乱を起こした兵士たちに秩序を取り戻させ、混乱を終息させることに成功した。二〇年後に再び降りかかる運命からフランスを救ったのはまさに奇跡だった。ペタンの非情な行動がなければ一九一七年にヴィルヘルム二世はドイツ軍の長として、一九四〇年のヒトラーさながらシャンゼリゼ通りで勝利の行進をしていたかもしれない。

一九一七年の初夏のフランスに降りかかっていた絶望的かつ深刻な危機は後に、当時陸軍省に所属してその後首相になったポール・パンルヴェがはっきり言葉にしている。「ソワソンとパリの間にふたつしか連隊がない状況にまで追い込まれていた」

急増したドイツ軍潜水艦に海での戦いに敗れたことで、全体的な状況は悪化していた。フランスの士気を維持するには、前線の状況から人々の関心をそらす必要があった。何とかスケープゴートを見つけなければならず、スパイ狩りの施行が政府を維持する手段のひとつになっていた。少なくとも、責任の一部をスパイの違法行為に押しつけることができた。短時間のうちに数名のスパイが逮捕され、裁判にかけられて銃殺された。

不信感が国中を包み、ラドゥー自身も一九一七年十月に投獄され、無節操なピエール・ルノアールという人物にスパイ容疑で告発されている。その人物は――スイスの諜報員のひとりを通してドイツ軍からお金を受け取ったことがあり――パリの朝刊紙『ジャーナル』を自分のものにすると、同じく無節操な反政府思想のフランス人グループに売却している。後にロンシール自身がスパイだとわかって処刑され、ラドゥーは慰められただろうが、一九一七年十月に逮捕されたのはラドゥーだけだった。一時的に保釈されたが、軍当局の監視を受けていた。一九一九年一月二日、ラドゥーは再び拘留され、そのときにはマタ・ハリの裁判を終えていた第三軍法会議によって五月八日に裁判を行われることになっていた。釈放されたものの、当時フランスで流行していた神経症の疑いがあったことは見逃せない重要な事実だ。諜報局長の彼がするべきでないことに手を染めていた可能性を十分感じさせるからだ。言ってみれば破壊分子活動を行っていた容疑でJ・エドガー・フーバー[2]が投獄するようなものだ。

そうした国家状況の中、始まった裁判でマタ・ハリを告発する言葉は強烈なものだった。（マタ・ハリを「ユダヤ人の家系」と言っていた）エミール・マサー少将という、パリの軍本部の指揮官だった人物が、パリの軍政府長官ドゥバイの代理として、裁判にずっと出席していた。マサーは宣誓をせず、残念なことに五年も経ってから、明らかに記憶だけを頼りに裁判の記録を書いた唯一の人物だ。第三軍法会議のモルネがマタ・ハリについて語ったという言葉を引用している。「この女性がもたらした邪悪な行為は実に信じがたい。おそらくは今世紀で一番のスパイだ！」

マサーの見積もりでは、スパイとしてマタ・ハリが稼いだ額は、ドイツのスパイたちの低い報酬と比べるとかなり高額だった。「七万五千フラン以上の金額を戦争が始まって最初の二年の間」にドイツから受け取っていると、冷静に見積もっている。「すごい金額だ。普通の諜報員が数千フラン以上受け取ることがないことを考慮したら」

ブーシャルドン大尉は生前の墓碑銘を彼女に与えている。マタ・ハリについて「語学に長け、無数のコネクションを持ち、知性にあふれていながら、いつの頃からなのか道徳観念が欠如している。すべての要素が彼女を疑わしいと感じさせるものばかり。罪の意識なく、男性を利用することができる、生まれながらスパイの才能を持つ」女性だと述べたのだ。

一般的な彼女のイメージはマルタ・リシャールが三〇年代に残した言葉に言いつくされている。自分は「マタ・ハリのように人生の最期をあっけなく迎えるかもしれない。レジオンドヌール勲章を受章することもなく」彼女自身、マドリッドでスパイ活動を行っていたが、ラドゥーから連絡も指示もなく放置されたことが何度もあった。

マルタ・リシャールはポール・アラールと話している。ポールはマタ・ハリの謎を明らかにしようとしたフランス人作家のひとりで、『戦争の謎』という自分の発見に基づく作品を一九三三年に発表している。裁判にかかわった人々に可能な限り話を聞いた結果、一九一七年の発言とまったく異なる証言を得た。一九三二年に軍法会議の長を務めていたラクロワは、マタ・ハリのファイルをしっかりと見て、その中身を読んだことを認めている。アラールによれば、ラクロワは「具体性のある、明白で、絶対的な、反論の余地のない証拠といえるものはひとつもない」ことに気づいていたそうだ。そして、ブーシャルドン大尉でさえ、一九一七年当時より冷静に考えられるようになった後、マタ・ハリが有罪だとはっきり言葉にすることはなくなっていた。

アラールは一般的な考えを見事に要約している。「私は有名なダンサーであり、スパイだった人物について書かれた文章をすべて読み——これまでより真実に近づくことができた。それでもまだマタ・ハリの行ったことには謎が残っている。実際、マタ・ハリが何をしたか誰にもわかっていない！　一般のフランス人や学識あるフランス人にマタ・ハリがどんな罪を犯したのか聞いてみるといい。誰もわかっていないことがわかるはずだ。有罪だとは知っていても、なぜ有罪なのかは知らないのだ」

一九一七年七月、フランスに敵意がみなぎっていた時代、パレ・ド・ジュスティスの空気感は、二十四日に軍事法廷が招集されてマタ・ハリの裁判を行おうとする際、異様なものになっていた。前線で起こったばかりの反抗の余韻がシテ島の建物の壁から響いてくるようだった。部屋の一方にはマタ・ハリが座り、有罪を宣告されるまではまだ無罪だった――が、すでにスパイではあった。彼女の向かい側には、ひとりの長と六人の判事からなる陪審員が座っていて、その全員が軍人だった。そのちょうど間に、ブーシャルドン大尉のレポートが置かれ、その報告に基づき陪審員が結論を出すことになっていた。

しかし、裁判所全体に有罪の雰囲気が漂っていた結果、ほとんど状況証拠しか提示されなかったにもかかわらず、陪審員に告発を否定する機会はなく、その勇気もなかった。念入りに準備されたブーシャルドン大尉の告発は、あらゆる罪のない行動に疑いをかけ、疑わしい行動はすべて有罪とし、有罪判決のみを導き出す手はずになっていた。しかし、そんな状況下、陪審員の中にひとつだけ異なる、勇気のいる意見が出されていた。合計八個の告発のうちの三つは、陪審員のひとりが否決していたのだ。そして、告発のひとつ、七番目の告発は最も重要なもので――彼女を間違いなく死刑に追い込むものになっていた。他のすべての告発は、それに比べるとほとんど意味がないくらいだった。しかし、七番目の告発こそ、一九一七年のパリの雰囲気に押しつぶされそうになりながらも、たったひとりの軍人が勇気をもって他の陪審員たちと異なる意見を出してしかるべき、はなはだ疑問の多い告発だった。

ひとりの人間の命が絶望の危機に瀕していた――多くの人々の命が失われるのが当たり前の戦争の時代で

は、さほど意味のないことかもしれない。しかし、これは証拠の正しさを判断する人々次第で生死の決まる命だった。丁寧に考え、よく話し合う時間が必要なはずだが、マタ・ハリの裁判にはそのどちらもほとんどなかった。

裁判は七月二十四日の午後一時に始まった。その日の夜七時、翌朝の八時半までの休廷が宣言された。同日の二日目にはすべてが終えられている。その一日半の仕事には、陪審員を席に着かせてから、裁判を始める際のスピーチ、法律文書の読み上げ、検察官による総括、弁護のための弁護士からの訴え、陪審員の審議といった、純粋な法律的な手続きに必要な時間も含まれている。それを考えると、クリュネのスピーチだけで何時間も費やされた結果、適切な意見の交換、起訴側と弁護側両方の証人の話を聞き、反対尋問を行い、適切な事実の追求を行う時間はほとんど残っていなかったことになる——もちろん、そういうことが起こり得るというのが現実だった。ブーシャルドン大尉は裁判が始まる前に陪審員のためにすべてを完了させていた。マタ・ハリは裁判前のファイルに糾弾され、陪審員は有罪判決を確認したに過ぎなかった。次に挙げるのは七月二十五日の二日目の法廷の終了までに陪審員が判断を迫られた八個の告発である。

一、前述のツェレ・マルガレータ、マクラウドの元妻で、マタ・ハリと呼ばれる人物は一九一五年十二月にパリという戦地に侵入し、敵勢力のドイツ軍の利益となる文書もしくは情報を得ようとした罪で有罪なのか。

二、同じく、一九一六年の上半期にオランダに滞在していた際、敵勢力のドイツ軍、特にクレーマー領事という人物に対して、軍の作戦を損なわせる、もしくは場所、地位、その他の軍の施設を危険にさらす可能性のある文書か情報を伝えた罪で有罪なのか。

三、同じく、一九一六年五月にオランダで、敵勢力であるドイツと、前述のクレーマーという人物の代理人として、敵の計画を支援する意思をもって、ドイツ軍との内通を保持した罪で有罪なのか。

四、同じく、一九一六年パリという戦地に侵入し、敵勢力のドイツの利益となる文書もしくは情報を入手しようとした罪で有罪なのか。

五、同じく、一九一六年五月以来パリにおいて、前述の敵の計画した任務を支援する意図で、敵勢力のドイツ軍と内通を保持していた罪で有罪なのか。

六、同じく、一九一六年（スペインの）マドリッドにおいて、敵の計画を支援する意図で、大使館付武官のフォン・カレの代理人となり、敵勢力のドイツとの内通を保持した罪で有罪なのか。

七、同じく、状況と場所は変わらず、前述のフォン・カレの代理人となり、敵勢力のドイツのために、軍の作戦を損なわせ、軍の集合地、駐屯地、その他の軍事施設に危険を与えかねない文書または情報、特に国内政治、春季攻勢、フランスがドイツの秘密のインクを発見したこと、イギリス課報員の名前を暴露したことについての文書または情報を入手した罪で有罪なのか。

八、同じく、一九一七年一月のパリで、前述の敵の計画を支援する意図で、敵勢力のドイツとの内通を保持した罪で有罪なのか。

パレ・ド・ジュスティスの隣にあるコンシェルジュリーのデポに場所を移して裁判が続けられたが、マタ・ハリは七月二十四日の午後に巡回裁判所に入ったとき、自分に迫っている事態が何かをわかっていなかった。そのときの彼女は襟ぐりの深いブルーのドレスと三角帽子という姿だった。中央の建物の二階まで、いくつもの中庭を抜けて螺旋階段を上ると、低いドアを抜けて法廷に入った。陪審員と向き合う瞬間だった。

陪審員の席に並んでいる七人の紳士は全員、パリの軍事法廷の第三軍法会議のメンバーで、軍政府長官から任命された者ばかりだった。

「評議の秘密を守る」ことを宣誓すると、五十四歳のアルベール・エルネ・ソンプルー中佐が裁判長を務めた。陪審員の名前はシンプルなものから貴族風なものまであった。一番地位が低いのは第七機甲連隊少尉ジョゼフ・ド・メルシェール・ド・マラヴァルで、一九四五年まで軍に在籍していた人物だ。彼は裁判に参加しているものの――信じられないほど――何の印象も残していない。彼にとっては恥ずかしい記憶に違いない。一九六三年に実際に話を聞くことができた彼の妻によれば、「彼は裁判にどうかかわったか一言も(彼女に対して)話さなかった」そうだ。

当時の陪審員は全員亡くなっている。フェルナンド・ジュベール第二三〇連隊少佐は一八六四年に生まれ。憲兵隊大尉ジャン・シャテンは一九一四年当時にすでに現役のリストから外れている。一八六一年に生まれている。リヨネル・ド・カイラはシャン・ド・マリスに住む、陪審員の中で唯一のパリジャンだったらしく、一八六二年生まれ。第十九連隊戦務隊大尉として一九一七年から勤務している。アンリ・デゲソーは一八六〇年生まれで、第二三〇連隊ではなく、第二三七連隊中尉だった。七人目の陪審員は第十二砲兵連隊曹長のベルトメだった。

以上、七人の陪審員のそばで、マタ・ハリは軍事法廷の政府代表の、検視官モルネ中尉に加えて、記録をとる書記のリヴィエール曹長と向かい合っていた。マタ・ハリ側には、彼女のすぐ後ろに、被告側の担当弁護士で、当時七十四歳のクリュネがいた。

裁判の冒頭に、聴聞が公開で行われ、一般の傍聴人が部屋の奥から見つめる中、マタ・ハリが「自由な、手錠をつけられていない状態で」連行されてくると、裁判長に声をかけられた。通常の裁判通り、ソンプルー中佐の前には法典が置かれていた。『軍事会議法典』、『刑事訴訟法典』、『刑法典』の三冊。すべてが法典に基づいて進行される。

名前、クリスチャンネーム、誕生日、生まれた場所、婚姻の有無、職業、住所を答えるよう求められた彼女は自分が「(議事録に書かれたフランス書記官の記録によれば) ツェレ・マルガレータ・ゲルトルード、四〇歳、(オランダの) レーワルデン生まれ、離婚歴あり、ダンサー、逮捕前の最後の住所を「キャプシーヌ大通り一二番地」と宣言した。最後の住所はグランドホテルの住所だった。(当時のメイン・エントランスは大通りに面していたが、後にスクリーブ通りに変わっている。そして、マタ・ハリはこうしてグランドホテルを正式なパリの住所とする一方で、スペインから帰国後、そこに住んでいなかったのは確かで、実際はモンテーニュ通りのプラザホテルに滞在していた。パリ領事館にオランダ外務省から送られた電報でもそのことはわかる。しかし、フランス当局の記録では、逮捕された際、シャンゼリゼ通りのパレスホテルに滞在していたことになっている。だとすると、彼女はプラザホテルから、そこに移っていたということになる)

裁判長は書記に事件の件名を読み上げさせ、軍事法廷の会議であることを宣言させた。続いて、検事であるモルネ中尉から「公開することで国防上の危険が起こる可能性がある」ため、聴聞を非公開で行う要請が提案された。さらに、「裁判記録を非公開にする」要請も提案した。クリュネが要請に対して意見を求められた後、陪審員はマタ・ハリの右端のドアから部屋を出て、非公開で議論を行った。

陪審員が法廷の席に戻ると、ソンプルー中佐はマタ・ハリと向かい合うようにして、検視官と、彼女の左側の先にいる一般の人々に対して、陪審員の討議の詳細と結論を読み上げた。「被告側の弁護人の意見を聞いた後、裁判長は以下の質問を行った。⑴聴聞を非公開で行う十分な理由があるか。⑵ツェレ元夫人の聴聞記録の公開を禁止する十分な理由があるか」

「どちらの質問も法を順守しているか、個別に投票を行い、結果、陪審員は聴聞の内容を一般に伝えることが治安を危険にさらす行為に当たると判断――さらに、ツェレ元夫人に関する報告書の公開が一般の人々を危険にさらす行為に当たると判断――全員一致で宣言するものである。⑴非公開の状況で聴聞を行う。⑵報告書の公開も禁止する」

結果、一般の傍聴人は退出を命じられた。一切の発言が関係者以外の耳に入らないよう、すべての予防策がとられ、法廷のすべての入り口から九メートル以内に人を近づけないよう警備された。完全な密室状態の中で、尋問は始まった。

長方形に伸びる部屋の長い一辺に並んだ席に座ったマタ・ハリは、北側に七つ並んだ高い窓と向かい合っていた。右の壁には時計がかけられ、その横には共和国の象徴である「マリアンヌ像」が原告と被告を見下ろすように存在していた。陪審員の上に伸びる壁の高い位置には、かつてキリスト像を飾っていた、絵の入っていない大きな額がある――フランスが教会と行政の分離を決めた一九〇五年からずっと中の絵が外されていた。マタ・ハリの左側の報道関係者の席は完全に空席で、一般者の席にも誰もいなかった。

検察官のモルネ中尉は、かなり痩せた体格の、大きく髭を蓄えたベジタリアンで、アルコールも一切口にしなかった。後の第二次世界大戦後、フィリップ・ペタンの検察官となっている彼が最初に口にしたのは、マタ・ハリが制服を着た軍人の中に常に存在し——一般人にはほとんど関心がなかった——という言葉だった。もちろん、軍人以外の多くのフランス人とも彼女が懇意だったという事実が無視された発言だ。しかし、ブーシャルドン大尉のレポートには彼女の軍人でない愛人たちに関してはほとんど触れられていなかった。

マタ・ハリは自分が結婚前からずっと制服に強く惹かれてきたことを説明した。その言葉は陪審員の心にほとんど響かなかった。有罪の証明とはかかわりがなかったため、質問はヴィッテル旅行の件に移った。彼女は裁判前の聴聞のとき同様に、率直に二つの目的があったことを認めた。健康が回復するようにヴィッテルの水を飲むことと、恋人のマスロフに会うことだった。

ブーシャルドン大尉の手がかりをもとに、モルネ中尉はなぜ彼女が嘘をついたのかと疑問を呈した。ラドゥーがこの保養地に行きたかった理由を尋ねたとき、自分の病気を治そうと思ったからだと答えている。ところが、同時に、オランダの恋人カペレンに手紙を書き、自分が元気だと伝えている。

マタ・ハリの説明はそれまでと同じだった。彼女のような立場にある女性なら誰でも言う他愛のない嘘だと。ラドゥーからヴィッテルに行く許可を得るために、彼には本当の理由を伝えたのだ——自分の健康のためだと。一方、カペレンにはそのことを打ち明ける必要がなかった。

続いて、お金の問題が取り上げられた。クレーマーからの二万フランとパリ国民割引銀行経由の支払いについてで、五千フランの小切手のうちの二枚目の方はモルネ中尉の目の前のファイルの中にあった。何に対する報酬として支払われたものなのか、モルネは知りたがった——そして、他の収入はいったい何に対する報酬だったのか。

マタ・ハリはブーシャルドン大尉のときと同じ説明を繰り返した。多くの男性の愛人をつとめたことで受け取った報酬だと。モルネはその報酬にしては高額すぎると感想をもらした。マタ・ハリはそれを否定した。自由に使える馬や別荘を持ち、キャリアのごく初期からパリのオリンピア劇場で一万フランを稼ぎ出し、ハーグに自宅を持ち、ヌイイ・シュル・セーヌの別荘、ロワール近くの大邸宅、ヨーロッパ中のファーストクラスのホテルに住んだ女性にとって——そんな女性は、少ない額には何の興味もないのだと。そして、マタ・ハリはさらにこう指摘した。パリ国民割引銀行経由で受け取ったお金はカペレンから送られたものだと。フォン・カレからは一度だけ支払いがあり、その金額は三千五百ペセタだった。そして、モルネはフォン・カレからの支払いに関してもうひとつ質問している——彼自身がその金額を出していないのではないかと。彼は政府の、スパイに支払うための資金を愛人に渡していた。スパイ行為に対する謝礼としてではなく、その金額を渡したと言いたかったのかと。その通り。彼は愛人としての彼女にお金を渡したのだ。彼が使った金額は、スパイに渡すべきものだったのだが。

モルネはまったく納得しなかった。ブーシャルドン大尉が用意したポイントをついた。ドイツ軍は多くの場合、スパイに支払った金額がかなり低い。肉体的な満足を与えてもらったからと言って、それほどの大金を渡す男はいない。フォン・カレが数千ペセタもしくは数千フランを払ったとすれば、それだけの価値のある任務を遂行したとしか考えられない——フランスを脅かす任務、それ以外考えられない。

マルタ・リシャールが証人として呼ばれていたら、マタ・ハリの話を裏づけることができただろう。後に自著で告白しているように、彼女はマドリッドの海軍武官フォン・クローンから別れのプレゼントをもらっている。フランスに戻って二度と帰らないと言った翌日に起こった出来事について、こう書いている。「彼はバルセロナの宝石店で買った宝石を渡してくれた」そして、マルタ・リシャールがマドリッドを出る直前、ドイツ大使が彼女のことをフォン・クローンの愛人だったと言っていたと伝えたそうだ。彼女自身こう発言している。「スパイに渡すはずのお金を彼からもらった証拠をお見せできるわ」

モルネは攻撃の手を変えた。ドイツ軍から二万フラン、もしくは三万フランを受け取っていたとしたら——何に対しての報酬だったのか——なぜフランス軍に百万フランを要求したのか。再び、マタ・ハリはすぐに答えが用意できていた。そのときの彼女は本当に助けるつもりがあったからだ——フランス軍を本気で助ける。持っているコネクションを使えば、本格的な任務をこなせる自信があった。彼女はそのときスパイ活動を行う意思があり、それは大きな金額に匹敵する任務だと考えていたのだ。

この言葉も陪審員の心にはほとんど響かず、モルネは次の質問に移った。なぜオランダでクレーマーからの申し出を受けた事実をラドゥーに黙っていたのか。そして、なぜフォン・カレにはフランスからスパイ活動の依頼を受けたと話したのか。

マタ・ハリはモルネが何もわかっていないと感じた——つまり、女性の心理がまったく理解できない。目標を達成するためなら様々な策略を使うことが許されるだけでなく、使わざるを得ないのだということを。クレーマーの申し出をラドゥーに話す理由はまったくなかったと彼女は言った。お金を受け取っても、ドイツ軍に見返りになることはしなかったのだから。それではフォン・カレに関してはどうか。ダンヴェイニュは彼から情報を手に入れるよう依頼している——フランス軍のために。そして、それまでにオランダに戻りたかった彼女は、ロンドンから戻って以来、ドイツ経由でハーグに行く許可を彼からもらおうと考えていた。自分がイギリス経由で行けないことは重々承知していたからだった！

彼女は自分の考えを曲げなかった。向かい合った男たちが牢獄に入れようと考えているとわかっていた。

論理的なのは自分だと、感じていた。そして、自分が陪審員に投げかけた質問も論理的だと思えた。スコットランドヤードに逮捕された後、ドイツ軍のために諜報活動を行った罪悪感が少しでもあるなら、なぜパリに戻ったりするのか。まったく馬鹿げた行為としか言いようがない!

マドリッドからの電報に書かれ、ハーグでクレーマーと会話している間に彼女自身も口にした、H-21というコードネームは何だったのか。その番号に意味はない——クレーマーが考えたことで、それ以降、彼女はまったく気にかけたこともなかったからだ。

それ以上、この話は広がらないようだった。モルネはブーシャルドン大尉が準備した次の点に話を進めた。ところが、検察官が触れた問題には物的証拠がまったく存在せず、マタ・ハリがある人間たちと話をしていたという程度のものでしかなかった。話をしたドイツ人たちも、彼女が受け取ったお金も、スパイ行為をしたという確証にはならないし、フランスの安全を脅かす行為ともいえず、何に対して支払われたお金なのかもまったく謎のままだった。

それでも、モルネや陪審員にとって、裁判は順調に進んでいた。ドイツ人とお金に関する話が含まれていたからだ——一九一七年のパリでは、それだけで大きな意味があったのだ。

いよいよ証人が呼ばれた。モルネは証人のうちの二名が出席できないと発表した——マスロフとアロールのふたりだ。フランスの歴史家、アンドレ・カストロを含む何人かの作家が、このふたりの重要な証人は自ら証言を行っていると主張している。実際、カストロは「マタ・ハリが証人としてマスロフを呼ばないように(法廷に)強く頼んでいた」し、「同時に彼女はこの試練に耐えなければならなかった」と主張している。カストロは明らかに間違った情報をもとに書いている。マスロフ自身が証言したというのは事実と異なっている。裁判の議事録の中ではっきりとこう述べられている。「証人のマスロフとアロールは直接了承を確認できないため、軍事法廷は被告と原告双方の一致した助言に従い、聴聞をふたり抜きで進めることを命じた」

カンボンが法廷に登場し、マタ・ハリとモルネのちょうど中間の、陪審員と向かい合う位置に座った。カンボンは彼女が政治や軍事にかかわる重要な情報を尋ねたことは一度もないとだけ証言した。彼を証人として呼んだ理由を尋ねられたマタ・ハリは明確に答えた。カンボンは複数の重要なポストを務めてきた大使で、フランスでも過去も当時も最高位のポストにいたからだ。しかし、陪審員にとって、彼の発言はほとんど影響力がなかった。その場にいないドイツ人に関する噂や曖昧な諜報員からの報告の方が、この裁判においては、フランス最高位の公務員の率直な発言より重視されていたのだ。

敵意をむき出しにする軍人として陸軍省にかつて所属し、ベルリンからマタ・ハリに会いに行けないと手紙を書いたアドルフ・メシミー将軍も被告側の証人として召喚されていた。それまでメシミー将軍は法廷に姿を見せていなかった。彼の妻が代わって、ソンプルー中佐に書面で、夫は不幸にもリウマチを患い、部屋を出られない状態だと伝えた。加えて、すべては間違いによるもので、夫は指定された人物をまったく存じ上げないと書いていた。

ブーシャルドン大尉によれば、メシミーの手紙が陪審員の前で読まれた際、開廷期間で唯一、笑いに包まれる瞬間があったそうだ。マタ・ハリは笑い声をあげ、その笑い声が周りの笑いを引き出したのだ。「それはいいわ！」と彼女は叫んだ。「私を知らないですって！　なんて面の皮の厚い人なの！」

（マドリッドにふたつの「v.K,s」が存在していたように、一九一四年のフランス閣僚の中にはふたつのM——

y's が存在していた。内務大臣マルヴィと陸軍大臣メシミー。一九二六年三月にマタ・ハリと親しい関係にあったと新聞で批判を受けたメシミーは「十四年前、この女性はあらゆる誘惑の手段を駆使して自分を愛人にさせようとした」と力説している。マタ・ハリに断りの手紙を書いたときに書いた通り、自分は何の関係も結んでいない、とメシミーは主張している。大臣に公式に用意された便箋に書かれた、彼にとって不利な内容が書かれた手紙には「M――y's」という署名があったため、メシミーの同僚のマルヴィのことだという誤解が生じた。一九一七年にマルヴィはクレメンソーに反逆行為の罪で告発され、五年間スペインに追放されている。帰国後に復職すると、M――y's というのがメシミーのことだったという真実が明らかになっていた。一九二六年にマルヴィは内務大臣に復職したが、上院に入った際、マタ・ハリの愛人という非難を浴び、気を失っている）

他にも数人の証人が呼ばれていた――ネイリスト、占い師、アンリ・デ・マルグレリ。その中の誰も被告に影響を与えるような議論の材料は提供していない。公判初日の午後が終わるまでに、「マタ・ハリに対する軍事裁判」はある問題しか取り上げていなかった。ブーシャルドン大尉のファイルにあった問題だ。

そして、一九一七年七月二十四日の夜七時、ドイツ軍が「因果関係を無視した」ナンシー爆撃を行い、連合国がニヴェル攻勢のカリフォルニア台地を取り戻している最中に、「被告と原告の両方の休憩が必要と判断し、軍事裁判法典一項、第一二九条の規定により、裁判長は聴聞の一時中断を宣言し、翌朝の一九一七年七月二十五日の八時半からの継続を命じ、軍事会議のメンバーにそれまでに戻るよう促した。続いて、警備員には被告人を牢獄に連れ戻すよう命じた」

マタ・ハリはその日二度にわたって、法廷とコンシェルジュリーを移動した――地下室まで、四つの部屋に沿って伸びる螺旋階段を降りて、トンネルと中庭を抜けてデポに出ると、フロアふたつ分に渡って広がっている鉄パイプのベッドが置かれた独房が現れる。

その晩、帰宅した陪審員の印象に残ったことはひとつだけだった――二〇世紀の初頭にパリできらびやかな生活を送り、多くの愛人と過ごしてきた女性。それ以外に陪審員の頭にあったことといえば、次々と告発が行われていったことくらいだった。

《訳註》

◆1　インターナショナル。社会主義、共産主義を代表する曲。ソビエトでは一九一七～一九四四年まで国歌になっていた。一八一七年のパリ・コミューン直後に作られた曲で、労働者の団結や闘争について描いている。

◆2　エドガー・フーバー（一八九五年一月一日～一九七二年五月二日）FBI初代長官。長く長官を務め、評判の高い人物だった一方で、権力の乱用を批判される存在でもあった。大統領や議員たちは彼を罷免しようとしたが、その力を恐れて実行できなかったとも言われる。

第25章

翌朝、前日と同じ手順が繰り返された。陪審員が八時半に席に着き、法典が再びソンプルーの前に置かれ、マタ・ハリがクリュネとともに法廷に戻ると、一般の傍聴人は前日同様、退出を命じられた。かなり速いペースで裁判は進められていた。ソンプルーは出席できない証人の言葉を読み上げるよう書記官に命じた。その中にはヴァディム・デ・マスロフからの宣誓供述書もあり、マタ・ハリとの情事が大した意味のないものだったという説明が書かれていた――彼は相当警戒していた。読み上げられた後、マタ・ハリとクリュネに対し、発言したいことはないかという質問があった。

検察官のモルネが発言した。説得力のある言葉で、巧みにマタ・ハリが悪意ある行動をとったという印象を作りあげ、「被告ツェレは犯したすべての行為が有罪と宣告されてしかるべき存在だ」と要求した。再び、マタ・ハリとクリュネには何か発言はないかと質問がされた。ふたりの発言はほとんどなかった――すでに述べている言葉を繰り返しただけだった。マタ・ハリは無罪を主張し、その後、クリュネは感情的に「無実だ」と懇願したが、午後の大部分の時間を使うような長い懇願はしなかった。しかし、公判第二日目で話された言葉はほとんど判決に影響がなかった――法律上、義務づけられた形式通りの言葉が続いた。決められた宣誓証言、手順通りの説明、型通りの弁護側のスピーチ、ベンチ席に置かれた三冊の法典から外れることはなかった。

話が進められる中、高い壁に囲まれた室内は耐えがたいほどの暑さになっていた。その日は湿度が高い上に気温が二十八度にまで上昇していた。熱気を冷やしてくれそうな雷が鳴り響いたものの、ほとんど雨は降らず、パリの舗道も乾いたままだった。

ソンプルーは聴聞の終了を宣言し、被告人に法廷から同じ階の牢獄に移動するよう命じると、陪審員を評決のために退出させた。七人の陪審員はすぐ評決に達した。裁判の議事録に評議にかかった時間は記録されていないが、マサールによれば、八個の告発のそれぞれに投票を行うのに四十五分、さらに評決のための時間もかかったということだ。他には三〇分と書かれているものもあれば、たった十分と書かれているものさえある。書かれている数字の中でも――マサールによる――最長の時間で考えても、ひとつの告発につき、平均五分しかかかっていないことになる。

投票は一番階級の低い人物から行い、ソンプルーは毎回、最後に投票した。問題の時間、問題の場所にマタ・ハリが存在していたかという件では、意見が全員一致した。マタ・ハリ自身さえ、アムステルダム、ハーグ、パリ、マドリッドにいたことは否定していない。

しかし、八個の告発を個々に見ていくと、陪審員のひとりが勇敢にもはっきり三度「無罪」としていた。彼女が問題の時間に問題の場所にいたという点はその人物も認めている。彼女がその場所でドイツ人と話をしたことも、「敵国の諜報活動を続けた」もしくは「情報や文書を得ようとしていた」ことさえ賛成していた。しかし、彼女はそうした情報を譲渡したかどうか尋ねられる度に、「していません」ときっぱり否定していた。他の六名の陪審全員が、ドイツ人と話し、彼らに情報を与えたと認めていた。七番目の陪審員だけが、はっきりと一線をひいた。証拠がまったくないと否定したのだ。

最初の告発はやや作為的で、マタ・ハリが一九一五年十二月にパリの塹壕キャンプに侵入したかどうか尋ねる内容だった。決して夜暗くなってから、這うように忍び込んだわけではなく、普通の列車に乗り、ビザももっていた。全員一致で有罪だった。

二番目の告発はオランダで一九一六年の上半期、マタ・ハリがクレーマーに文書と情報を与えていたかを問うものだった。七番目の陪審が無罪としている。

三番目の告発は一九一六年五月に彼女がクレーマーと話をしたかどうかだった。七人全員が有罪と認めた。マタ・ハリ自身も正しいと認めていた。否定する者はいなかった。

四番目の告発は情報を得る目的で一九一六年六月に彼女がパリに戻ったのかどうかだった。全員一致で有罪だった。

四番目の告発に関連する五番目の告発は、一九一六年の夏、パリで彼女がドイツ人と本当に話をしたか問うものだった。七番目の陪審員が無罪にしている。

六番目の告発は彼女が一九一六年十二月、マドリッドでドイツ人――フォン・カレ――と話をしたか問うものだった。全員が有罪を出している。

七番目の告発は複数の問題が問われていた。彼女がフォン・カレにドイツの秘密のインクをフランスが解読したと話したのか。フォン・カレにフランス国内政治の秘密を伝えたのか。フォン・カレに春季攻勢について話したのか。そして、フォン・カレにイギリスの諜報員の名前を伝えたのか。六人の陪審員はすべて有罪としている。七番目の陪審員だけが再び異なる意見を出している。六人が有罪、七番目の陪審員は無罪だった。

八番目の告発はマタ・ハリが一九一七年一月、ドイツ人と話したかどうかだった。これまでに七番目の陪審員は間違いなくプレッシャーを感じていたはずだ。この告発は基本的に五番目の告発と同じ内容だった。対象になっている時期が変わっただけだ。一九一六年五月が一九一七年一月に。明白な理由はなく、今回、七番目の陪審員も有罪に投票している。おかしなことに、その陪審員は——五番目の告発と八番目の告発の間に——マタ・ハリが実際に「パリで敵国と諜報活動を続けた」と意見を変えている。その間に、ドイツ人諜報員が捕まったわけでも、証人として現れた訳でも、裁判に連れてこられたわけでもないのに。もちろん、マタ・ハリが彼らと話す姿を目撃した証言があった訳でもない。陪審員がただブーシャルドン大尉の告発を認めるようになったに過ぎない。

七番目の陪審員にはいったい何が起こったというのか。勇敢にも彼はマタ・ハリに対するすべての重要な告発に対して意見を表明した。いずれの告発も証拠がないと感じていたからだ。しかし、最後の最後になって、勇気を出し切れなくなった。ソンプルー検事が判決のための投票を求めた際、意見を変えてしまったのだ。彼はスパイの証拠とされる彼女のすべての行動を完全に無罪と認めていた。それでいながら、彼は銃殺刑を認め、「全ての陪審員が一致してツェレ・マルガレータ・ゲルトルードに」死刑を宣告したのだ。

宣告は他にもあった——それほど重要なことではなかったが。「フランスの国民の名において……」この裁判の「すべての費用の支払いを被告に命ずる」。

裁判の終了に際し、ソンプルー検事は武装した衛兵の前で、被告への判決を検察官に読み上げさせた。マタ・ハリは無罪になる希望を持っていた。収監される可能性は頭にあったかもしれない。死刑というのは思いもよらない判決だったはずだ。

裁判所書記官の副官吏ヴィエールが判決を読み上げるのには数分しかかからなかった。マサールによれば、クリュネは泣いていた。マタ・ハリは呆然として、何度もこうつぶやいていた。「ありえない！　ありえないわ！」

彼女は再び、われに返ると、再審審議会の前で裁判の正当性の審議を要求する署名をした。それは最期に向かう道をふさぐことはできなかった。

（マタ・ハリについて書いた〔一九六五年当時で〕最新の似非《えせ》インテリ作家のひとり、ポール・ギマールは、そのマタ・ハリの物語の中で、彼女が八点すべての告発に全員一致の判決を受けたと繰り返し書いている。[◇1]しかし、それ以外にも数々の間違いが存在し、ハイマンスやゴメス・カリージョが書いた物語から着想を得て書いているとはっきりわかる。マタ・ハリとフィアンセの婚前交渉で、結婚の半年後、息子のノーマンが誕生した――間違った記述だが――と信じ込んでいるだけでなく、読者にドイツ警察「署長」との間の作り話まで登場させた上、ドイツ軍に射殺されたベルギー人スパイの物語を繰り返し持ち出し、さらにはヴィッテルに――二週間ではなく――二ヵ月間滞在後、ラドゥーの事務所に呼び出され、「即刻フランスから出ていくように命じられた」という描写まで登場させている）

マタ・ハリに死刑を宣告するにあたり、陪審員は彼女の行動の理由をまったく考えていなかった。実に明白なものだったのに。彼女はすべての二重スパイと同じこと、ラドゥー自身が後に指示したことをしただけだった。それがあまりにも巧みだったため、フォン・カレさえ彼女の策にはまったのだ。クレーマーからお金を受け取っても、何の見返りもしなければ、誰も気にしないし、誰からも責められないという、独特の考え方を持っていただけなのだ。

クレーマーの報告によれば、彼女がドイツ軍に提供したのは、曖昧で信用しがたい情報で、一九二〇年のドイツ外務省の諜報員関連のファイルに律義に報告されている通り（スマトラ島で書かれた）過去の戦時中の記録をただ写しただけの代物だった。加えて、クレーマーはアントワープの上官に、彼女と交渉した際、二万フランを渡したことも報告している。そのふたつが相まって、アントワープがベルリンに「彼女は受け取った二万フラン以上の価値のあることを難なく与えられた」と後に伝えられてしまったのだ——実際、彼女は価値のない情報しか伝えていないにもかかわらず。

ラドゥーがこのことをあらかじめ知っていれば、フランス諜報局も彼女の行動をすべて認可していたはずだ。結果、マタ・ハリはマルタ・リシャール同様、レジオンドヌール勲章をもらって、ずっとフランスの英雄的存在になっていたかもしれない。しかし、ラドゥーは憎悪の念を燃やすだけで、一切の行動を「任務の遂行」ではなく、背信行為と説明し続けた。

彼は彼女をオランダに向かわせ、追い出そうとしたことも否定している。彼にはそんな意図はなかった。彼女が彼の手に届かないところに行ってしまうことになるし、まだ満足のいく復讐ができていなかったからだ。だからこそ、バジル・トムソンに彼女をスペインまで連れ戻すよう頼み、手に届く距離に戻したのだ。

何も知らないマタ・ハリが罠に飛び込んできたことで、ラドゥーはライバルのバジルにパリで面目を潰された過去を挽回できた。ラドゥーの名誉は保たれ、多大なるフランスの敗北の原因に仕立て上げられたスパイは銃殺された。ラドゥーにとって、満足のいく解決だった。その過程でマタ・ハリの命が失われることなど、さほど重要なことではなかった、いやまったく取るに足らないことだった。

《原註》

◇1　一九五九年パリのEditions Denoël社 *Du Premier Jazz au Dernier Tsar* の中のUn Drama d'Espionage en 1977という作品。

第26章

コンシェルジュリーの牢獄で一晩を過ごした後、マタ・ハリは元のサンラザールの第十二独房に戻った。判決を言い渡され、規則を変えられ、ふたつのベッドが彼女の部屋に追加され、夜の間ずっと、女性囚人たちが任意で警備していた。読書と喫煙を許されたが、どちらもほとんどしていない。ふたりの修道女が心のケアを担当した――レオニードとマリーのふたり。特にレオニードはしばらくの間、マタ・ハリと親しい関係を築いた。毎朝、五時にコーヒーを持ってきてくれたレオニードは、マタ・ハリから非常に感謝された。早朝のコーヒーは子どもの頃から続いていた習慣だった。

新しい規則が科され、裁判前まで日課だった監獄内の中庭の散歩はできなくなった。新鮮な空気がまったく吸えなくなり、彼女は息苦しさを感じていた。牢獄に閉じ込められ、ビザール医師に当局に許可をもらってほしいと頼んだ。

「もう我慢できません」ある月曜の朝、これまで通りの日付の書かれていない手紙を医師に書いている。「私には空気と運動が必要です。当局がどうしても私を殺したいのなら、それを防ぐ手立てはありませんが、閉じ込めて苦しめるのはおやめください。こんな状態には耐えられません」

ビザール医師（彼と助手のブラレ医師は、収監されている彼女と毎日会っていた例外的な存在だった）によれば、複数の報告の通り、花やお菓子を決して受け取らなかったそうだ。手紙は――オランダ領事館経由のものはほとんどなく――モルネの事務所から経由されていた。クリュネが裁判の終了後まもなく、領事館に「裁判所の許可なく被告に手紙を送ることができない」と伝えたからだ。クリュネの情報はアンナからの手紙で伝えられていた。領事館経由でマタ・ハリに送られてきた手紙は、サンラザールを経由してから彼女の弁護士気付で届けられていた。

この頃には、オランダ政府は事態の推移に注目するようになっていた。判決の出た三日後の七月二十八日、外務省はパリの当局に再審審議会で実刑判決への減刑が行えないかと要請していた。

再審審議会には正当性を疑う理由が見当たらなかった。八月十六日木曜日にラスパイユ通りの審議会事務所に行ったクリュネは、マタ・ハリの四十一歳の誕生日の十日後の午後二時に聴聞を行うと伝えられた。クリュネは出席したものの、何も出来なかった。この裁判での弁護登録を行っていなかったので、高等裁判所長官のモナードは再審審議会と高等裁判所に先立つマタ・ハリの弁護にベイルビー弁護士を任命していた。「法律を侵害する行為が軍事裁判で行われなかったと判断し、再審の裁判の申し立ては却下される」というメッセージが八月十七日にオランダ領事館宛にクリュネに送られてきた。マタ・ハリが死刑から逃れる方法はふたつしか存在していなかった。高等裁判所が駄目なら、最終手段として、共和国大統領に減刑を要求するしか道はなかった。

ハーグは距離を置いて、成り行きを見ていた。八月三十一日に改めてパリに電報を送っている。「マタ・ハリの判決が覆らないのなら、処刑前の減刑の提示を要請します」と書かれていた。

マタ・ハリは逮捕後初めて、助かろうという努力が無駄に終わったことを実感し始めていた。誰よりも状況を良く理解し、争いは自分の手からすでに離れたと悟ったのだ。塀の外の人間は、告発された通りのスパイ行為と犯罪が行われたとしか考えていない。実際の事態の推移を唯一知るマタ・ハリはまったく違う角度から状況を見ていた。結局のところ、彼女は生贄になったのだ。自分がしてきたことは何ひとつ判決に影響しなかったと実感し、どこまで追い込まれたか身に染みてわかっていた。友人だと思っていた人々がことごとく彼女を見捨てていた——恐怖心か嫉妬に駆り立てられたのか、それとも彼女に対する復讐だったのか。作為なく知り合った人々が危険な知人と判断され、ごく私的な恋人同士の会話が国家の秘密を暴露する行為とみなされる。単純なことを複雑に解釈され、ごく当たり前の行為を犯罪にされては、何を説明しても無駄だとわかったのだ。戦争がすべてを変えてしまった——些細な問題が大問題になり、憶測を事実に変えられてしまう。

意気消沈した様子は一九一七年九月二日にオランダ領事館に書いた一通の長い手紙から、痛いほど伝わってくる。彼女は諦めている訳でも、絶望している訳でもなかった——自分の孤独さと、見捨てられたことを実感しただけだった。

「大使閣下、どうか私のためにフランス政府への仲裁を行ってください。第三軍法会議から死刑の判決を受けましたが、重大な由々しき誤りです」

続いて次の言葉には、力強く下線が引かれ、他の部分から特別目立つよう強調している。

「状況証拠だけに頼っての結論なのです」

「確たる証拠はなく、私が多くの国に知り合いがいるのは、ダンサーという職業上の理由に他なりません」

「ここまでずっと、すべてに誤った解釈を行い、ごく自然な行為をひどく複雑に捻じ曲げてきました」

「私は再審を要求し、判決が誤りだと主張していますが、彼らが判決の誤りに気づかない限り、満足できる状況はもたらされません」

「共和国大統領からの要求にすがる他ない状況です。フランスでスパイ行為を働いてなどいない私が、自分の身を守れない恐怖におびえています」

「嫉妬──復讐──私のような女の人生には窮地に追い込まれた途端、様々なことが降りかかってくるのです」

「ハーグでは上流階級の方々と交わってきました。リンブルグ・シュティルムとも懇意にさせていただいています。お伺いいただければ、私がどんな人間かお話いただけるはずです」

そして、彼女は再び、最後に自分の名前を記した。「マタ・ハリ──M・G・ツェレ・マクラウド」

手紙の意気消沈したトーンに加えて、内容にも奇妙な点がある。手紙の日付の九月二日までに、彼女は、再審審議会が要求を拒否したと知らされていなかったのだ。はっきりと自分が「再審を要求中だ」と書いている──再審はその二週間前にすでに却下されていたというのに。

クリュネは当時その後記事や本に書かれてきたほど、依頼人の裁判に対して関心がなかったということになる──彼女を失望させたくなくて拒否されたことを隠したということも考えられるが、可能性は低い。クリュネはマタ・ハリに愛情を抱き、実際、愛人のひとりだったと考えられている。知り合いになって長く、依頼人の運命に対して涙を流し、彼女の有罪宣告に対して感情的になりながら訴え、やるせない気持ちになっていた。

そうした彼の感情はすべて真実といっていいだろう。しかし、相当な関心があったはずのクリュネが、軍事裁判への控訴についてほとんど何も知らなかったのだ。九月二十七日に行われた審理における話し合いが、たった十五分しかかからなかったという事実からも明らかだ。

裁判に出席した法廷弁護士のジェフリーはそれ以上の議論の余地はなく却下するよう要求した。それに対し、マタ・ハリの弁護士レイナルは（クリュネが答えているように、元々担当するはずだったベイルビー弁護士に代わって担当し）自分がそのファイルを読んだと答えた。レイナル弁護士に、会ったこともない依頼人を何とか助けようという様子もなかった。報酬を得られない仕事を引き受ける羽目になり、裁判に気持ちの入っていないフランスの弁護士がよく使う言葉を平然と口にした。死刑宣告された人物の代理でありながら、こう言ったのだ。「法廷の英知に頼りますので、よろしくお願いします」裁判では何も意味も持たない言葉。訳せばこうだ。「私はそのファイルを見ました。何も言うことはありません。判決は法廷にお任せします」

レイナル弁護士の言葉をもうひとつだけ紹介しておこう。彼はクリュネが聴聞の延期を求めるべきだと「主張し」ていたため、クリュネ自身に確認して欲しいと発言した。その言葉を最後に一切何もしなかった。

クリュネに発言するチャンスはまったくなかった。高等裁判所長官は登録された弁護士にしか発言を許さなかった。話も聞いてもらえなかった。そして、聴聞の延期に関しても、「もう不可能だ、ファイルは三週間前にすでに配布されてしまっている」とはねつけられた。

延期を要求したかったら、もっと早く行動しなければ駄目だったのだ。

合計十五分の審理に残された時間は数分しかなかったが、法務局長のペソニェの形通りの発言で終了した。話すべき告発はひとつだけで、権限の問題だと彼は発言した。「私たちは戦時において、敵国との諜報活動に関する犯罪を軍事法廷の権限の下で扱うことの是非を問われている。法律学ではこの問題を全会一致で認めている。よって本件は却下とする」

オランダ領事館は九月二十八日にクリュネに電話し、今後に対する懸念を伝えた。クリュネは「あと二、三週間は先の話だから（間違いなく処刑執行を指している）、疑獄について話し合う時間はまだ十分あります」と説明した。オランダの大臣に送った手紙に書かれたその一節には、クリュネの心の中で――切迫した気持ちになっている大臣とは裏腹に――慌てる理由はないと確信した様子がうかがえる。

クリュネはこの仕事に対する報酬を得ていなかった。マタ・ハリから要請された仕事であったとしても、弁護士連合会から任命されて引き受けたもので、二十八日の電話後に送った領事館宛の手紙には、本音がはっきりと示されていた。

「要請に応えて」と彼は翌日に手紙を書いている。「あなたと同国人の被告の利益を守るために、無償での弁護を要請されました。本日分の裁判の議事録を同封します」――高等裁判所の決定がその議事録に含まれていた。

領事館がすぐにハーグに情報を伝えると、間もなく返事が返ってきた。単語七つしか書かれていない。外務大臣のルードンの署名入りで、オランダ政府が九月二十九日の土曜日に送った電報だった。PLEASE ASK PARDON PERSON INDICATED YOUR TWO NINETY TWO「被告人番号2-90-2の減刑をお願いします」

すでに伝えられているように、ウィルヘルミナ女王やオランダ首相はマタ・ハリのために調停を行おうとしなかった。マサール少佐が書いているように、クリュネも行っていなかった。実際に行ったのは当然ながら、オランダ外務省だった。十月一日月曜日にフランスの外務大臣へ要請の手紙を送っている。

「大臣へ」とオランダの大臣リダー・デ・ステアースは書いている。

私は、通称マタ・ハリ、マダム・ツェレ・マクラウドの減刑を人道的見地から要請する任務を政府から担う者です。七月二十五日に第三軍法会議から死刑を宣告され、再審の要請は高等裁判所の再審審議会によって九月二十八日に拒否されています。

女王陛下からの要請により、閣下の御仲裁で共和国大統領に減刑をお願いいたします。この要請に対する反応を教えていただければ幸いです。

同日、早朝の電話に続いて、特別配達の手紙がクリュネに送られ、要請を行ったことが連絡されている。彼はハーグに電報を送り、その電報番号二二三には「即座に要請が伝えられた」と書かれていた。結果、何も起こらなかった──十月三日にオランダに戻ったジョン・マクラウドが三番目の妻、フリツェ・マイヤーと結婚したことを除けば。

十月十三日、ハーグの外務省がパリに電報を送り、オランダの新聞六紙がマタ・ハリの処刑の記事を載せたことを伝えた。パリに至急連絡が欲しいと問い合わせていたこともあり、「それ以上のコメントを避ける」ことができた。土曜日だったため、ポアンカレ大統領からの言葉も、フランスの外務大臣からのコメントもなかった。実際、フランス政府はオランダ女王の代理人の要請を重視しなかった。彼らは返事をクリュネに送っていたのだ。

十月十五日月曜日の朝、オランダ領事館が扉を開けると、クリュネからのメッセージが飛び込んできた

――

「減刑の要求は拒否された」。すでにマタ・ハリは死亡していた。

第27章

高等裁判所に再審を拒否されてから刑が執行されるまでの十八回の夜、マタ・ハリがある程度睡眠できたのは三回だけだった――三回はいずれも土曜日。日曜日に処刑を行わないと知っていたからだ。二日に一度はレオニード修道女に自分がよく眠っていたかどうか尋ねた――大抵は眠れなかったからだった。

十四日の日曜日の午後六時、パリ軍司令部のマサール少佐はブーシャルドン大尉の署名が入った処刑命令の書類を受け取った。処刑は翌朝の予定だった。その晩遅く、ビザール医師は命令を伝えられ、レオニード修道女を伴いマタ・ハリの独房を特別に訪れている。当り障りのない会話をして、修道女はマタ・ハリに「どんなふうにダンスをしていたのか」尋ねた。マタ・ハリは軽くステップを踏んでみせた。称賛を浴び、裸のダンスと呼ばれ、一世を風靡して久しい踊りだった。

見た目には、まだダンスの技術は落ちていなかった。涙は見せず、死を待つ間にも絶望している様子はなかった――ビザール医師とブラレ医師によれば、時折、フランス人の自分に対する無理解だけには絶望の言葉を述べていたそうだが。ベルリンからオランダに戻ると「軍人め」と言っていたが、このときにはそれが「フランス人め」になっていた。ドイツ軍に対する言葉と同じで、嫌悪感の表現ではなく、理解しがたい思いを表したものだった。

しかし、全体的にはマタ・ハリに関する信頼できる記録を残してきたビザール医師でさえ、この頃には、彼女に対する嫌悪感を抑えられなくなっていた。彼にとって、彼女の態度はフランス人の考える肝が据わった振る舞い――勇気と軽蔑と冷酷さの入り混じったもの――ではなく、突然「最後まで自分が勇敢で、無関心であるような態度を装い続けているだけだった」と感じている。本物の勇気ではなく、ただの見せかけ――死を目前にして勇敢にふるまうことで、自分をただ者ではない人間に見せようとしていると感じていた。

月曜の朝、四時を少し回った時間、ブーシャルドン大尉がサンラザール刑務所に到着した。四時ちょうどにペレール大通りの自宅に迎えにきた車での登場だった。ビザール医師と同僚のブラレ医師はほぼ同時に到着、マサールは少し遅れて四時四十五分に到着した。寒い朝だった。気温は一・六度。処刑のニュースは間違いなく報道に連絡されていた。「通常」の処刑には三〇人程度しか集まらない。ところが、ビザール医師の見積もりによれば、「一般人と軍人を含めて、少なくとも百人」は集まり、道で寝ている兵士まで数多くいた。マサールはジャーナリストも十人ほどいるのを確認している。

刑務所内にはそれ以外の役人も集まっていた。軍事法廷の主任書記、ティボー大尉が四時半にヴォージラール広場の自宅から車で送られてきた。検察官のモルネ中尉、（全員に下の階に行くよう指示した）ソンプルー中佐、そして、もちろん、弁護士のクリュネ、主任検事のジュリアン少佐、軍医のソケ医師、刑務所長のエスタシー、フランス陸軍の主任法律顧問のヴァティーン将軍もいた。

クリュネは動揺のあまり、階段を上がれず、ソンプルー中佐に自分が来ているとマタ・ハリに伝えるよう頼んだ。ソンプルー中佐は伝言役を拒否し、そっけなく、「言いたいことがあれば、自分でちゃんとおっしゃってください」と言い放った。

男たちはレオニード修道女に先導されて十二号監房に移動した。監房に着くと彼女が扉を開け、マタ・ハリのいる中央のベッドを示した。彼女は自然に眠っていた訳ではなかった。前夜、ビザール医師がクロラールという透明な液体鎮痛剤を通常の倍の量与えていた。同室のふたりの女性も、マタ・ハリに寄り添うように眠っていたが、扉が動くと目を覚ました――そして、状況を理解した。ふたりは泣き出しながらも、マタ・ハリの身体を揺すって起こした。目を覚ますとショックを受けたマタ・ハリは、腕をついて体を起こすと、前かがみになった。目には驚きの表情があった――状況を理解すると、独房の中でおそらく一番静かにたたずんでいた。

減刑の要求が拒否されたと彼女が知ったのは、このときだった。短い沈黙の後、再びマタ・ハリは、ほぼ三ヵ月前に判決を宣告されたときの言葉を繰り返した。「ありえない！　ありえないわ！」

ビザール医師によれば、マタ・ハリがレオニード修道女を慰めなければならなかったそうだ。「心配いりませんわ、シスター――私はどう死ぬべきかわかっています」男たちがその場を後にして、彼女が着替えられるようにした。ビザール医師だけが例外的に残った。彼女はストッキングを履くために座って（再び、ビザール医師によれば）足を高く上げ、レオニード修道女がそれを隠すようにした。どんな事態に巻き込まれても、マタ・ハリは自分を見失うことはなかった。「大丈夫です、シスター、恥ずかしがっている場合ではありません」

ビザール医師は気付薬を差し出した。「ありがとうございます、先生。でも、必要ないと、すぐにおわかりになると思いますわ」――そう言うと、アルブー牧師と話をさせて欲しいと願い出た。少しの間、独房にふたりだけになった。その後、牧師が出ていくと、明らかにひどく緊張した面持ちに変わっていた。その場を離れていた人々が戻ってくる。実習生のブラレ医師は天気のことを聞かれ、「快晴です」と答えたと主張している。この話は信憑性が薄い。話が矛盾するからだ。朝の天気は曇りで、パリ郊外では九〇メートル先も見通せないほどだった。

マタ・ハリは覚悟を決めていた。パールブルーのドレスを身に着け、麦わら帽子を被ってベールをつけて、肩にコートを羽織ると、一番良い靴を履いた——良い靴を手に入れることに彼女はずっとこだわり続けていた。宝石は身に着けなかった。二月に逮捕された際、没収されていたからだ。トイレに行った後、手袋をつけると、医師に対し、これまで世話になったと感謝の言葉を述べた。そして、もう一度泣きそうになっているレオニード修道女を慰めた。彼女に対する最後の質問がぶつけられた。質問される度に、数々の物語を紡いできた彼女に。フランスの法律では、任意の質問だった——法律に書かれている通りに解釈すれば、囚人本人の発言で適用される。フランスの刑法第一章第二十七条（一九六〇年六月に十七条に変更されている）によって「妊娠中の女性は死刑を宣告されていても、出産まで執行されない」と規定されていた。

ビザール医師によれば、マタ・ハリが何も答えなかったため、ソケ医師が再度、質問した。「妊娠している可能性はおありですか」八ヵ月間投獄されていた彼女にはほぼ意味のない質問であり、驚いたように否定している。かなりの数の創作力に長けた作家たちが作り上げている感動的なシーンでは、そのことを伝えたのはクリュネの差し金で、自分は彼女の父親のような存在だったと発言したと書かれているが——これもまた——完全な創作だった。

独房を出ると、主任警備員が彼女の腕を取ろうとしたが、その腕を振り払って、不快そうに、自分は泥棒でも犯罪者でもないと言い放った。その後、レオニード修道女の手を取って、アヴィニョンの橋と呼ばれる一階の事務所に向かった。そこから彼女の身は軍事当局に委ねられた。

そこで彼女は何通か手紙を書かせてほしいと願い出ている。おそらくは三通で、うち一通は娘宛だった。その手紙については今も謎のままだ。彼女は手紙を刑務所長かクリュネ、もしくは——後にマタ・ハリの宝石の販売を担当したアンリ・レクーツリエールが聞いたところでは——牧師のいずれかに渡した可能性がある。マタ・ハリの娘は彼女の母から結局、手紙を受け取っていない。そのことはジョン・マクラウドが一九一九年四月十日にパリのオランダ領事館に書いた、娘のノンが必要とした死亡証明書を請求した手紙からわかる。「結婚のために必要なのです……子どもに対してマタ・ハリから別れの言葉は一切届いていません——新聞によれば——亡くなる直前に二通の手紙を書いたという話ですが。結局、届くのを待つのを諦めました」二通、もしくは三通の手紙はフランスの秘密ファイルにも入っていない。

ビザール医師は手紙を書いているマタ・ハリから三メートルも離れていないところにいて、途中で声をかけようとした。ところが彼女は黙々と素早く手紙を書きあげた——わずか十分ほどしかかからなかった。

憲兵とレオニード修道女とアルブー牧師とともに、マタ・ハリは自分を待ち受けていた車に乗り込んだ。フランスの中心地からヴァンセンヌの郊外まではかなりの距離だが、早朝の通りは空いていて車は順調に走った。軍の兵舎として一部を使っていたヴァンセンヌ城の壁が、まだわずかに霧も立ち込めている薄暗い中、そびえたっていた。気温は深夜から上がってはいたものの、まだ一・六度のままだった。

スピードを落として城の狭い門を抜けると、右手の十四世紀に作られた地下牢でわずかに車を停めてから、スピードを上げ五〇〇メートルほど続く中庭を通り抜け、左手の少し先の十六世紀に作られた教会も通り過ぎた。

処刑を行ったと詐称した兵士のひとりが、一九六三年にイタリアのある雑誌にセンセーショナルな話を書いている。彼は衛兵の部屋から「中庭に車が入ってくるのが見えた」と書いていた。その後、マタ・ハリが中庭でどう射殺されたかに関する記述も登場する。その話も創作だった。

マタ・ハリはヴァンセンヌ城の中庭でも、教会でも、城の周りを囲む壁や乾いた堀でも、射殺されていない。ヴァンセンヌのポリゴンで処刑されている。城の先の中庭の端に広がる広大な騎兵隊の演習場で処刑されたのだ。

車は城の先のアーケードの壁を抜け、雨で濡れた木々が立ち並ぶ丘のようなポリゴンにゆっくり入っていくと、参列者の兵士の近くで停まった。トランペットが鳴り渡り、マタ・ハリは大きな声で祈りの言葉を叫ぶレオニード修道女を助けるように車を出た。助け合うようにして、ふたりの女性は、処刑場を示すポールに向かって歩いていき——離れ離れになった。

第四ズワーブ連隊の十二人の兵士は二列六人に並び、彼女に顔を向けていた。右手遠くには四人の将校が立っていた。その近くにはレオニード修道女、アルブー牧師、医師。さらに奥の、銃殺隊の後ろには、騎兵隊と砲兵隊の混合部隊の兵士たちと前線の連隊に所属する兵士たちがいた。軍法会議の主任書記ティボー大尉はマタ・ハリのそばに行き判決文を読み上げた。「フランス国民の名において……」

マタ・ハリがポールに縛りつけられるのを拒否したため、腰に巻いた紐は地面に垂れ下がったままだった。彼女は目隠しも拒否した。担当将校がサーベルを振り上げると、十二丁のライフルの銃声が静寂に包まれた朝の空気に鳴り響いた。

第二十三竜騎兵連隊のピティ軍曹が近づき、最後の一撃を微動だにしない体に撃ち込んだ。パリのベガン陸軍病院の医師、ロビリャール大尉が死亡を確認した。

死亡時刻は六時十五分。太陽は四分前の六時十一分に上っていた。太陽のような女性、マタ・ハリは息を引き取った。

正午近くに、クリュネはオランダ領事館に電話し、マタ・ハリの死をハーグに伝えた——続いて、水門が開かれたように、彼女に関する幻想や噂や空想が世間にあふれ出していった。処刑から一ヵ月経ってからようやくオランダ政府はドイツの公報紙に載った記事を読んで知ったのだ。記事ではマタ・ハリはウィルヘルミナ[◆1]女王と同席したことのある女性だったと訴えられていた。オランダの外務大臣ルードンはパリ領事館へ個人的に電報を送り、「そんな馬鹿げた噂に対し反論するよう命じました」と伝えている。彼はパリの議員に「フランスの新聞までがその噂を広めるのを避けるべく、噂の人物と同席したことなどなく、王室とは無関係だと新聞に伝えるよう、全力を尽くしていただきたい」と頼んだ。

ハーグのマタ・ハリの住居の所有者である、ふたりの姉妹は一九一七年十二月にパリに手紙を書き、領事館の知っている人物——おそらくはマタ・ハリの娘——が部屋代を払い続けられるのかどうか尋ねている。「町のアパートが不足している現在、家の売買を行うのに絶好のタイミング」だということだった。姉妹はすぐそのチャンスを活かした。マタ・ハリの家具や所持品は一九一八年一月九日と十日に競売にかけられた。カペレンは元愛人の家にまったく近寄ろうとしなかった。自分の写真をとっておくことさえしなかった。その写真は競売になった商品の中でも特に目を引くものだった。

ジョン・マクラウドはハーグの外務省とパリの領事館にかなりの数の手紙を送り、自分の元妻が残した所持品の行方を知ろうとした。「贅沢な暮らしをしてきた彼女に財産は一切ない」と判断していたからだ。娘の保護者として、財産の一部を法律に則り子どもに贈与するようフランス当局に要請していた。

マタ・ハリのすべての所持品に関し、(フランス外務省から情報を得た)パリの領事館から「サラザール刑務所が保管していた彼女の宝石を含む、ホテルの彼女の部屋にあったすべての所持品が一九一八年一月三〇日の競売で売られてしまった」こと、そして、それが「実質的な正味金額一万四千二百五十一フラン六十五サンチーム」になったことがジョンに伝えられた。この作品が書かれた当時で約二千五百フランの価値がある金額が「裁判費用を得る権限を認められたフランス政府への支払いとして」使われていた。

ジョン・マクラウドは調査後に、「故人は自分の所持品を処分していなかったし、遺書も残していない」のが明らかになったとも伝えられた。ジョンの反応は手厳しいものだった。「フランス政府のお陰で、あの女が残したすべてが跡形もなく消滅するような事態にならなければ、娘が母親の財産の唯一の相続人だったはずなのだ。やつらは戦利品を狡猾に分け合ったのです」

たとえノンが母親のお金を相続していても、ほとんど使うことはできなかっただろう。ジョン・マクラウドは一九一九年四月十日の最後の手紙の中で、娘が「結婚するため」に元妻の死亡証明書が必要で、その娘は「オランダ領東インド諸島の学校の先生になるため渡航する」予定だと書いていた。ノンは熱帯地方に行くための健康診断にすでに合格していた。そのちょうど四ヵ月後の一九一九年八月十日に彼女は亡くなっている。その前日、義理の母につき添われ、船上で着るイブニングドレスに使うシルクのモスリンを買いに行っていた。健康状態は申し分なく、ドレス選びに少し迷ったくらいのことしか印象に残らなかった——彼女にとって迷うのは珍しいことだったのだ。ノンはその晩、十一時に床に就いた。翌朝、義理の母が亡くなっているのを見つけた。夜の間に、急性の脳溢血になっていたためだった。

父親は娘よりも八年以上長生きした。七十二歳の誕生日をもう少しで迎えるというとき、アーネム近くのヴォード・レーデンの墓地の娘の隣に埋葬された。墓石はシンプルなもので、ファミリーネームは書かれていない。「われらのノン――一八九八年五月二日生まれ、一九一九年八月十日に死亡――そして、彼女の父は一八五六年三月一日生まれ、一九二八年一月九日に死亡」

他の人物もすべて、この世を去っている。哀れなクリュネも、イギリス軍の要請ですべてを始めたラドゥーも、ラドゥーの仕事を仕上げ、特異な仕事に対する脅迫観念に駆られながらも、納得できる結末を追い求め、死刑執行令状に署名したブーシャルドン大尉も、一切の説明と反論を行わなかったモルネ中尉も、ソンプルー中佐と陪審員たちも、さらには彼女に銃弾を撃ち込んだ、すべての、少なくともほとんどの兵士たちも。そうしたすべての人物が、場所は異なっても――マタ・ハリをのぞいて――墓の下で安らかに眠っている。

一九一七年のフランスを覆っていた疑いの雲に包まれる中、過去の友人たちはひとりとして、彼女にきちんとした埋葬をするよう声を上げることはしなかった。遺体はパリの地元の病院の解剖室に運ばれた。病院は彼女の体を欲しがり、争うように手に入れると、称賛の声をあげて、医学的な関心から解剖手術に使用した。

その後、マタ・ハリはフランスのどこかに灰となって埋葬されている――静かなオランダの片田舎で生を授かり、音楽と詩と赤いドレスを愛し、後にお金と男も愛した――そのすべてを生きる糧とした女性は、埃となり、土に還ったのだ。

《訳註》

◆1　ウィルヘルミナ女王（一八八〇年八月三十一日〜一九六二年十一月二十八日）（在位期間：一八九〇〜一九四八年）オランダ女王。彼女を含め、三代に渡ってオランダは約一二〇年間女王が君主となった。

訳者あとがき

本書はMata Hari A BIOGRAPHY by Sam Waagenaar / Appleton Centuryの全訳である。

著者のサム・ワーヘナーはオランダ生まれ。一九二〇年代に映画『マタ・ハリ』（グレタ・ガルボ主演）のPRのためのリサーチを行った際、「マタ・ハリ伝説の虜となった」という。以来、長年にわたってマタ・ハリの知人・友人などから直接情報を集め、それまで手に入らなかった文書を調べた。マタ・ハリ本人が丁寧に作ったスクラップブックも手に入れる好機に恵まれ、謎に包まれた類稀な人物の心のうちや動機を深く掘り下げて考察することに成功した。

ワーヘナーは様々なドキュメンタリー映画の製作にも才能を発揮した。本書が出版された時の映画はマタ・ハリの生涯に関するもので、海外にも広く配給された。

代表作である本書は貴重な一次資料とマタ・ハリを知る関係者への直接取材を基にしており、数ある類書の中でも基本書となっている。世界各国で翻訳されたが、本邦初訳である。

一九一七年十月十五日、午前六時。

十二人の顎髭を伸ばしたズアーブ兵たちが通り過ぎていく。アフリカ北部の衣装で、刺繍のある濃紺のべストと赤いパンタロン、さらにはエキゾチックな帽子をかぶっている。ショートバレルのベルニア・カービン銃を携えた兵士が、剣を抜くと、刃先を自分の頬の辺りに向けた。

マタ・ハリの眼には雷に撃たれた塔が映り、深い満足感に浸り何事か囁いたのを兵士のひとりが聞いた。

「十二発で私をものにできるなんて、運のいい男たちね」

銃剣が振り下ろされ、銃声が轟いた。

遺体はパリ・ヴァンセンヌ古城の新しい墓地に仮埋葬された。

マタ・ハリ、四十一歳だった。

処刑された遺体は親族に引き取られ埋葬されるのだが、国家に対する「反逆者」にかかわるのを恐れて、誰ひとりマタ・ハリの遺体を引き取らなかった。

近年、マタ・ハリの名誉を回復しようという気運が高まっている。マタ・ハリの遺体はレーワルデン市に移され葬られることになった。

二〇〇一年、マタ・ハリの生地オランダのレーワルデン市は、「彼女の得た情報は重要なものではなかった。彼女の処刑は『冤罪』だった」と主張し、フランス法当局に再審請求をした。しかし、有罪判決を覆す新証拠はないとして却下された。

私がマタ・ハリに関心を抱いたのは、今から約十年前、グレタ・ガルボ主演の『マタ・ハリ』(一九三二年公開)をDVDで観たときからである。その美貌とミステリアスな私生活で一世を風靡した女優グレタ・

ガルボと無実を訴えながら銃殺されたマタ・ハリのイメージが私の中で重なっていた。とりわけ、処刑される直前、マタ・ハリを演じるガルボは「目隠しを拒否」して銃弾をあびる。それは演出ではなく事実に沿っていることも知ってマタ・ハリに強い関心を持った。

ダンサーとしてスーパースターだったマタ・ハリは果たしてドイツとフランスの二重スパイだったのか。見せしめに「罪を被された」可能性もある。真実は葬られたままであった。

そしてマタ・ハリ没後百年目の二〇一七年六月、私はマタ・ハリの生地、オランダの北部フリースラント州のレーワルデンを訪れた。アムステルダム中央駅からＩＣ（急行列車）で約二時間。日曜日の朝、人口約十万人の小さな街は、私を歓迎してくれたように感じられた。道行く人々は笑顔に溢れていた。アムステルダムの喧騒とは無縁である。自転車大国といわれるオランダだが、ここでは圧倒的に歩いている人々が多い。フリースラントには少数民族のフリージアンが大勢住んでいて、道標はオランダ語とフリースラント語が併記されていた。

オランダでは最盛期には一万台以上もの風車があった。土地が低いため、たびたび湖が氾濫し、その水を掻き出すために風車は造られた。

州庁舎に近い運河に架かる橋のたもとのマタ・ハリの生地だった。その場所に立てられた「マタ・ハリ」の立像の前に私は立った。その像は午後の強い陽光に輝いていた。

日曜日の朝、運河沿いのレストランでは多くの人々が食事と会話を楽しんでいる。

私はかつてマタ・ハリが少女時代に住んでいた住宅に向かった。市の中心からなだらかな坂を昇った場所にあり、現在は歴史的建造物に指定されている。現在も一般市民が住んでいる。偶然の出会いから、私はそ

フリースラントに残る少女時代のマルガレータが住んでいた建物

の家族の許可を得て、家の内部を見せてもらうことができた。天井は高く、明るい。階段の壁にスケルトン（骸骨）のデザインが施してあった。これはいったい何を意味するのだろうか。「マタ・ハリが住んでいた頃からあった」というのが家の主人の回答だった。

その家族は「マタ・ハリの家」に住んでいることに誇りを持っていた。住人となるには収入だけでなく「厳しい資格」つまり、品格が求められると聞かされた。

「彼女はスパイではない。無罪の罪をきせられた」

主人は私にそう言った。

同年十月十五日、マタ・ハリを偲んで「追悼式」が彼女の生まれた街フリースラントの教会で行われた。

『ニューヨーク・タイムズ』紙（国際版・二〇一七年十月十九日付）では、マタ・ハリについて、こう記している。「彼女の処刑から百年後の今、彼女の取り調べや裁判の際の公文書が一般に公開され、複雑で類まれな人生がオランダで再評価され、偲ばれている。レーワルデンのフリース博物館が彼女の生涯を取り上げて伝記的な展示を開催中である。さらにはアムステルダムのオランダ国立バレエ団が二〇一六年に初演され大成功を収めた『マタ・ハリ』を再演中だ。舞台では彼女の謎の多い人生に焦点を当て、歌手で俳優のテット・ローゼンダルが演じ、オランダツアーを行っている」

「この土地のほとんどの方は彼女がエキゾチックなダンスで有名になったことを知っていましたが、そのことを良く思っていませんでした」

「多くの地元の人々は、注目され過ぎている娼婦のような存在だといまだに考えている」

しかし、今も彼女の人気は高く、二〇一六年の公演の「席の九八から九九パーセントは埋まっていた」そうだ。

すべての謎は解明されていない。フランスからもいまだ明確な発表はない。だが、確かなことは「彼女が自らに忠実な一人の女性」であったということだ。

マタ・ハリ像と訳者

本書の訳出にあたって、多くの人々のお世話になった。特に次の方々には名を記してお礼申し上げます。手島洋、アリス・ゴールデンカー、前村祐二の各氏。現地、オランダのフリースラントでは作家のハンネカ・ブーンストラ、チッテ・カミンハの各氏。最後になりましたが、えにし書房の塚田敬幸代表にも感謝の意を表します。

二〇一七年十一月

井上篤夫

〈ヤ〉

〈ラ〉

〈カ〉

索　引

【著者紹介】　サム・ワーヘナー　Sam Waagenaar

作家、ジャーナリスト、写真家。

1908年アムステルダム生まれ。

1927年、MGM（メトロ・ゴールドウィン・メイヤー）に入社。

1935年にMGMを退職後、映画や新聞業界に携わりその後国際ニュース・サービス（INS）の特派員として活躍。

1942年以後フリージャーナリスト、作家として活動。

1920年代に映画『マタ・ハリ』のリサーチを行った際、初めて彼女の伝説の虜となった。代表作であるMata Hari: A Biography（1964）では、幸運にも、マタ・ハリ本人が丁寧に作ったスクラップブックを手に入れる機会に恵まれ、マタ・ハリを知る関係者への直接取材を元にしたことから、数ある類書の中でも基本図書となり、各国で翻訳された。

また、様々なドキュメンタリー映画の製作も手掛けている。本書が出版された時の最新の映画はマタ・ハリの生涯に関するもので、海外にも広く配給され、マタ・ハリの名を後世に残した。

1997年没。

【訳者紹介】　井上篤夫（いのうえ あつお）

作家、翻訳家。早稲田大学在学中から執筆活動を始める。欧米を中心に、時の人物を深く掘り下げた評伝を数多く出版、翻訳の分野でも活躍している。

1987年マイクロソフト社のビル・ゲイツ会長、CNNのテッド・ターナー会長などをインタビュー。『若きアメリカ企業の勝利者――12人からの直言』を発表した。1990年から3年間ボストンに住んで『ボストンに友情あり』を著した。

代表的な著作にベストセラー『追憶マリリン・モンロー』（集英社文庫、kindle版）、『志高く 孫正義正伝 新版』（実業之日本社文庫）、本邦初の評伝『素晴らしき哉、フランク・キャプラ』（集英社新書）、『ポリティカル・セックスアピール　米大統領とハリウッド』（新潮新書）がある。

2011年、NHK-BSプレミアム シリーズ「永遠のヒロイン」で放映されたヴィヴィアン・リー、マレーネ・ディートリッヒ、キャサリン・ヘプバーン、イングリッド・バーグマンの4大女優の番組内容に加筆して『永遠のヒロイン～ハリウッド大女優たちの愛と素顔』（NHK出版）を著す。

翻訳に『ミシェル・オバマ～愛が生んだ奇跡～』（アートデイズ。訳・解説）。マリリン・モンロー没後50年、遺稿集『マリリン・モンロー　魂のかけら』（青幻舎。訳・解説）。ネイティヴ・アメリカンの生き方を描いた詩『今日という日は贈りもの』（角川文庫）他多数。

配信サイト「アップストア」で最初にダウンロード数が1万を超えたのは、『志高く 孫正義正伝』（実業之日本社）である。英語版電子書籍、Aiming High - A Biography of Masayoshi Son [iBooks Edition]（You Teacher）をリリース。

2017年には、児童書『とことん 孫正義物語』（フレーベル館）を出版した。

http://www.ainoue.com

Enishi Shobo

マタ・ハリ伝
100年目の真実

2017年 12月 18日 初版第1刷発行

■著者　サム・ワーヘナー
■訳者　井上篤夫
■発行者　塚田敬幸
■発行所　えにし書房株式会社
〒102-0073 東京都千代田区九段南 2-2-7 北の丸ビル 3F
TEL 03-6261-4369　FAX 03-6261-4379
ウェブサイト　http://www.enishishobo.co.jp
E-mail　info@enishishobo.co.jp

■印刷／製本　モリモト印刷株式会社
■装幀　又吉るみ子
■ DTP　板垣由佳

ISBN978-4-908073-46-5 C0022

周縁と機縁のえにし書房

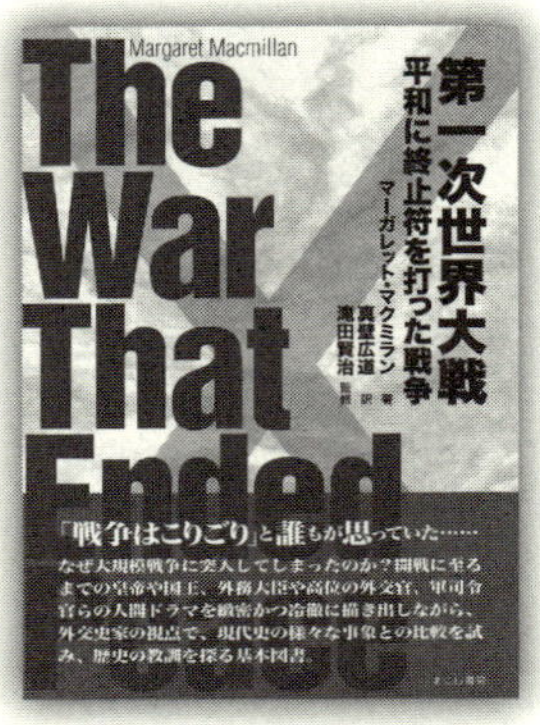

第一次世界大戦

平和に終止符を打った戦争

マーガレット・マクミラン 著／真壁広道 訳／滝田賢治 監修

定価 8,000 円 + 税 /A5 判 上製　ISBN978-4-908073-24-3　C0022

世界中で話題を呼んだ *The War That Ended Peace*: How Europe Abandoned Peace for the First World War の邦訳。第一次世界大戦以前にヨーロッパが経験していた大きな変容を描き、鍵となった人物に生命を吹き込み、なぜ大規模戦争に突入してしまったのか、外交史家の視点から歴史の教訓を探る。

誘惑する歴史

誤用・濫用・利用の実例

マーガレット・マクミラン 著／真壁広道 訳

定価 2,000 円 + 税 / 四六判 並製　ISBN978-4-908073-07-6　C0022

歴史にいかに向き合うべきか？　サミュエル・ジョンソン賞受賞の女性歴史学者の白熱講義！ 歴史と民族・アイデンティティ、戦争・紛争、9・11、領土問題、従軍慰安婦問題……。歴史がいかに誤用、濫用に陥りやすいかを豊富な実例からわかりやすく解説。安直な歴史利用を戒めた好著。

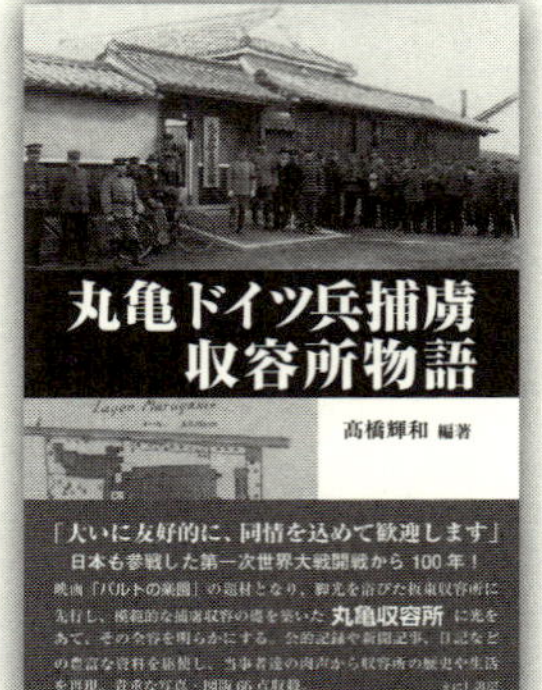

丸亀ドイツ兵捕虜収容所物語

高橋輝和 編著

定価 2,500 円 + 税 / 四六判 上製　ISBN978-4-908073-06-9　C0021

映画「バルトの楽園」の題材となり、脚光を浴びた板東収容所に先行し、模範的な捕虜収容の礎を築いた「丸亀収容所」に光をあて、その全容を明らかにする。公的記録や新聞記事、日記などの豊富な資料を駆使し、当事者達の肉声から収容所の歴史や生活を再現。貴重な写真・図版 66 点収載。